高 等 职 业 教 育

"岗课赛证"融通

新 形 态 一 体 化 教 材

主编 叶圣军

幼儿园课程

中国教育出版传媒集团
高等教育出版社 · 北京

内容提要

本书是高等职业教育“岗课赛证”融通新形态一体化教材。

本书包含六个方面的内容：幼儿园课程概述，幼儿园领域课程，幼儿园生活课程，幼儿园游戏课程，幼儿园区域课程，幼儿园主题课程。通过学习本书内容，可了解幼儿园课程的概念、特点、类型和编制原理；熟悉幼儿园不同类型课程设计的基本原理，做到心中有数；从认识、设计到实施，层层递进，掌握领域、生活、游戏、区域、主题等不同类型幼儿园课程设计与实施的工作流程及工作要点，培养师幼共同建构弹性课程的能力，使教师从课程使用者转变为集课程实践者、开发者和研究者于一身的课程创造者。

教师如需获取本书授课用PPt等配套资源，请登录“高等教育出版社产品信息检索系统”（http://xuanshu.hep.com.cn/）免费下载。

本书可作为高等职业教育专科、本科学前教育专业教材，也可作为社会从业人士的业务参考书。

图书在版编目（CIP）数据

幼儿园课程 / 叶圣军主编. -- 北京：高等教育出版社，2025.5. -- ISBN 978-7-04-064463-0

Ⅰ. G612

中国国家版本馆 CIP 数据核字第 20252EB595 号

Youéryuan Kecheng

策划编辑 张庆波　责任编辑 张庆波　封面设计 张志奇　版式设计 杨 树
责任绘图 杨伟露　责任校对 高 歌　责任印制 刘思涵

出版发行 高等教育出版社
社　　址 北京市西城区德外大街 4 号
邮政编码 100120
印　　刷 运河（唐山）印务有限公司
开　　本 787mm×1092mm 1/16
印　　张 18.25
字　　数 350 千字
购书热线 010-58581118
咨询电话 400-810-0598

网　　址 http://www.hep.edu.cn
http://www.hep.com.cn
网上订购 http://www.hepmall.com.cn
http://www.hepmall.com
http://www.hepmall.cn

版　　次 2025 年 5 月第 1 版
印　　次 2025 年 5 月第 1 次印刷
定　　价 37.60 元

物 料 号 64463-00

前　言

党的二十大报告指出，要深入贯彻以人民为中心的发展思想，在“幼有所育”上持续用力，要加快建设高质量教育体系，发展素质教育，强化学前教育的普惠发展。中国的学前教育进入高质量发展期，更加重视公民素养、学习品质、教育过程、家园社协同及教师胜任力等。

《幼儿园教师专业标准（试行）》指出，教师要具备“合理安排和组织一日生活的各个环节，将教育灵活地渗透到一日生活中”“制定阶段性的教育活动计划和具体活动方案”“在教育活动的设计和实施中体现趣味性、综合性和生活化，灵活运用各种组织形式和适宜的教育方式”等能力。《学前教育专业师范生教师职业能力标准（试行）》要求教师掌握“能够根据《幼儿园教育指导纲要（试行）》《3—6岁儿童学习与发展指南》的要求，以及幼儿的兴趣需要和年龄特点，选择教育内容，确定活动目标，设计教育活动方案”“学会运用各种适宜的方式实施教育活动，鼓励幼儿在活动中主动探索、交流合作、积极表达，能够有效观察幼儿在活动中的表现，并根据幼儿的需要给予适宜的指导”等重要专业能力。这就要求幼儿园教师具备在课程设计、开发、实施、评价等事务中进行引领和指导的能力，包括课程价值洞察力、课程设计预见力、课程实施指导力和课程评价反思力等；还要求幼儿园教师能够准确地理解和解释课程的价值，能够预见和规划课程的设计，能够在实施过程中提供有效的指导，也能够在评价过程中进行反思和改进。

本书顺应幼儿园教师专业能力的要求，遵循职业教育人才培养要求，针对幼儿园教师教育的共性问题，以学生为中心、以幼儿园工作岗位需求为导向，设置了六个学习项目、十七个学习任务。项目一引导学生认识、理解幼儿园课程的概念、类型、特点等理论知识，帮助学生建立必要的理论框架，并以此识别和分析幼儿园课程。项目二到项目六立足幼儿园一线岗位工作实际和需要，引导学生以准教师身份，从幼儿园领域、生活、游戏、区域、主题等不同课程维度，尝试掌握设计和实施幼儿园课程的规范和要领。每个项目下都有相对独立的学习任务，学生需要灵活运用理论知识，完成相应的实践任务，以做到理论引领实践，在实践中深化理解与反思改进，进一步吸收和巩固所学理论。

本书具有以下特点：

一是正确的价值导向。本书除一般教材具有的思想品德教育功能外，还突出了课程思政，具有职业引导功能。学生在教师的引导下，通过阅读和思考“任务情境”“任务描述”提供的一线幼儿园教育案例，反思各类教学活动设计和实施过程中的成败得失等环节，从而体验式地了解学前教育的职业特点和性质，有助于学生树立正确的价值观、择业观，形成热爱岗位的职业意识。

二是“岗课赛证”融通的内容体系。本书坚持以人为本的理念，同时突出教学内容的实用性和实践性，坚持以职业素养与能力的培植为核心目标，以满足职业岗位的需要为导向，与相应的职业资格标准或职业技能等级证书标准接轨，践行岗课赛证融通的理念。本书包含的知识学习、任务设计、问题情境与思考等内容有助于学生在各类考试与竞赛中取得更好的成绩。

三是工作场景式的逻辑结构。本书基于“以全面素质为基础”“以职业能力为本位”的教学理念，安排内容符合学生的认知规律和技能养成规律，遵循劳动过程的系统化原则，符合工作过程逻辑；坚持以应用为主线，同时兼顾知识的系统性、完整性，保障必要的学科知识结构与体系，以适应课程综合化和模块化的需要。教师可以根据学生的需求和进度进行各模块之间的重组。项目一建议首先学习，项目二到项目六可以根据学生实习安排等的实际情况，灵活调整顺序。

四是丰富立体的互动交流。本书引导并鼓励学生积极参与学习过程，“任务情境”“任务描述”“任务准备”“任务实施”“任务评价”等模块都相应设计了引导学生参与思考和讨论、与教师同学进行互动的环节，如情景问题与思考、练一练等，使学生能够在学习过程中积极思考问题和解决问题。

本书由福建幼儿师范高等专科学校叶圣军担任主编，福建幼儿师范高等专科学校李招凤、罗一然、阙南玉、赵雪、林潇，宁夏幼儿师范高等专科学校叶香，合肥幼儿师范高等专科学校张青允等共同编写。具体编写分工如下：叶圣军、李招凤负责拟定框架、统稿定稿，赵雪编写项目一，阙南玉编写项目二，罗一然、叶香编写项目三与项目五，林潇、张青允编写项目四，李招凤、叶圣军编写项目六。福建幼儿师范高等专科学校附属第二幼儿园吴丽珍、福州市花巷幼儿园陈红、福州市晋安区机关幼儿园王丹等负责课程资源的提供、遴选等工作。

编写团队在编著过程中参阅和引用了大量的文献与研究成果，在此谨对原作者表示深深的谢意！

囿于专业探究的深度，书中难免存在瑕疵，敬请广大读者不吝批评指正，以便后续修改完善。

编者

2025 年 2 月

目　　录

项目一 1

幼儿园课程概述

岗位要求

马老师来自一所乡村幼儿园，将参加乡村教师能力提升培训班。马老师非常珍惜这次培训，期待观看示范性幼儿园如何组织幼儿上课，如何教给幼儿各科知识，学习更多实用的教学技能。带着这样的培训需求，马老师踏上了学习之旅。

培训开始后，很多内容与马老师的设想有出入，先进的理论、保教知识冲击着马老师的经验认知。马老师听到的最多的话就是“一日生活皆课程”“游戏是幼儿园的基本教育活动”，但是不能完全理解。经过一周的观摩学习，她看到了示范性幼儿园记录和展示幼儿的作品，看到了各班开展的多样的主题活动，看到了各班的周计划以健康、语言、社会、科学和艺术五大领域为依据开展，看到了幼儿教师活动场所从“教室”扩展到各个区域，教师们拿着手机记录下游戏中的幼儿和他们的作品，看到了建构区有幼儿的建构设计图、分工表和教师拍摄的成品照片，建构后幼儿会进行经验分享，看到了教师与幼儿一起探讨问题、解决问题，看到了幼儿开心地拿着树叶、树枝、纸团“做饭”……

马老师意识到幼儿园课程结构已经从分科走向了综合，游戏成为幼儿的主要学习方式。教师角色也发生了变化，要观察、记录、融入幼儿游戏，还要敏锐发现问题，为幼儿提供支持。这与马老师所在的乡村幼儿园课程模式有很大的不同。乡村幼儿园也有区域，但是区域很少，材料种类少且都是现成的玩具，幼儿很快就会对其失去兴趣；尽管有一日生活安排，但是没有作为课程内容研究；尽管会组织幼儿开展游戏，却没有深度学习与发展，有活动但形式单一，他们计划得太多，幼儿自主得太少……乡村幼儿园的课程更应该关注儿童尤其是留守儿童的需求，关注幼儿的兴趣，利用农村的资源开展丰富的活动，让幼儿体验快乐、幸福与成长。想到这，马老师陷入深深的沉思中。

《幼儿园工作规程》在幼儿园的教育一章中指出："综合组织健康、语言、社会、科学、艺术各领域的教育内容，渗透于幼儿一日生活的各项活动中，充分发挥各种教育手段的交互作用。"同时强调幼儿园要为幼儿提供丰富多样的教育活动。《幼儿园教育指导纲要（试行）》指出："幼儿园应为幼儿提供健康、丰富的生活和活动环境，满足他们多方面发展的需要，使他们在快乐的童年生活中获得有益于身心发展的经验。"幼儿园教育要"尊重幼儿身心发展的规律和学习特点，以游戏为基本活动，保教并重""促进每个幼儿富有个性的发展。"《3—6 岁儿童学习与发展指南》指出，应"理解幼儿的学习方式和特点。幼儿的学习是以直接经验为基础，在游戏和日常生活中进行的。要珍视游戏和生活的独特价值，创设丰富的教育环境，合理安排一日生活，最大限度地支持和满足幼儿通过直接感知、实际操作和亲身体验获取经验的需要""重视幼儿的学习品质""忽视幼儿学习品质培养，单纯追求知识技能学习的做法是短视而有害的"。2022 年 2 月，教育部印发《幼儿园保育教育质量评估指南》，指明应注重过程评估，关注保教过程是否以儿童为本，是否符合儿童身心发展的特点和规律；注重过程质量，关注一日生活的方方面面，如盥洗、区域游戏、集中活动、师幼互动、课程实施等。评估指向的转变对幼儿园课程、幼儿教师专业性提出了高要求与新挑战，也推动幼儿园不断地进行"自我评估"，关注课程质量，真正做到支持幼儿主动探索、操作实践、合作交流、表达表现，促进幼儿全面健康、富有个性的发展。

本项目将厘清关于课程、幼儿园课程的概念，把握内涵与特质，介绍中西方经典的幼儿园课程方案，明确幼儿园课程方案的基本要素，帮助学生深刻领会经典课程方案的理念、内容特色与实施路径，使他们在教育实践中能识别幼儿园课程，借助经典原理评析幼儿园课程并提出优化建议，尝试参与到幼儿园课程构建中。

学习目标

一、知识目标

1. 理解课程的定义、要素与类型。
2. 掌握幼儿园课程的概念和特点。
3. 掌握和准确阐释五种经典幼儿园课程方案的理论基础与内容。

二、能力目标

1. 初步具备识别幼儿园课程和分析幼儿园课程的意识与能力。
2. 深刻理解幼儿园课程的概念、特点和要素，并能举例说明。

3. 深刻领会经典幼儿园课程方案蕴含的儿童观、课程观及内容精髓，运用原理知识，辩证地分析当前幼儿园课程实施过程中的实践问题，将教育理论转化为实践能力。

三、素养目标

1. 树立“儿童为本”的儿童观与课程观，激发热爱幼教的职业情怀，具备良好的职业道德修养和责任感。
2. 明确幼儿教师的专业身份与专业角色，树立专业自觉，具备从事学前教育工作的专业素养。
3. 通过学习中外经典幼儿园课程方案，养成辩证看待问题的思维；学习教育家潜心研究的奉献精神、尊重儿童的教育信仰和热爱祖国的家国情怀。

项目导学

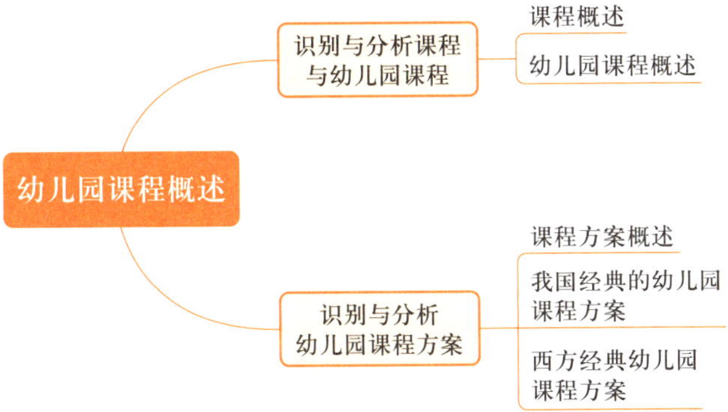

赛证要求

序号	文件	赛证要点	融合育人
1	《幼儿园教师专业标准（试行）》	注重保教结合，培育幼儿良好的意志品质，帮助幼儿形成良好的行为习惯。 重视丰富幼儿多方面的直接经验，将探索、交往等实践活动作为幼儿最重要的学习方式。 熟悉幼儿园教育的目标、任务、内容、要求和基本原则。 掌握幼儿园环境创设、一日生活安排、游戏与教育活动、保育和班级管理的知识与方法。 合理安排和组织一日生活的各个环节，将教育灵活地渗透到一日生活中	岗课贯通

续表

序号	文件	赛证要点	融合育人
2	《学前教育专业师范生教师职业能力标准（试行）》	熟悉幼儿园教育的目标、任务、内容、要求和基本原则。 掌握活动育人的方法和策略，基于幼儿的身心特点合理设计育人目标、活动主题与内容，能够抓住一日生活中的教育契机，开展随机教育，培养幼儿良好的生活习惯和亲社会行为	岗课贯通
3	《中小学和幼儿园教师资格考试标准（试行）》	能根据教育目标和幼儿的兴趣需要和年龄特点选择教育内容，确定活动目标，设计教育活动方案	课证融通
4	《福建省职业院校技能大赛（高职组）“学前教育专业教育技能”赛项规程》	幼儿园保教活动分析与幼儿教师职业素养测评	赛课融合

任务 1　识别与分析课程及幼儿园课程

任务情境

张同学怀着热情与期待迎来了大学第一次幼儿园实习。实习前，她做了很多准备工作，希望在幼儿园与幼儿开展丰富的教育活动与游戏活动。实习真正开始后，张同学每天组织幼儿喝水、洗手、如厕，引导幼儿领餐、午睡，帮助幼儿梳头发、穿衣服、系鞋带，解决幼儿矛盾冲突，离园前还要打扫班级卫生。一天下来忙得不可开交，都是照顾幼儿吃喝拉撒睡等。本以为实习就是组织幼儿游戏、开展集体教育活动的张同学不禁疑惑，这些琐碎事务如何能发挥教师的专业性呢？难道这也是幼儿园课程的一部分吗？幼儿园课程的内容难道不是幼儿园各类教育活动吗？

什么是幼儿园课程？张同学照顾幼儿的吃喝拉撒睡属于课程内容吗？你觉得幼儿园课程包括哪些内容？幼儿园课程与小学课程相比有什么区别和独特性？它又包含哪些内容呢？

任务描述

本任务为识别与分析课程及幼儿园课程，主要内容如下。

1. 了解各类课程定义，梳理课程的概念框架，以此理解课程的多元界定。
2. 了解课程类型，通过课程类型深化对课程的理解。
3. 掌握课程要素，初步了解课程的基本架构。
4. 理解和掌握幼儿园课程的概念与特点，认知和初步识别幼儿园课程。

任务准备

一、课程概述

课程是学校教育的核心，是将教育理论转化为教育实践的中介和纽带。学校教育（包括幼儿园教育）的社会功能和育人功能是通过课程实现的，“没有课程，教育便没有了借以传递其要旨、转达其意义、传播其价值观的媒介或工具”[①]。因此，课程在教育中具有重要作用，但其又是教育中最复杂、最繁难的部分，因为课程概念具有多元性与不确定性。每种课程概念的界定与其产生的历史背景、理论基础、学者研究问题的角度和关注点密切相关，因此课程概念众说纷纭。

（一）课程的词源分析与定义

1. 课程的词源分析

在我国，“课程”一词始见于唐朝。唐朝学者孔颖达为《诗经·小雅·巧言》中“奕奕寝庙，君子作之”一句作疏：“维护课程，必君子监之，乃依法制。”这里的课程指的是“寝庙”，寓意为伟业，含义远远超出学校教育的范畴。宋代朱熹在《朱子全书·论学》中多次提及课程，如“宽着期限，紧着课程”“小立课程，大作工夫”等。虽然这里的课程没有明确界定，但其意还是可以理解的，即功课及其进程。这与目前多数人对课程的理解相近。

在西方，斯宾塞在《什么知识最有价值》（1859）中最早提出“课程”（Curriculum）一词，并把“课程”作为一个专门的研究术语。课程是由拉丁文“currere”一词派生来的，意为“跑道”，规定赛马者的行程，这与教育中“学习内容进程”的意思较为接近，以此我们判断斯宾塞更倾向于认为课程是过程。根据这个词源，最常见的课程定义是“学习的进程”，又称“学程”，既可以指一门学程，又可以指学校提供的所有学程。课程的这一定义受到很多质疑，有的人认为应该注重“跑”，重点强调学生个体；有的人认为应该注重“道”，重点强调学校应该为学生提供不同的道，来适应学生的发展。

1918年，美国学者约翰·富兰克林·博比特出版的《课程》（*The Curriculum*）一书，被看作教育史上第一本关于课程理论的著作，标志着课程作为专门研究领域诞生。

---

① 泰勒，理查兹．课程研究导论［M］．王伟廉，高佩，译．北京：春秋出版社，1989：2．

2. 课程的定义

纵观课程的研究历程，由于研究者所处的社会背景不同、哲学价值倾向不同，对知识、教育理论、课程理论的理解也不同，所以对课程的定义也是仁者见仁，智者见智的。事实上，“每一种课程定义都隐含着某种哲学假设和价值取向，隐含着某种意识形态以及对教育的某种信念，从而标明了这种课程最关注哪些方面”①。课程的代表性定义如表 1–1 所示。

表 1–1　课程的代表性定义

定义	观点内容	局限	代表人物
课程即学习的科目	认为课程是学校学生学习的科目，强调学校向学生传授系统的学科知识，学生在接受知识的过程中获得发展。例如，我国古代开设的礼、乐、射、御、书、数（“六艺”）；欧洲中世纪的文法、修辞、辩证法、算术、几何、音乐、天文学（“七艺”）	将课程定义为静态的学习科目，课程设置的逻辑结构以学科知识为基础。关注教程，忽视学生的学习兴趣、动机与需要、个性与创造性培养；关注静态学科知识，忽视学生动态学习的过程与经验的建构，把课程内容与课程过程割裂开来	朱熹、斯宾塞、夸美纽斯
课程即有计划的教学活动	将课程视为教育计划，包括教学目标、教学内容、教学方法与设计等。强调课程的计划性、目的性和方案性，如“学习者在学校指导下所获得的全部经验的计划和方案”“课程是一种学习计划”等	过于强调课程的静态计划与课程预设，把所有计划的教学活动组合在一起，把重点放在可观察到的教学活动上，忽视根据学生经验进行动态设计和生成课程，课程缺乏灵活性和生命力	塔巴、奥利瓦
课程即预期的学习结果或目标	强调课程不应关注活动，而应关注预期的学习结果或目标，把重点从手段转向目的。 要求课程预先制定一套有结构、有序列的学习目标，所有教学活动都应为达到这些学习目标而服务。强调和体现了课程的预设性、操作性和控制性	预设的目标与实际产生的结果会存在差异，甚至会产生相反的结果。课程目标由课程决策者制定，课程实施由教师执行，课程目标的制定与课程实施过程在客观上是分离的，目标制定与目标实施之间的差距表明此定义忽略各种主客观因素对课程目标的影响，如教师对目标的理解与执行度、师生互动情况、学校环境等。另外，此定义过度强调课程的预期目标或学习结果，忽视学生过程性的培养，如学生心理健康发展等	约翰逊

① 施良方．课程理论：课程的基础、原理与问题［M］．北京：教育科学出版社，1996：1.

续表

定义	观点内容	局限	代表人物
课程即学习经验	将课程视为学生在教师指导下所获得的经验或体验，以及自发获得的经验或体验。 课程是指学生体验到的意义，而不是要学生再现的事实或要求演示的行为。此定义的核心在于课程中心由学科、教师转为学生，强调以学生为中心	将课程定义为学生获得的所有经验，但是所获经验来源广泛，难免存在不好的经验。 学习经验具有一定的主观性与模糊性，难以把握。在实际教学中，教师无法根据每个学生的经验设计课程内容，很难满足所有学生的需求。因此，以学生经验为中心的课程具体实施起来存在难度，缺乏系统性、计划性、可行性	卡斯威尔、坎贝尔
课程即社会文化的再生产	认为任何社会文化中的课程实际上都是（而且也应该是）这种社会文化的反映。 强调课程应反映社会需要，使学生顺应现实社会发展趋势。课程的重点从教材、学生转向社会。 学校的教育职责就是再生产对下一代有用的知识和价值	“认为课程可以不加批判地再生产社会文化，又未免过于天真了，因为现实的社会文化远非人们想象的那样合理和完满。”[①]忽视了社会文化需要变革	鲍尔斯、金蒂斯

学思结合

学习了课程的定义后，你能否根据理解梳理定义框架，说说自己对课程的理解？

在我国教育学界，课程是指学校学生所应学习的学科总和及其进程与安排。课程是对教育目标、教学内容、教学活动方式的规划和设计，是教学计划、教学大纲等实施过程的总和。广义的课程是指学校为实现培养目标而选择的教育内容及其进程的总和，它包括学校教师所教授的各门学科和有目的、有计划的教育活动。狭义的课程是指某一门学科，如语文学科、历史学科等。在我国，课程具体表现为课程计划、课程标准、教材（教学计划、教学大纲和教科书）。课程作为构成教学活动的基本要素，同样体现教育为社会发展服务、教育与个体发展相适应的基本原理，是实现学校教育目标的蓝图，对保证学校教育功能的实现有特殊的价值和意义。

① 靳玉乐．课程定义的批判分析［J］．焦作教育学院学报，2001（1）：4-9.

课程内涵的发展趋势

从强调学科内容到强调学生的经验和体验。
从强调目标、计划到强调过程本身的价值。
从强调教材到强调教师、学生、教材、环境四因素的整合。
从强调显性课程到强调显性课程与隐性课程并重。
从强调实际课程到强调实际课程与空无课程并重。
从强调学校课程到强调学校课程与校外课程结合。

（二）课程要素

课程要素指课程的基本构成。根据泰勒的课程原理，课程要素可分为课程目标、课程内容、课程实施、课程评价。

课程目标是指课程本身要实现的具体目标和意图，是确定课程内容、教学目标、教学方法的基础和前提，是课程实施与评价的出发点。它规定了在某一教育阶段，学生通过课程学习后，在德、智、体、美等方面预期达到的发展水平。课程目标的制定要考虑学生的需求、当代社会生活的需要及学科体系，一般包括知识与技能、过程与方法、情感态度与价值观三个方面。

课程内容是指各门学科中特定的事实、观点、原理和问题及其处理方式。它是学习的对象，源于社会文化，并随着社会文化的发展不断演变。课程内容的选择要注重基础性、贴近社会生活、尊重生活经验，同时要强化价值观与道德教育。

课程实施是实现预期课程目标、达到预期教育结果的手段或途径。课程实施的过程不仅是教师教的过程，更是学生学的过程。

课程评价是指根据一定的标准，通过科学的方法评估课程目标、课程实施及其结果是否实现了教育目的，实现的程度如何，以判定课程设计的效果，并据此做出改进课程的决策。课程评价是一个价值判断的过程，评价对象不仅包括课程目标、内容和实施，还包括课程实施过程中的主体及主体间的关系等。

对于教育工作者而言，重要的是能够从各种理论基础和研究结论中发现多元认知视角，并找到解决课程实践问题的策略。

（三）课程类型

1. 学科课程与活动课程

按照课程内容的属性，可把课程分为学科课程与活动课程。

学科课程主要是学习间接经验，活动课程则主要是学习直接经验。

（1）学科课程

学科课程是基于文化知识，从各学科领域中精选的部分内容，按照该领域的逻辑结构构成的知识体系。学科课程有着悠久的历史，我国古代有“六艺”，即礼、乐、射、御、书、数；古希腊有“七艺”，即文法、修辞、辩证法、算术、几何、天文、音乐。在教育史上，绝大部分教育家主张学校教育以学科为本，赫尔巴特和斯宾塞是这一观点的代表人物，被称为学科课程论者。学科课程论者认为各学科的知识体系反映了客观事物的基本规律，学校教育应按照各学科分别组织教学，并以知识为中心。

学科课程的优点：第一，学科课程是从各文化领域精选的基本知识，突出知识的体系性，有助于学生获得系统的文化知识，提高学习效率；第二，能有效地保证学习的逻辑性、系统性和整体性，深化学生对某一专门领域的认识，培养其专业素养；第三，有利于教师的传授，有助于学生学习和巩固知识。

学科课程的缺点：第一，以知识逻辑体系为核心组织，注重知识的传授，不利于联系学生的生活与社会实践，忽视了学生的需求、经验和生活；第二，忽视了学科之间的整合性和关联性，易加剧学科分离，而学生的生活是一个有机整体，学科分离不利于学生经验的有机整合；第三，学科课程强调教师中心、教材中心、课堂中心，忽视学生的主体性，学生缺乏自主探究与合作学习的机会；第四，过多关注学习成果，强调学生知识和智力的发展，忽视了学生的学习体验、学习方法、学习品质及高阶学习思维的发展。

（2）活动课程

活动课程又被称为经验课程。相对于系统的学科课程而言，活动课程是侧重于学生直接经验的课程形式，以儿童的兴趣和动机为中心组织课程。活动课程认为课程应由儿童自行组织，通过活动学习获得经验、培养兴趣、解决问题、锻炼能力。

活动课程的优点：第一，以学生的直接经验作为课程的出发点，关注学生的情感、动机等非智力因素，有助于满足儿童的兴趣、需求，关照其学习心理过程；第二，有助于加强教育与社会及学生生活的联系；第三，注重学生的主动学习，有利于培养学生的动手实践能力和解决问题能力；第四，重视学生的个体差异性，注重教育过程和主观综合评价。

活动课程的缺点：过于强调学生经验，忽视了学科知识本身的逻辑顺序，影响了系统的知识学习，使学生只能学到一些零碎、片段的知识。

2. 分科课程与综合课程

按照课程的组织方式，可把课程分为分科课程与综合课程。

（1）分科课程

分科课程是一种单学科的课程组织模式，强调不同学科之间的相对独立性和每门学科内在逻辑体系的相对完整性。它的主要价值在于使学生获得逻辑严密、条理清晰的文化知识。语文、数学、生物、化学等即属于分科课程。

分科课程注重将科学知识进行系统组织，教材按照一定逻辑顺序编排，注重学生对知识和技能的掌握，有利于学生获得系统知识。分科课程也存在一定的问题：忽视学科之间的内在联系，割裂了知识之间的内在联系，容易造成知识学习的片面、孤立，不利于学生综合能力的发展。

（2）综合课程

综合课程是一种双学科或多学科的课程组织模式，它强调学科之间的内在联系性，强调不同学科之间的相互整合。它的主要价值在于通过相关学科的整合，促进学生认识的整体性发展，并形成把握和解决问题的全面的视野与方法。综合课程根据综合的中心主题或问题的不同，可分为学科本位综合课程、社会本位综合课程、儿童本位综合课程；根据综合课程的综合程度，可分为相关课程、融合课程、广域课程、核心课程。

当前，幼儿园课程主要以综合课程为主。综合课程是以主题或单元为核心的课程组织形式，根据社会生活、社会事件、自然界中的核心点组织课程内容，在强化课程整体、系统功能的思想的指导下将课程的各要素综合化。

综合课程相较于分科课程具有以下特点：第一，综合课程超越了分科课程的学科门类界限，为课程提供了更大的包容性、灵活性和适应性；第二，综合课程可以给学生提供考察世界的整体性观念，能够密切联系学生的生活；第三，综合课程提供了多学科的方法和视野，有利于培养学生综合地运用知识解决实际问题的能力；第四，综合课程强调了各门类知识之间的横向联系；第五，综合课程为教师和学生的自主探究等活动提供了更广阔的现实空间。

分科课程和综合课程既相互区分，又相互联系，是两种功能互补的课程形态，看似是相对的，实则是相互依赖、相互作用的。

3. 显性课程与隐性课程

按照课程的呈现方式，可把课程分为显性课程与隐性课程。

（1）显性课程

显性课程也叫显在课程、正规课程、官方课程，指的是学校教育中有计划、有组织地实施的正式课程或官方课程，通常指为实现一定的教育目标而正式列入学校教学计划的各门学科，以及有目的、有组织的课外活动。

幼儿园显性课程通常指幼儿园课程和教学计划之内的学习活动或教育活动，这种课程往往通过教师明确的目的和计划影响幼儿，使幼儿能在受教育过程中有意识地获得的各种学习经验，具有计划性和教育影响的预期性。幼儿园开展的集中教学活动、主题活动等属于显性课程。

（2）隐性课程

“隐性课程”一词最早是由美国教育学家杰克逊在 1968 年提出的，又被称为潜在课程、隐蔽课程。隐性课程指在学校政策和课程计划中没有明确规定，学生在学习过程中、在具体学习环境中获得“计划外”的知识、观念、情感等。通俗来讲，隐性课程是学校情境中以间接的、内隐的方式呈现的课程，它与显性课程相对应。

幼儿园隐性课程是课程和教学计划之外的潜在的和非预期的课程，是广义的幼儿园课程的重要组成部分。它具有不易觉察性、广泛性、多样性、分散性、影响持久性及依附性，一般隐含或依附在幼儿园的物质环境、师幼互动、园所文化、班级氛围等载体中。

学思结合

幼儿园教师如何有效地发挥隐性课程的教育价值?

学用结合

借助下园见习机会，观察记录某幼儿园的隐性课程，分析该幼儿园隐性课程的具体体现，以及对幼儿产生的影响。

二、幼儿园课程概述

（一）幼儿园课程的概念

关于幼儿园课程的概念同样存在多种界定方式，主要分为学科倾向的界定、活动倾向的界定和经验倾向的界定。

学科倾向的界定将课程的目标设定为幼儿掌握学科知识与技能，强调通过课程学习促进幼儿的认知发展。学科课程注重知识体系的完整性，很少考虑幼儿的兴趣和需要，因此在实施时，教师需要激发幼儿的学习动机，运用多种教学手段引导幼儿学习。学科倾向的课程实施往往是一种高度结构化的教育活动。

活动倾向的界定认为幼儿园课程是为幼儿安排的活动，强调课程的设计应基于幼儿的兴趣和需要。课程的组织和实施以幼儿的活动为中心，强调幼儿的自主性和主动性，注重活动过程，而不是结果。活动倾向的课程实施往往是一种中低结构化的教育活动。

经验倾向的界定认为幼儿园课程的目标是为幼儿提供有助于身心发展的有益经验。虽然经验倾向的课程也关注幼儿的活动，但其重点在于幼儿通过活动获得的经验。与活动倾向的界定不同，活动倾向更加关注活动过程本身，不强调结果；经验倾向则更关注通过活动所积累的经验。

当前，我国幼儿园课程概念中占主导地位的是活动倾向的界定。因此，幼儿园课程是实现幼儿园教育目标的手段，是帮助幼儿获得有益的学习经验，促进其身心全面和谐发展的各种活动的总和。幼儿园课程包括幼儿园所进行的一切活动，常见的有领域活动、生活活动、游戏活动、区域活动、主题活动，这些课程在后续学习任务中会专门介绍。

（二）幼儿园课程的特点

幼儿园课程的特点是由 3—6 岁幼儿学习与身心发展的规律、特点，以及学前教育的性质所规定的。明确幼儿园课程的特点有助于更好地理解幼儿园课程。

1. 基础性和启蒙性

《幼儿园教育指导纲要（试行）》指出：“幼儿园教育是基础教育的重要组成部分，是我国学校教育和终身教育的奠基阶段。城乡各类幼儿园都应从实际出发，因地制宜地实施素质教育，为幼儿一生的发展打好基础。”明确了幼儿园教育和幼儿园课程的基础性，为幼儿发展奠基。幼儿园课程面向的对象是 3—6 岁的幼儿，3—6 岁是人生的启蒙阶段，处于这个年龄阶段的幼儿可塑性、模仿性强，对世界充满好奇却又懵懵懂懂。因此，幼儿的发展需要睿智的引导者，幼儿园教育起到引导作用，幼儿园课程作为幼儿教育的核心和载体也就担负起启蒙的任务——启迪幼儿的智慧与心灵，培育他们优良的个性品质，使幼儿身心获得适宜的发展。

2. 全面性和生活性

幼儿园课程是实现幼儿教育目的的重要手段，通过幼儿园课程可以实现幼儿身体、认知、情感、社会性等方面的和谐健康发展，具有全面性。幼儿的年龄特点和身心发展需要决定了幼儿园教育内容的广泛性和保教合一的原则。3—6 岁的幼儿处在身心健康发展的关键时期，他们需要在这一阶段学习基本的日常生活习惯（如卫生习惯）、生活自理能力、交往能力等。这些内容不仅需要通过教育教学活动获取，还需要幼儿在生活中不断实践与学习。因此，无论是习惯养成、能力培养还是认知学习，都应与幼儿的生活密切相关，贴近幼儿生活经验。课程内容要符合幼儿的思维特点，呈现为可感知的、具体的、形象化的内容，这样能更好地激发幼儿的学习兴趣。因此，幼儿园课程具有强烈的生活特征，课程内容源自幼儿的生活，课程实施贯穿于幼儿一日生活的每个环节。

案例

整理小书包

新学期开始了，大三班的小朋友开开心心地入园了。为了更好地“幼小衔接”，孩子们的书包里不仅有备用衣物和水壶，还多了两样东西，一个是文具盒，另一个是记录本。

老师会让小朋友用自己熟悉的表征方式“写下”自己今天的工作计划，离园前记下老师布置的任务。可是渐渐老师发现孩子们要么笔忘记带了，要么是记录本不见了，还有的则是本子混在衣服中，从背包里拿出来后皱皱巴巴，没办法记录了。于是老师开展了“整理小书包”的活动：请小朋友观察自己的书包结构，说说有几层；书包里的东西越来越多，请小朋友讨论一下东西如何摆放能够又好又快地找到；小朋友回家后画出自己的书包，思考每层要放哪些物品，家长录制孩子分类整理书包的讲解小视频，老师在班级播放给孩子们观看并讨论。渐渐地，大三班的孩子们掌握了分类整理书包的本领，再也没有出现东西不见了、东西从书包里拿出来皱皱巴巴的情况了。

3. 活动性和直接经验性

幼儿身心发展的特点决定了幼儿主要是通过感官来认识世界，对于幼儿而言，只有在活动中学习，获得丰富的感性经验，才能理解事物，才能对事物形成相对比较抽象和概括的认识。正如《3—6岁儿童学习与发展指南》指出的，“幼儿的学习是以直接经验为基础，在游戏和日常生活中进行的”“合理安排一日生活，最大限度地支持和满足幼儿通过直接感知、实际操作和亲身体验获取经验的需要”。幼儿的认知方式具有行动性和形象性的特点，幼儿园课程必须创设丰富的活动情境，为幼儿提供与环境互动的机会，支持幼儿主动参与，自主探究，从中获取直接经验。

案例

制作幼儿园地图

大二班最近组织开展“找找身边的地图”的活动。周末，孩子们在家长的陪伴下寻找身边的地图，仔细观察地图上的图画、标志等元素，并记录下来。周一，孩子们积极分享了自己找到的身边的地图，有商场地图、旅游景区地图、小学地图等。

孩子们萌发了把幼儿园的地图画下来的想法，老师积极回应和支持。孩子们分小组重新观察、记录幼儿园的布局，明确幼儿园的主要特点和设施……其中一个小组的幼儿想画幼儿园的俯瞰图，可是俯瞰图怎么画呢？一个孩子说可以用无人机从空中拍下幼儿园，然后看着拍下来的照片画地图。孩子们都觉得这个主意非常好。第二天，家长带来了无人机进行航拍，孩子们非常高兴，他们看着航拍的幼儿园照片，画下了幼儿园的俯瞰图。

4. 整合性

幼儿身心发展的水平和学习特点决定了幼儿园课程内容应该是高度有机整合的。

《幼儿园教育指导纲要（试行）》也指出："幼儿园的教育内容是全面的、启蒙性的，可以相对划分为健康、语言、社会、科学、艺术等五个领域，也可做其他不同的划分。各领域的内容相互渗透，从不同的角度促进幼儿情感、态度、能力、知识、技能等方面的发展。"同时幼儿园教育活动的组织要注重综合性、趣味性、生活性，教育活动的具体形式也要根据实际需要进行选择，灵活运用。幼儿园可以综合利用各种教育资源，扩展成为幼儿日常生活和学习的空间等。这些都体现了幼儿园课程整合性的特点。

5. 潜在性

从本质上讲，幼儿园教育是有目的、有计划的教育过程，幼儿园课程也有明确的课程目标和基本的学习领域。由于幼儿身心发展和学习的特点，幼儿园课程不仅体现在教育计划、教育活动中，还体现在环境、生活、游戏、教师行为及其他幼儿感兴趣的活动形式中。幼儿能够直接感受和体验到的是教师创设的环境、投放的材料、组织开展的活动，而不是教育者的教育目的和期望。也就是说，幼儿园课程蕴含在环境、材料、活动和教师行为中，潜移默化地对幼儿起作用。

（三）幼儿园课程的要素

幼儿园课程包括课程目标、课程内容、课程实施和课程评价四个要素。

幼儿园课程目标是教育目的在幼儿教育过程中的具体化，是幼儿园课程要达到的预期结果，是选择课程内容、实施课程及评价课程的主要依据。

幼儿园课程内容是幼儿园课程目标的载体，是依据课程目标及相应年龄阶段的幼儿身心发展的规律与特点选择的适宜幼儿学习的知识、技能和经验等。幼儿园课程内容需要通过一定的方式进行组织，它的选择与组织决定着幼儿园课程目标能否达成，也影响着幼儿园课程的实施方式。

幼儿园课程实施是依据幼儿园课程目标的要求帮助幼儿获得经验、达成课程目标的过程。课程实施的途径、方法及组织形式等由课程目标和课程内容决定，也会影响课程目标的达成。它是一个动态的序列化的实践过程，通过对课程内容、活动方式、环境材料及师幼关系等加以组织、平衡，使幼儿园课程有序化、结构化和适宜化，从而最大限度地实现课程目标。

幼儿园课程评价是以幼儿园课程目标为标准，在课程实施过程中或某阶段终结时，对课程各要素的适宜性及效果进行测量和评估的过程。幼儿园课程评价既要判断课程目标是否达成，也要监控课程目标确定、课程内容选择与组织及课程实施的全过程，并及时发现问题、调整和完善课程，提高课程质量，更好地促进幼儿的全面健康和谐发展。

任务实施

结合本任务学习内容分析幼儿园课程与小学课程的特点，并说说你对幼儿园课程的理解。某幼儿园大二班周计划表如表 1–2 所示，某小学一年级课程表如表 1–3 所示。

表 1–2　某幼儿园大二班周计划表

<table>
<tr><th>项目</th><th colspan="2">内容</th></tr>
<tr><td rowspan="2">游戏</td><td>活动室</td><td>语言区：小车讲解员　科学区：弹力飞机　美工区：未来汽车
观察要点：
1. 观察幼儿是否能运用符号、标志等绘制动力小车，并运用简洁、较准确的语言完整表达制作步骤。
2. 观察幼儿是否能在机头适宜的位置，画并剪出小且深的缺口，固定皮筋，通过皮筋的弹力让飞机飞出去。
3. 观察幼儿对未来汽车的理解、想象与描述，尝试进行初步的设计与制作</td></tr>
<tr><td>户外游戏</td><td>彩虹时间：沙池游戏区
观察要点：
1. 观察幼儿是否能选用适宜的材料，搭建更长、更稳、便于幼儿通行的闽江大桥。
2. 观察沙上建构小区组的幼儿是否能根据计划，搭建高楼与游泳池、对小区进行围合等。
3. 鼓励幼儿根据游戏过程中的调整，对照与调整计划</td></tr>
<tr><td rowspan="2">教学</td><td colspan="2">主题活动：会动的玩具——做一辆会动的小车
活动一：我的小车（讲述活动）
活动二：小司机（歌曲）
活动三：未来汽车城（美术）</td></tr>
<tr><td colspan="2">领域活动：
活动四：锥形怎么做（形）
活动五：百福呈祥（创意室）
活动六：粗心的小精灵（智慧城）</td></tr>
<tr><td>生活</td><td colspan="2">1. 安全教育：提醒幼儿在使用胶枪、剪刀、钉子制作小车时，注意安全。
2. 生活自理：幼儿能自主使用扫把、畚斗、拖把等，清洁地面。
3. 习惯养成：保持勤洗手、多喝水的好习惯</td></tr>
<tr><td>运动</td><td colspan="2">区域运动：荡桥、福道二区、攀爬网等
体育游戏：我是搬运工、打中病毒等
早操律动：热身操、国学武术操、队列变化进行曲</td></tr>
<tr><td>家园联系</td><td colspan="2">1. 提醒家长注意卫生防护，不带幼儿到人多拥挤的地方。
2. 鼓励幼儿迁移在园经验，在家也能制作一辆可以动起来的小车</td></tr>
</table>

续表

项目	内容
环境创设	1. 创设“未来汽车城”，通过泥塑、手工、绘画等方式，呈现幼儿相关作品。 2. 将幼儿自制的汽车说明书按照动力方式装订成册，并展示在语言区，鼓励幼儿互动表达
调整生成	因为支原体、流感病毒的传染，近期生病的幼儿越来越多。教师在和幼儿进行谈话的过程中，发现幼儿对“七步洗手法”的记忆变得很模糊且不完整，教师随机生成了健康活动“预防流感病毒”，通过观看视频、照片等方式，了解病毒的传播方式，同时明确预防方法，如接种流感疫苗、勤洗手、戴口罩、多喝水等

注：福建幼儿师范高等专科学校附属第二幼儿园　供稿。

表 1–3　某小学一年级课程表

时间	上午			下午		
	第一节	第二节	第三节	第四节	第五节	第六节
星期一	语文	数学	语文	体育	写字课堂	
星期二	数学	语文	语文	音乐	科学	
星期三	语文	数学	语文	道德与法治	体育	校本课程
星期四	语文	数学	音乐	写字课堂	美术	
星期五	数学	语文	道德与法治	美术	科学	

任务评价

学习任务	优	良	中	差
识别与分析课程及幼儿园课程	能依据幼儿园课程的概念及特点准确识别幼儿园课程，并能有条理地描述和分析幼儿园课程的特点	能依据幼儿园课程的概念及特点识别幼儿园课程，较准确地分析幼儿园课程的特点，并简要描述	能初步依据幼儿园课程的概念及特点识别幼儿园课程，但是分析的幼儿园课程的特点不够完整，描述的条理性不强	没有理解幼儿园课程的概念及特点，无法识别幼儿园课程和分析幼儿园课程的特点，描述无条理性，甚至有错误

任务 2　识别与分析幼儿园课程方案

任务情境

某幼儿园开始梳理各类保教活动，计划构建系统的、适宜园所文化和幼儿发展的课程实施方案。在梳理幼儿园课程理论知识时，发现国内外有非常多的课程理论和经典课程方案，教师们觉得瑞吉欧课程的教育理念很适合幼儿园，同时认为陈鹤琴的五指活动课程的方法论很契合目前幼儿园的组织形式。这么多的课程方案，到底如何理解与吸收，又如何指导教师教育实践？

你如何看待这种情况？面对多元的课程方案，我们应如何借鉴和汲取其理论，作为幼儿园课程实施的依据？

任务描述

本任务为识别与分析幼儿园课程方案，主要内容如下。

1. 掌握我国经典的幼儿园课程方案的主要内容和特点。

2. 了解西方经典的幼儿园课程方案的主要内容，掌握各个课程方案的主要特点。

3. 结合对经典幼儿园课程方案的理解，尝试将理论运用到教育实践中。

任务准备

一、课程方案概述

（一）课程方案

课程方案也称课程计划，是课程设置的整体规划，是在国家教育目的和方针的指导下，为实现各级基础教育的目标，由国家教育主管部门制定的有关课程设置、顺序、学时分配及课程管理等方面的政策性文件。它体现国家对学校的统一要求，是组织学校活动的基本纲领和重要依据。课程方案的基本内容包括学校培养目标、学科设置（课程计划的核心）、学科顺序、课时分配、学年编制和周学时安排。

在学校里看到的课程总表，是课程方案中课程安排部分的简化。除了课程安排，课程方案还包括其他部分，如培养目标、课程结构、课时安排等。主体部分是这些课程的设置及其安排，包括课程门类的数量、不同课程的起始及结束时间、周课时的安排及学生学习总课时等。从课程方案中，可以看出不同课程在课程方案或者学校课程体系中所处的地位。

（二）幼儿园课程方案

学龄前儿童的认知处于从简单到复杂不断发展的阶段，其身心发展有特殊性，加之各地区幼儿园存在着地域差异、文化差异等，也使得无法像中小学一样使用统一的课程标准，因此，幼儿园的课程方案是按照国家教育目的和方针精神，根据地方课程标准和幼儿园实际情况制定的。它以幼儿园办园思想为指导，以幼儿园实际的课程基础和资源条件为基础，对幼儿园的课程目标、课程设置与内容、课程组织与实施、课程管理与评价等进行整体、全面的规划和设计，逐步形成和谐的、适宜的、可操作的课程方案。

幼儿园课程方案的基本要素，如图 2–1 所示。

二、我国经典的幼儿园课程方案

（一）陈鹤琴的五指活动课程

五指活动课程是由我国著名儿童心理学家和教育家陈鹤琴先生创编的。1923 年，

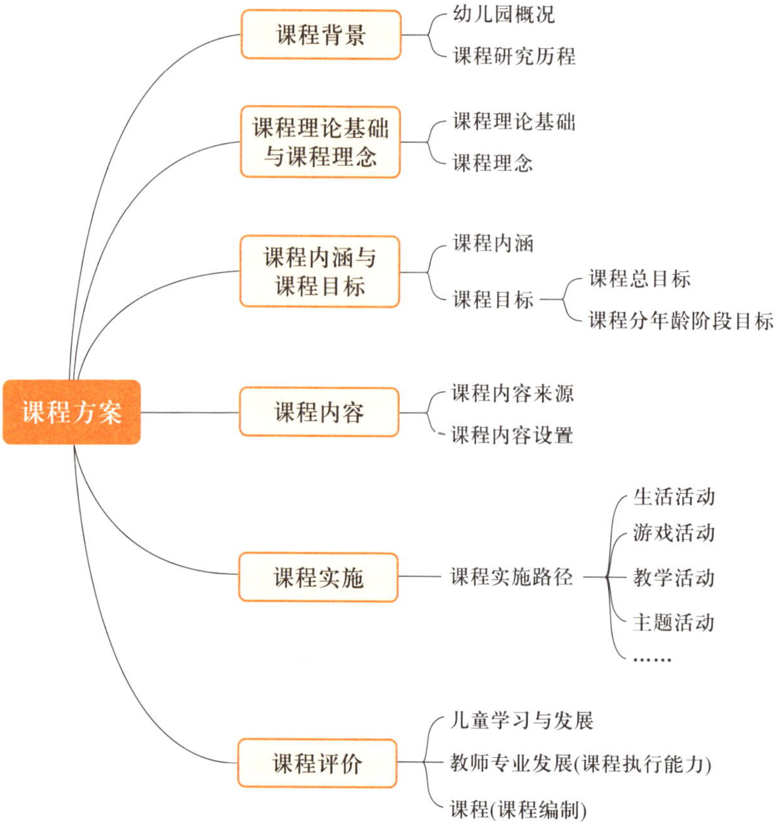

图 2-1　幼儿园课程方案的基本要素

陈鹤琴先生创办了我国最早的幼儿教育实验中心——南京鼓楼幼稚园，对幼稚园课程等进行实验研究，提出了五指活动课程。陈鹤琴先生用人的手掌和五个手指之间的关系比喻幼儿园课程内容的五个方面，五指虽分，却相互联系成为一个整体，以此说明五指活动课程内容以整体和连通为特征。

1919 年，陈鹤琴先生受南京高等师范学校校长郭秉文的邀请回国任教。陈鹤琴先生立志改变国内幼儿教育的弊端，吸收国际先进的教育理念，探索中国化的教育探索，逐步形成了完整的活教育理论体系，包括目的论、课程论、方法论，并进行教育实践。活教育理论体系是五指活动课程的理论基础。

1. 活教育的目的论

（1）做人、做中国人、做现代中国人的活教育目标

陈鹤琴先生提出的活教育的目的论包括三个层面，环环相扣，层层递进。活教育的目的是“做人，做中国人，做现代中国人”。“做人”是活教育最为一般意义的目的，是为区分人与动物的不同而存在的。陈鹤琴认为，人具有社会性，不能脱离社会而存在，做人要热爱人类、热爱真理，建立完美的人际关系。“如何建立起完美的人际关系，借以参与生活，控制自然，改进社会，追求个人及人类的幸福便是一个做人的问题。所以活教育提倡学习如何做人，如何求社会进步、人类发展”[①]。“做中国人”活教育理论是站在国家层面上的教育目的，体现了教育目的民族性。这一层次是在学会“做人”的基础上培养热爱祖国、热爱自己的民族和文化、热爱同胞、

① 苏刚，庄云旭．陈鹤琴活教育理论及其现代价值［J］．现代教育科学（普教研究），2008（6）：98-100.

保卫祖国、建设祖国的人。“做现代中国人”是活教育目的的最高层次。陈鹤琴先生认为，做现代中国人应具备五个条件，一是要有强健的身体；二是要有建设的能力；三是要有创造能力；四是要有合作的精神；五是要有服务的精神。1948年，陈鹤琴先生发表《活教育目的论》，丰富了活教育的目的，将其定位为“做人，做中国人，做世界人”，主张“要具有世界眼光”。

（2）五指活动课程的具体目标

做人：要有合作的精神、同情心和服务的精神。

身体：有强健的体格，养成良好的卫生习惯，习得一些运动技能。

智力：要有研究的态度、充分的知识和表意的能力。

情绪：能欣赏自然和艺术美，培养快乐精神，打消惧怕情绪。

2. 活教育的课程论

（1）大自然、大社会都是活教材

陈鹤琴先生反对“读死书”“死读书”，针对传统教育脱离社会和自然，书本中心、课程固定、教材呆板的弊端，提出了“大自然、大社会都是活教材”的课程论。陈鹤琴先生认为：“书本上的知识是间接的、死的，大自然、大社会才是我们活的书，直接的书。”因此，活教育的课程是把大自然、大社会做出发点，“鼓励儿童去发现他自己的世界”，让儿童在与自然和社会的直接接触中，在亲身观察中获取经验和知识。陈鹤琴先生并非完全否定书本知识，只是将书本作为学习的一种材料，反对脱离实际的“死教材”，摒弃过去“书本万能”的错误观念。

（2）五指活动课程的内容

活教育课程追求完整的儿童生活，教学组织形式打破惯常的学科中心体系，采取符合儿童身心发展和生活特点的活动中心与活动单元体系，即能体现儿童生活完整性和连贯性的五指活动：儿童健康活动、儿童社会活动、儿童科学活动、儿童艺术活动、儿童文学活动。与此相适应，把教室改成“五指活动场所”，即健康活动场所、社会活动场所、科学活动场所、艺术活动场所、文学活动场所。

健康活动：饮食、睡眠、早操、游戏、户外活动、散步等。

社会活动：升降旗、朝夕会、周会、纪念日活动、集会、每天的谈话、学习社会常识等。

科学活动：栽培植物、饲养动物、研究自然、认识环境等。

艺术活动：音乐活动（唱歌、听节奏、欣赏音乐）、绘制图画、做手工等。

文学活动：讲故事、唱儿歌、猜谜语、学读法等。

3. 活教育的方法论

（1）做中教，做中学，做中求进步的教学基本原则

陈鹤琴先生受到杜威的“在做中学”和陶行知先生的“教学做合一”的影响，

提出了活教育方法论的基本原则，即“做中教，做中学，做中求进步”。以“做”为基础，强调“凡是儿童自己能够做的，就应当让他们自己做”，确立儿童的主体性。由于儿童的“做”带有一定的随意性和无意识操作，所以教师应提供有效指导，通过启发、引导，使儿童有意识、有计划、有目的地“做”。陈鹤琴先生在强调做的同时，还强调思维的作用，他提出“凡是儿童自己能够想的，应当让他自己想”。

陈鹤琴先生将活教育的教学过程分为四个部分：实验观察—阅读参考—发表创作—批评研讨，并提出了 17 条教育原则：① 凡儿童自己能够做的，应当让他自己做；② 凡儿童自己能够想的，应当让他自己想；③ 你要儿童怎样做，就应当教儿童怎样做；④ 鼓励儿童发现他自己的世界；⑤ 积极的鼓励胜于消极的制裁；⑥ 大自然、大社会都是我们的活教材；⑦ 比较教学法；⑧ 用比较的方法来增进学习的效率；⑨ 积极的暗示胜于消极的命令；⑩ 替代教学原则；⑪ 注意环境，利用环境；⑫ 分组学习，共同研究；⑬ 教学要游戏化；⑭ 教学要故事化；⑮ 教师教教师；⑯ 儿童教儿童；⑰ 精密地观察。

这 17 条教学原则是活教育理论体系中的核心部分，体现了儿童以“做”为基础的主动学习，反映了陈鹤琴先生以儿童为主体的儿童观、课程观和教育观，其思想对以后的幼儿园教育影响深远。

（2）五指活动课程的组织与实施

陈鹤琴先生反对分科教学，他认为儿童的生活是一个整体，幼儿园的课程应来自儿童的生活和经验，幼儿园课程应该是整体的、互相联系的，而不能是相互割裂的。幼儿园课程应该从儿童周围的自然环境与社会环境中选择儿童感兴趣且适合儿童学的物和事作为“单元主题”，组织、融合儿童的科学、社会、语文、艺术、健康活动，使这些活动成为一个相互联系的整体。这就是陈鹤琴先生提出的适宜儿童身心发展的“整个教学法”（单元教学法），即把儿童应该学的东西整个地、有系统地教给儿童。

陈鹤琴先生还提出了五指活动课程实施的注意事项：① 将“计划性”与“灵活性”相结合；② 创设充分、适宜的物质环境；③ 采用游戏式教学法；④ 多采取小团体教学法；⑤ 多提供户外活动的机会；⑥ 教师应当是儿童的朋友。

4. 对五指活动课程的评价

五指活动课程是陈鹤琴先生在汲取外国先进教育理论的基础上，根据中国国情和中国儿童的实际特点设计而成的。课程要适应儿童的身心发展状况和生活实际，注重儿童学习的特点。儿童的学习要“做中学”。教师的教要充分考虑儿童的学，突出儿童学习的主体地位，打破传统的教育模式，改变传统的幼儿学习方式，让幼儿教育步入科学轨道。陈鹤琴先生五指活动课程的思想、做法对我国现阶段幼儿园课程建设和改革仍具有借鉴与指导意义。例如，幼儿园课程资源开发以促进儿童的身心健康、全面、富有个性的发展作为课程的出发点和落脚点，以尊重儿童的兴趣和经验为基础，贴近儿童生活，以开展各类活动为路径，培养儿童自主学习等能力。

五指活动课程也有一定的局限性，理论层面上虽努力避免课程中的知识中心倾向，力求课程向儿童靠拢，但在实践层面上仍然比较注重教材，而对儿童反应的注意程度仍显不足。尽管陈鹤琴先生一再强调五指活动课程中的五指不是五个学科，应整合成一个整体进行施教，但在实际推行时，有时仍被误解而分科进行。

学思结合

尝试分析陈鹤琴先生提出的五指活动与当前的五大领域的关系。

（二）张雪门的行为课程

张雪门先生是我国现代著名的幼儿教育家，与陈鹤琴先生被称为幼教界的“南陈北张”。张雪门先生一生潜心研究儿童教育，针对当时幼稚园以教材为中心的状况，依据杜威“教育即生活”的理论和陶行知的“知行合一”思想，创编了行为课程，提倡幼稚教育生活化、儿童生活教育化。经过长期的实践和理论研究，最终形成了完整的幼稚园课程理论与方案——幼稚园行为课程方案。

张雪门先生指出：“生活就是教育，五六岁的孩子们在幼稚园生活的实践，就是行为课程。这份课程包括了工作、游戏、音乐、故事等材料，和一般的课程一样。然而，这份课程完全根据于生活，它从生活而来，从生活而开展，也从生活而结束。”生活与行动是行为课程的基本要素，同时幼儿园的课程是一种具体的整个活动，自然而然地融入儿童的日常生活中，行为课程以生活为基础，以实际行动为中心。

1. 行为课程的目标

张雪门先生认为，课程应关注社会生活的意义，但绝不可凭借成人的主观意见。成人的需要不是儿童的需要，成人的经验不是儿童的经验。“儿童所反映的是他自己环境里的社会，但绝不是成人的社会”。因此，在幼儿阶段，满足个体需要的重要性超过社会期望。幼儿园的课程目标应是满足儿童身心的需求，培养他们充实经验的方法与习惯，提高生活能力与意识，从而使儿童的身心得到全面的发展。

1933 年，面对国家和民族危亡的现实，张雪门先生在兼顾社会需要和儿童身心发展的基础上，将儿童教育定为改造民族的幼稚教育，并制定了新的课程目标：“铲除我民族的劣根性；唤起我民族的自信心；养成劳动与客观的习惯态度；锻炼我民族为争中华之自由平等而向帝国主义作奋斗之决心与实力。”确立了以社会需要为愿景、以儿童个体发展需要为近景的幼稚教育任务。

2. 行为课程的内容

张雪门先生认为，教材的经验来源于三个方面：一是儿童个体自身发展；二是和自然环境的接触；三是社会交际的经历。他还提出了选择教材的五条标准：应满足儿童的需要；应顾及社会生活的意义；应在儿童自己的环境里搜集材料，因为儿童所能反映的是他自己环境里的社会，但绝不是成人的社会；应认识到社会生活的重要性；上面所述还没有道及的一切儿童的冲动、习惯、态度。据此，张雪门先生将行为课程的内容划分为以下三个方面。

（1）儿童自发的活动，即儿童在自身发展过程中自发进行的各类活动。

（2）儿童的自然环境，即儿童周围生活中一切有关自然界的事物与知识，如植物、动物、旅行，及其对各种自然现象的活动。

（3）儿童的社会环境，即与儿童现在生活和未来生活相关的社会生活知识，如家庭、邻近的地方、各种职业活动等。

由此可以看出，行为课程的内容就是儿童周围生活的自然环境与社会环境中能为儿童所接受并有助于其身心发展的各种经验。具体包括幼儿的工作与美术、游戏、自然活动、社会活动、音乐、故事和儿歌及常识等教材。

3. 行为课程的编制原则

张雪门先生认为，幼稚园课程应密切联系幼儿园生活经验，适合儿童的发展。他制定了行为课程的编制原则。

（1）整体性原则

幼儿生活经验是一个整体，他们还没有学科分类的观念。因此，幼稚园课程不能像其他学段课程一样分成语文、数学、地理、生活等学科，各有各的统属，而应打破学科的界限，让各科科目都变成整体生活的一面，构成一种具体的整个活动。

（2）偏重直接经验原则

张雪门先生指出："幼稚园的课程，须根据儿童自己直接的经验。"直接经验具有生动、切实的特点，虽然与间接经验相比显得零碎和低层次，但是更符合儿童的学习特点，能够促进他们的发展。

（3）偏重个体发展原则

张雪门先生认为，教育既要适合儿童身心发展的需要，也要培养儿童成为符合社会需要的人，而在幼稚园阶段，教育则应偏重于儿童个体发展。

由此，可以看出张雪门先生非常关注幼稚园课程的整体性、直接性与个体性。

4. 行为课程的实施

行为课程以生活为基础，以行动为中心，以设计为过程。张雪门先生重视“做”即行动的价值，认为："从行动中所得的认识，才是真实的知识；从行动中所发生的困难，才是真实的问题；从行动中所获得的胜利，才是真实的制驭环境的能力。"他指出："幼稚园教学法所根据的重要原则只有一条，便是行动。儿童怎样做，就是怎样学；怎样学，就该怎样做。"他提倡"做学教"相结合，并提出了"行为"在课程中应用的原则：课程虽然来源于自然的行为，却须经过人工的精选；课程虽然来源于劳动的行为，却须得在劳动上劳心；课程虽然来源于儿童生活，却须有远大的客观标准。

张雪门先生对美国的设计教学法进行改进，将设计教学法运用到幼稚园课程的设计之中，经过反复的实验研究与改进，确定行为课程采取单元教学。也就是说，先根据幼儿的学习动机确定学习目的，再根据学习目的设计活动，包括活动过程、工具及材料。

张雪门先生虽没有列出详细的评价指标，却粗略地谈及了课程实施后四个方面的评价内容：对儿童的行为应有检讨；对儿童的行为应有继续的注意；对儿童的行为应有记录；对儿童的行为经验应有估计。

5. 对行为课程的评价

张雪门先生创编的行为课程对我国幼儿园课程的变革和发展做出了重大的贡献。张雪门先生说过，"幼稚园教育从生活发生，也从生活展开，它不是文化的点缀品，也不是文化的橱窗。在有组织、有计划的实行和检讨中，求快乐圆满的境界，才是幼教的最高理想"。

幼稚园行为课程是张雪门先生一生实践与智慧的结晶，也是他与同事们在长期的教育实践中集体工作的结果。幼稚园行为课程的基本思想就是"生活即教育""行为即课程"，不但修正了当时幼稚园中普遍存在的教育与儿童实际生活相脱节的现象，而且体现了教育生活化、生活教育化的基本理念；以行动为中心，通过动机、目的、活动、活动过程与工具材料等实施课程，开创了当时幼稚教育崭新的课程模式，对当前的幼儿园课程改革有一定的借鉴价值与启发意义。

三、西方经典的幼儿园课程方案

（一）蒙台梭利课程

1. 蒙台梭利课程的理论基础

玛利娅·蒙台梭利是意大利第一位女医生，也是教育史上一位杰出的幼儿教育思想家和改革家，其教育方法由其在儿童工作过程中所观察到的儿童自发性学习行为总结而成。

（1）蒙台梭利课程的儿童观

①儿童拥有与生俱来的内在生命力：具有吸收性心智。蒙台梭利认为，儿童具

有内在的学习驱动力，并且对周围环境有着强烈的学习与吸收能力，这种内在生命力促使儿童从出生起便不断探索环境，并在此过程中吸收经验，为未来更高阶的学习活动奠定基础。她在《有吸收力的心灵》一书中指出，儿童的心理发展既不是单纯依赖内部的成熟过程，也不是环境、教育的直接产物，而是儿童和环境交互作用的结果。通过探索环境获得的经验，儿童实现了心理的发展。蒙台梭利注重遗传素质和人的内在生命力，同时强调环境对儿童发展的重要作用。

1939—1946 年，蒙台梭利受邀去印度，通过观察认识到 0—6 岁儿童的学习方式与 6 岁以上儿童的学习方式是不同的，0—6 岁儿童具有独特的学习方式。这一阶段的儿童具有自然意识的感受力，他们会积极地从外部获取各种印象和文化模式，使之成为自己内在的一部分，蒙台梭利将儿童这种独特的学习方式称为“吸收性心智”。具有吸收性心智的儿童从一出生便会从周围环境中吸收一切来满足他们的需要，并把环境变成自己的一部分，使用从环境中吸收的一切来完成自己内部的构建，这是儿童的一种强大的自主学习能力和适应环境能力。儿童的吸收性心智分为两个阶段：0—3 岁无意识的吸收阶段和 3—6 岁有意识的吸收阶段。

蒙台梭利用“海绵”和“照相机”来比喻儿童对周围环境全盘吸收和不加区分的心智特征。当把海绵放在一盆水中时，无论是干净的水还是脏水，海绵都会全盘吸收，儿童就像海绵对周围环境信息全盘吸收，不加区分；儿童的认知过程就像使用照相机拍照，快门按下，底边就成型了，好的风景、刺眼的垃圾都进入了底片。

学思结合

蒙台梭利用两个比喻描绘了儿童对于周围环境极为强大的学习与吸收能力，指出了环境的重要性。

② 儿童发展具有敏感期。“敏感期指有机体在成长过程中，在特定的时期里不可抗拒地会受到环境中的一些特定因素的影响。敏感期相当短暂，主要目的是帮助生物获得某些机能或特性，过了这些特殊时期，感受性便会消失。”①

蒙台梭利系统地观察儿童的自然行为后指出：儿童在每个特定时期都有一种特殊的感受能力，这种感受能力促使他对环境中的某些事物有强烈的敏感度和兴趣，并积极有效地认识事物和从事相关活动，而对其他事物则置若罔闻。

蒙台梭利根据儿童的观察记录，将儿童发展的关键期分为以下几个阶段。

语言敏感期（0—8 岁）：语言能力的迅速发展是这个阶段的显著特点。1—3 岁是语言敏感期的高峰时期，从 1 岁半开始，儿童进入新字、新词的爆发期，2 岁以

① 简楚瑛. 学前教育课程模式［M］. 上海：华东师范大学出版社，2005：12.

后则从说字词发展为说句子。

秩序敏感期（2—4 岁）：秩序敏感期是蒙台梭利最先发现并论述的现象。这个阶段的儿童对秩序和规则非常敏感，他们需要知道事情的顺序和规则。

感觉敏感期（0—5 岁）：儿童的各类感觉功能（如视觉、听觉、触觉等）在这个阶段快速发展。

细节敏感期（1.5—4 岁）：这个阶段的儿童喜欢捕捉和观察细节，那些成人可能忽略的小细节、小图案、不引人注目的地方会引起他们的极大兴趣。

动作敏感期（0—4 岁）：这个阶段的儿童对动作和运动有浓厚的兴趣，0—1.5 岁是动作的获取阶段，1.5 岁至 4 岁是动作的巩固阶段。

社会交往 / 社会规范敏感期（2.5—4 岁）：这个阶段是儿童学习社交和规范的时期。这个阶段的儿童对社交产生极大兴趣，他们喜欢交朋友，喜欢参与群体活动。

敏感期和吸收性心智是一起作用于儿童发展的，敏感期是内在驱动力，引导儿童对环境的某个层面或某个事物产生敏感力和兴趣，吸收性心智使儿童无意识吸收环境中的一切并内化为身体的一部分，吸收性心智在敏感期的引导下，帮助儿童获得生存和发展所必需的、更具体的技能。

③ 儿童发展具有阶段性。蒙台梭利认为儿童处在一系列再生变化中，这种变化是连续且具有阶段性的。她将儿童发展分为三个阶段，每个阶段都包含心理、生理、情感、智力这四个特征，并且每个阶段的教育任务都不同。

第一阶段为 0—6 岁（婴儿期），是儿童个性形成的最重要时期，这一阶段的儿童具有吸收性心智。3 岁是分界点，0 ～ 3 岁的儿童毫不费力地吸收所有他所在环境里的信息，3—6 岁进入了有意识的吸收阶段。这一阶段的教育任务是准备丰富的环境让儿童体验，注重儿童感知觉和运动的发展。第二阶段为 6—12 岁（儿童期），是儿童增长学识和艺术才能的阶段。这一阶段的儿童抽象思维能力发展并产生了最初的社会道德，他们会有意识地学习，渴望承担更多的责任，希望更多地参加集体活动。这一阶段的教育任务以抽象的智力活动为主。第三阶段为 12—18 岁（青春期），是儿童个性发展的阶段。这一阶段的儿童生理和情绪发生巨大变化，身体已经具有了成人的特征，在精神层面有了更强的社会意识，喜欢社交等。

儿童在每个阶段都要充分发展，在做好准备后进入下一阶段的发展，不要“揠苗助长”，一方面尊重和遵循儿童发展的规律性和阶段性，另一方面为儿童发展创造适宜的环境，提供更多的机会。

④ 儿童在“工作”中获得发展。蒙台梭利将儿童使用教具的活动称之为“工作”，儿童的身心发展通过工作来实现。蒙台梭利通过对儿童的观察与研究，提出了“工作是儿童的天职”这一论断，发现儿童工作遵循独立、自由、秩序、专注、重复等自然法则，儿童通过工作达到心理上的自我统一，逐步走向独立。蒙台梭利认为，

游戏会把儿童引向不切实际的幻想，只有工作才是儿童主要和喜爱的活动。儿童在工作中设定目标，通过“最大努力”完成具有一定挑战性和难度的工作，在这一过程中表现出持久的兴趣和专注力。

儿童的工作特征主要包括：遵循自然法则，服从内在的引导本能；无外在目标，以“建构为人”或称自我实现、自我完善为内在目标；是一种创造性、活动性与建构性的工作；须独立完成，无人可替代或帮助完成；以环境为媒介来改变自己，形成自己与塑造自己的人格；依自己的方式、节奏进行，为自己的内在需求而重复。

（2）蒙台梭利课程的教育观

蒙台梭利主张自由教育，强调教育者必须信任儿童内在的、潜在的力量，为儿童提供一个适当的环境，让儿童自由活动。她强调儿童应有权利选择自己要做什么和决定自己的工作要做到什么程度。她认为儿童的发展是自己工作的结果，并指出“教育的基本任务就是使每个儿童的潜能在一个有准备的环境中都能得到自我发展的自由”，她否定奖励、惩罚等强化的作用，强调儿童的内在力量、主观能动性，强调环境要适合儿童的内在需要和兴趣。

蒙台梭利强调环境的重要性，提出教师要为儿童提供一个有准备的环境。有准备的环境的要求：有规律、有秩序；能提供美观、实用、对儿童有吸引力的生活设备和用具；能丰富儿童的生活印象；能为幼儿提供感官训练的教材或教具，促进儿童的智力发展；能让儿童独立地活动，自然地表现，并意识到自己的力量；能引导儿童形成一定的行为规范。

2. 蒙台梭利课程方案

（1）课程目标

蒙台梭利课程目标可以归结为两个方面：一是帮助儿童形成健全的人格；二是建设理想的和平社会。蒙特梭利认为儿童内在有着与生俱来的内在生命力（内在潜力），即儿童具有自我学习并形成健全人格的潜能。教育的任务就是激发儿童的内在生命力，帮助儿童发展出健全人格，为进入成人世界做准备。

蒙台梭利认为，教育的终极目标是改造社会，建设理想的和平社会。经历了两次世界大战的蒙台梭利见证了战争的残酷，深感战争对人性的摧残。她认为真正的和平应是人与人之间的和谐状态，彼此之间充满关爱与理解，和平成为人们的一种生活理念，进而转变成一种生活方式。正如她所说的：“当我们谈到和平，我们不仅仅指各个国家间的片面休战，还意味着全人类一种永久的生活方式。”因此，她希望通过教育培养人们自律、自信、独立等优秀品质，通过培养“新人类”，建设理想的和平社会。

（2）课程内容

蒙台梭利认为，儿童具有巨大的潜能，儿童生命的发展是走向独立的。通过具体的练习，如感官练习、日常生活练习、智能练习（语言、数学、文化科学）等，为儿童形成健全人格奠定基础。

① 感官教育。感官教育的目标是培养敏锐的感官，进而培养观察、比较、判断的习惯与能力。

视觉训练：通过对比分辨物体的色彩、形状、长短、粗细和大小，掌握相关抽象概念，提高儿童的视觉敏感度和辨别能力。教具有插座圆柱体、色板、粉红塔、长棒、几何图形嵌板、几何体支柱、棕色梯、二项式盒、三项式盒等。

听觉训练：通过音乐、声音的识别和区分，培养儿童的听觉辨别能力和记忆能力。教具有音筒、音感钟。

触觉训练：通过触摸、温度、质地的感知，增强儿童的触觉感知和辨别能力。教具有温觉板、触觉板、布盒、重量板、神秘袋。

味觉训练：通过品尝（酸、甜、苦、辣等味道）、辨别味道，提高儿童的味觉敏感度和辨别能力。教具有味觉瓶。

嗅觉训练：通过嗅闻、识别气味，提高儿童的嗅觉敏感度和辨别能力。教具有嗅觉瓶。

② 日常生活教育。日常生活教育的目标有两个，具体内容如下。

目标一：通过反复练习日常生活技能，养成良好习惯，在练习中掌握相应技能，学会自我管理、自我控制、自我保护，逐步发展儿童的独立性、自主性、专注力、自信心等，培养健康的情绪、情感。

目标二：通过各种运动、生活技能的练习、文明礼貌行为习惯的养成，以及对周围人、事、自然的照顾与服务，学会生活，培养社会适应能力，拥有爱心与社会责任感，促进幼儿个性、社会性的发展，为建构幼儿完整而优良的人格奠定基础。

日常生活教育的内容包括基本动作、照顾自己、照顾环境、社交礼仪等。

基本动作：让儿童练习日常生活中的基本运动，它是照顾自己、照顾环境、社交礼仪的基础。主要包括走（步行）、坐姿、站姿、拿、搬、放、拧、倒、折、剪、切、贴、缝、编、捏、夹、转、擦、撕、打、敲、卷、削、拉、揉等。

照顾自己：为提高儿童的生活自理能力以适应现实生活而设置。主要包括穿脱衣服、叠衣服、穿鞋、脱鞋、梳头发、擤鼻涕、喝水、吃饭、刷牙、整理携带的物品、整理书包、如厕、叠被子、擦鞋子、擦嘴巴等。

照顾环境：让儿童学会关心周围环境，学习照顾、美化、打扫、整理环境的方法。主要包括擦洗桌椅、教具，整理图书、玩具，扫地，照顾、饲养、管理动植物。

社交礼仪：通过各种活动，让儿童学会在社会生活中处理人际关系，学会与人沟通、分享和合作，并教会儿童尊重他人、关心他人、制定规则、接受约束等。主要包括谈话礼仪，如打招呼、道别、邀请、感谢、道歉、欢迎、应答等，动作礼仪，如开关门、敲门、与他人接触、递交物品、咳嗽、打喷嚏、打哈欠、倒茶、用餐等。

③ 语言教育。语言教育的目标是通过创设适宜的语言环境，逐步培养儿童听、说、写、读的能力与习惯，促进儿童语言表达能力、理解能力和思维能力的发展，同时渗透文字活动，培养阅读能力，为书写做准备。

语言教育的内容主要包括听说训练、读写训练、语言理解。

听说训练：通过故事、歌曲、游戏等形式，培养儿童的语言倾听和表达能力。

读写训练：通过识字、写字、阅读和写作，提高儿童的语言理解和表达能力。

语言理解：通过语言游戏和情境模拟，增强儿童对语言的理解和运用能力。

④ 数学教育。数学教育的目标是通过使用直观教具，让儿童在教具操作中懂得数与量的关系，感受四则运算的快乐。

数学教育的内容主要包括数量感知、数字认知、运算基础、时间和空间。

数量感知：通过实物操作和感官体验，让儿童初步认识数量和大小关系。

数字认知：通过卡片、玩具等教具，让儿童学习数字及其组合、分解与顺序等概念。

运算基础：让儿童初步了解加、减、乘、除等基本运算概念和方法。

时间和空间：让儿童学习时间和空间的概念，如前后、上下、左右等。

⑤ 文化科学教育。蒙氏教室里备有动物、植物、天文、地理、历史、地质等各种类型的教具，使儿童在玩中探索科学的奥秘，从宏观到微观，培养对科学的兴趣。

文化科学教育的内容包括历史地理、科学技术、社会文化。

历史地理：通过故事、图片等形式，让儿童了解历史和地理知识，如传统节日、国家地理等。

科学技术：通过实验、观察等形式，让儿童了解科学知识和技术应用，如自然现象、科学技术的发展等。

社会文化：通过参观、实践等形式，让儿童了解社会文化知识和礼仪规范，如民俗文化、社交礼仪等。

蒙台梭利课程帮助儿童在各个领域获得全面的发展和提升，挖掘他们的潜在能力和价值。

（3）课程组织

蒙台梭利课程主要由环境规划、教师、教具三部分构成，三者相互影响，共同作用。

蒙台梭利非常重视儿童所处的环境状况。她反对当时的教育模式——只注重教师和儿童两个因素，忽视环境的影响。她认为，儿童的内部潜能及其行为的发展，是通过与环境的相互作用而实现的。“在儿童发展的过程中，各有不同的时期，但无论在哪个时期，环境都起着重要的作用，然而没有比出生之始的环境更为重要的。”

蒙台梭利提出要为儿童提供“有准备的环境”。

蒙台梭利指出，教师的工作不是教给儿童知识，而是努力成为儿童观察者，了解儿童现有的发展水平与兴趣需要，为儿童自我学习发展提供环境。因此，教师还是环境的创设者和管理者，为儿童学习创设美观、整洁、有序的物质环境，同时注重营造舒适、温馨的心理环境。蒙台梭利认为，教师是为儿童精神服务的，要努力成为儿童工作的支持者、启发者和引导者，为了支持儿童学习，教师还必须不断吸收知识、扩充视野、增长学识，成为一名儿童研究者和自我学习者。

教育是蒙台梭利课程中重要的工作材料，在课程内容部分已经进行了介绍。蒙台梭利教育覆盖感觉训练、日常生活教育、语言教育、数学教育、文化科学教育多领域，有效促进儿童身心全面健康发展。

3. 对蒙台梭利课程的评价

蒙台梭利课程遍及世界各地，得到各地幼教界的普遍推崇和认同，至今仍影响较大。蒙台梭利课程的独特魅力源于对儿童的充分研究与了解，其教育理念以儿童为中心，重视儿童教育与成人教育的区别，强调环境对儿童学习发展的重要性，注重提供“有准备的环境”，为儿童自主学习创造条件，帮助儿童形成独立、自信、专注的品质，为儿童形成健全人格奠定基础；了解且善于运用儿童的敏感期，并形成了完整系统的工作材料来推动实施，激发儿童潜能。蒙台梭利课程同样存在一定的局限性。蒙台梭利课程结构性较高，教具每步的操作使用都有严格的规定，久而久之，会使儿童思维僵化，不利于儿童创造力的培养；过于强调读、写、算，忽视了儿童实际的生活经验；蒙台梭利课程强调儿童的自我学习、自我发展，忽视了为儿童提供社会互动、同伴交往的机会，不利于儿童社会性的发展。因此，在借鉴和学习蒙台梭利课程方案时，要辩证地思考与吸收精髓。无论借鉴哪一种课程方案，都要深入领会其教育理念，不能只照搬形式，忽视内涵精神。

（二）瑞吉欧课程

瑞吉欧艾米莉亚是意大利东北部的一座城市。20 世纪 60 年代以来，洛利斯・马拉古齐和当地的幼教工作者一起兴办并发展了该地的学前教育。他们打破了传统的教育理念，不断尝试新的教育方法和方案，并根据生活与政策的变化做出调整，设置了高质量的课程，探索幼儿教育改革的途径，经过数十年的艰苦奋斗、探索与研究，形成了一套独特且革新的哲学和课程假设、学校组织方法及环境设计的原则。人们称这个综合体为瑞吉欧幼儿教育体系。1991 年，美国《新闻周刊》将瑞吉欧幼儿教育体系评为“世界十佳学校之一”。

1. 瑞吉欧幼儿教育体系的基本观点

瑞吉欧幼儿教育体系的形成主要受欧美主流的进步主义教育、皮亚杰和维果斯基等心理学家的建构主义心理学、意大利学前教育传统及战后左派改革政治三者交互的影响，此外布鲁纳的教学思想、加德纳的多元智能理论也成为瑞吉欧幼儿教育体系的理论来源。在借鉴和吸收各种理论精华的基础上，马拉古齐和当地幼教工作者结合本土文化，在儿童观、环境设置、教师与家长的角色、课程设置、教学方法等方面进行了深入研究和改革，形成了带有瑞吉欧特色的幼儿教育体系。

瑞吉欧幼儿教育理念的核心是走进儿童心灵的儿童观。马拉古齐在其著作《儿童的一百种语言》中写道："儿童的学习和表现方式是多种多样的。"他坚信儿童"富于潜在的和强大的能力"，他们对一切都满怀好奇，成人应当鼓励儿童去发展他们自己关于世界的理论并透过探索去了解这个世界是如何运作的。正是基于这种对儿童、对教育的看法，瑞吉欧幼儿教育注重儿童整体人格的发展，注重儿童想象力和创造力的开发与提升。

儿童是一个拥有充分的生存和发展权利的人，是发现及创造生活内涵的主体。儿童是主动且有能力的学习者，他们的学习是一种互动的、以某种相互关系为基础的社会建构过程。在各种关系中，师生关系最直接地影响着儿童的学习与发展。

瑞吉欧幼儿教育摈弃以儿童为绝对中心、忽略教师作用的放任自流式教育，强调团体中心、关系中心，构建儿童与教师、成人一起游戏、工作、说话、思考、发明的课程模式。幼教工作者提倡儿童运用多种语言进行认知、表达和沟通，获得完整的感觉经验。同时，他们创造了一种儿童文化，为孩子提供自主、自由建构主客观经验的时空环境，在相互合作和社会化的氛围中，儿童能够不断积累和整合多种经验。

2. 瑞吉欧课程方案

（1）课程目标

瑞吉欧幼儿教育虽然没有明确地表达其教育目标，但从其具体内容中不难看出其课程所追求的目标和价值取向。瑞吉欧幼儿教育追求的不是外在的功利性目标，而是教育的内在品质，即让学校中的儿童、教师，包括家长都能生活得幸福愉悦。瑞吉欧的课程目标通过描述儿童的内在特征来表述更为准确，即让儿童"更健康、更聪明、更具潜力、更愿学习、更好奇、更敏感、更具随机应变的适应能力、对象征语言更感兴趣、更能反省自己、更渴望友谊"[①]。

（2）课程内容

瑞吉欧没有明确规定的课程内容，更没有固定的教材或预先设计好的教育活动方案。课程内容来自周围的环境，来自儿童生活中感兴趣的事物、现象和问题，来自他们的各种活动，来自幼儿和教师的共同兴趣。

瑞吉欧幼儿教育的案例如下。

---

① 王春燕. 幼儿园课程概论［M］. 北京：高等教育出版社，2014.

儿童："昨天妈妈买了一盆花，真好看！"

教师："你喜欢吗？"

儿童："我很喜欢！"

教师："那我们今天就去看看好看的花好不好？"

儿童："好呀！"[①]

由案例可以看出，教师带着儿童到户外，为儿童提供各种观察花草的工具，儿童可以从自己的兴趣出发，用眼睛看，用手触摸，用笔将花草画下来，教师则尽可能减少介入。

学思结合

瑞吉欧课程没有预设内容，也没有固定教材，主要围绕儿童熟悉的项目主题开展学习，在儿童学习研究过程中，教师起到了什么作用？扮演了什么角色？

（3）课程实施

瑞吉欧的课程与教学主要是以项目活动（或项目工作）的方式展开的，项目活动是瑞吉欧课程与教学的主要特色。项目活动一般始于教师对儿童的观察或者教师就某一主题对儿童的询问，活动起点是儿童的自发性、兴趣和教师敏锐的判断，活动过程强调儿童对主题的深入研究，活动结果引导儿童自主学习、自由表达和创造性解决问题。项目活动一般采取小组工作的方式，保证了同伴间的合作研究，为每个儿童提供了机会，使他们意识到自己的观点与其他人的观点是不同的，从而意识到自己的独特想法，产生自我认同感；同时在与同伴的交流、切磋中，也使儿童发现了其他人的不同观点，意识到世界的多样性。

项目活动是瑞吉欧教育方式的灵魂和核心，其在教学、活动安排、环境创设等方面都独具特色。

① 弹性计划。瑞吉欧教育不预先设定课程，课程设计是教师和儿童共同构建的过程。教师们根据以往的经验和对儿童的了解，对可能出现的事情进行假设，根据儿童兴趣与实际需要，制定灵活、弹性的课程。

② 互动合作。瑞吉欧教育强调互动关系和合作参与，包括教师和儿童的互相沟通、关怀，对某一问题的探讨研究，以及在教育活动中的相互引导；同时互动合作的理念还体现在幼儿园管理上，倡导社区、家庭都参与教学实践、幼儿园课程计划与活动及幼儿园管理中来。

③ 档案支持。瑞吉欧学校专门建立文件室，用于存放他们的档案记录。这里的

① 根据网络资料整理而得。

档案指的是对教育过程及师生共同工作结果的系统记录，包括：儿童的活动作品、对儿童在工作过程中具体实例的记录、儿童的照片、录音、录像，教师关于儿童和活动的文字说明及家长评议等。这些档案记录有效地支持了项目活动的开展与推进。

在瑞吉欧学校，教师要扮演研究者的角色。教师要及时捕捉和记录儿童的言行，并对收集到的数据进行分析，确定关于儿童发展和学习的关键性知识，并以此为依据来研究他们的兴趣，寻找策略来支持儿童的探索研究。

教师持续地记录儿童在活动中的表现，整理为成长档案。成长档案为儿童提供关于自身学习的可视化记忆，有助于鼓励儿童回忆并扩展自己已有的观点，为新观点的产生和发展提供灵感；为教师提供一种研究工具，有助于更好地评价自己的教育工作并完善指导计划，更好地了解儿童；也为家长提供儿童在学校学习生活的详细记录，有助于家长更好地了解孩子，以及更好地与学校互动合作。

④ 小组活动。瑞吉欧的项目活动一般采取小组工作的方式，每个小组一般为3～5人，有时为2人，还有个人或全班的活动。儿童以小组的形式探讨问题、解决问题。瑞吉欧认为这种小组工作的方式不但有利于保证同伴间的合作研究，而且可以促进儿童在共同活动中彼此的调整适应。马拉古齐把交流对话看作激发儿童创造性最好的一种方式，特别是儿童在与同伴讨论、争论或做最后决定时，找出依据和妥协的过程最能锻炼儿童解决问题的能力。

⑤ 图像语言。在小组围绕着一个共同的项目研究的过程中，瑞吉欧幼儿教育鼓励儿童运用他们的自然语言和表达风格自由的表达和相互交流，方式包括语词、动作、手势、姿态、表情、绘画、雕塑等，瑞吉欧称其中符号性的视觉表征活动为图像语言。

在瑞吉欧幼儿教育体系中，儿童的图像语言不是被当作一门科目、学程或一套分离的技能来教授的，而是与儿童的工作、学习融合在一起，作为还不善于读写的儿童的另一种语言渗透在项目活动的整个过程中。

（4）教师角色

在瑞吉欧幼儿教育体系中，教师不仅仅是教育者，更是儿童的伙伴、学习活动的指导者与启发者。教师与儿童一起参与项目活动，探讨研究，帮助儿童发现、明确自己的问题和疑问，鼓励儿童相互交流，共同活动，共同建构知识。同时，教师还是儿童的倾听者、观察者、记录者和研究者。教师通过照片、文字、录像等方式记录儿童探索活动的过程，帮助儿童回忆、解说，也便于教师为研究提供数据，促进教师反思、专业成长，并为下一阶段项目活动做准备。

（5）环境

马拉古齐说过："我们一直追求的目标就是创造一个让儿童、家长以及老师都感到舒适满意的环境。"瑞吉欧幼儿教育非常重视环境的作用，认为"环境是第三位老师”，倡导创建开放性、启发性、多样性的幼儿教育环境，为儿童提供宽松、自由、开放的大教育环境，支持儿童的学习、交往等。

3. 对瑞吉欧幼儿教育体系的评价

瑞吉欧幼儿教育体系以儿童为中心的、注重培养儿童的创造性与想象力的教育理念和独特的教育方式，符合当今时代迅速发展对人的培养的要求。因此，它从意大利地方教育中脱颖而出，风靡全球，为幼儿教育打开了新视野，提供了更多的选择。但是，瑞吉欧课程没有统一的教育目标，虽然有利于教师和儿童积极性的发挥，但具体教学情况容易受到主客观等多种因素的影响。此外，瑞吉欧课程主要适宜小班教学，对教师的素质要求较高，在实践操作中要求具备各种条件，还需要教师、家长等的密切配合。因此，学习瑞吉欧教育不是模仿或者照搬，而是将它放置在它所属的文化背景中去理解，深入地学习研究，只有这样才能够更接近瑞吉欧幼儿教育的本质，才能把瑞吉欧幼儿教育有价值的教育理念和实践应用于中国的教育土壤之中。

马古拉齐写的一首儿童诗《不，一百种是在那里》也充分表达了瑞吉欧幼儿教育的儿童观和教育观。

不，一百种是在那里

孩子，是由一百组成的。
孩子有一百种语言，一百只手，一百个想法，
一百种思考、游戏、说话的方式，
一百种倾听、惊奇、爱的方式，
一百种歌唱与了解的喜悦。
一百种世界等着孩子们去创造。
一百种世界等着孩子们去梦想。
孩子有一百种语言，但是，他们偷走了九十九种。
学校和文化把脑袋与身体分开。
他们告诉孩子：不动双手去思考，不动脑袋去做事。
只要倾听不要说话，了解但毫无喜悦，
只有在复活节与圣诞节的时候，才去爱和惊喜。
他们告诉孩子：去发现早已存在的世界，
而一百种当中，他们偷走了九十九种。
他们告诉孩子：工作与游戏、真实与幻想、科学与想象、天空与天地、理由与梦想不是同一国的。
因此他们告诉孩子，一百种并不在那里。
孩子说，不，一百种是在那里。

学思结合

瑞吉欧课程对于我国幼儿园课程改革有何启示?

（三）高宽课程

高宽（High/Scope）课程始于 1962 年，由美国儿童心理学家戴维·韦卡特创立的高宽教育研究机构研制。高宽课程以皮亚杰的认知发展理论为基础，是美国“开端计划”中第一批通过帮助处境不利的学龄前儿童摆脱贫困的学前教育方案。高宽课程又被称为高瞻课程，其发展阶段如表 2-1 所示。

表 2-1　高宽课程的发展阶段

阶段	时间	表现	著作
第一阶段（启动阶段）	20 世纪六七十年代	“高宽课程强调以一种轻松而又有组织的方式进行教学”[①]，课程设计者将关注点放在儿童进入小学需要掌握的知识和技能方面，教师有明确的教学目标，课程设计者在前数学、前科学和前阅读等方面制订了有序的计划，鼓励儿童按程序学习	《认知倾向课程：学前教师的工作框架》（标志着高宽课程模式初步形成）
第二阶段（调整阶段）	20 世纪七八十年代	第一次把儿童的主动学习与儿童发展作为课程的核心思想。课程设计者接受了儿童处于不同发展阶段的观点，尝试把那些代表该儿童发展阶段水平的技能教给儿童。从原先强调对儿童学业技能的训练转向强调根据每个儿童的发展水平促进其发展	《Young Children in Action：A Manual For School Educations》（该书奠定了高宽课程的基本框架）
第三阶段（推进、完善阶段）	20 世纪 80 年代至今	儿童作为知识建构者的思想在课程中得到了体现——强调教师通过直接和表征的经验，以适合儿童发展水平的方式帮助儿童增强认知能力，而不是通过皮亚杰式的技能去加速儿童发展。课程设计者将儿童看成主动学习者，认定儿童能在其自己计划、进行和反应的活动中获得较好的学习效果。主动学习成为一日活动的核心，强调教师与儿童的互动，更强调家庭与学校的合作等	《教育儿童：为学前学校和儿童看护中心教育方案所提供的主动学习的实践》（注重儿童发展整体性）

1. 高宽课程目标

在从启动到调整再到完善的不断发展中，高宽课程目标从促进儿童认知技能的发展转变为强调以幼儿主动学习为中心，促进幼儿认知、情感、社会性等方面的发展。

---

① 霍力岩，孙蔷蔷．西方经典学前教育课程模式及运用［M］．北京：北京师范大学出版社，2016：100.

主动学习是高宽课程的核心理念。它是指由学习者发起的学习，是学习者通过操作物体与人、观念、情景的相互作用，主动地建构关于现实知识的过程。高宽课程方案非常强调幼儿的主动学习，提倡让幼儿在主动活动中学习并获得发展。课程的开发者总结了主动学习的四个特征：直接操作物体、对行动进行反思、具有内在动机、解决问题。要使幼儿产生主动学习，教师应该提供主动参与学习的条件，即主动学习的五要素：材料、操作、选择、幼儿的语言、成人的支持。

材料：要提供丰富、充足、多样、适宜不同幼儿不同发展水平的材料，材料可以使用多种方式操作，这样可以让幼儿对材料产生兴趣，激发内在学习动机，有利于幼儿扩展经验、激发思考。

操作：幼儿自由操作、转换、组合所选的材料，通过操作形成经验，获取自己的观点。

选择：幼儿可以自由地选择材料、活动与同伴，可以根据自己的兴趣和需要组织活动。这也是促使幼儿自动学习发生的关键要素。

幼儿的语言：幼儿享有描述事物、表达他们所做和所想的及与同伴充分交流的机会。

成人的支持：成人应支持和鼓励幼儿的选择与活动，尊重和了解幼儿当前的思维水平，为主动学习创设支持性的环境，使幼儿进入新的发展阶段。

2. 高宽课程内容

为了组织幼儿主动学习，促进幼儿各方面发展，高宽课程构建了五个领域的课程内容：学习方式；社会性和情感发展；身体发展和身心健康；语言、读写和交流；艺术和科学。其中艺术和科学领域又进一步划分为数学、创造性艺术、科学和技术、社会学习。五个领域包含 58 条关键发展性经验指标。

“关键”指这些经验是幼儿应该学习和了解的、有意义的经验；“发展性”表明“学习是循序渐进的、不断发展的”；“指标”强调教育者需要用证据来证实幼儿正在学习那些被认为是为入学或人生做准备的具体品质、知识和技能，进而能够根据对幼儿的观察与研究提出引导或支持方案，并使这种引导或支持对幼儿产生的影响能清晰地显现出来。①

（1）学习方式领域

主动性：幼儿主动探索世界。

计划：幼儿根据自己意愿制订计划并遵照执行。

参与：幼儿专注于他们感兴趣的活动。

解决问题：幼儿能够解决在游戏中遇到的问题。

---

① 根据网络资料整理而得。

资源的利用：幼儿收集信息并制定他们的世界的想法。

反思：幼儿反思自己的经历。

（2）社会性和情感发展领域

自我认同：幼儿有正面的、积极的自我认同。

效能感：幼儿感到自己是有能力的。

情绪：幼儿能够认识、标记和管理自己的感情。

同理心：幼儿表现出对他人的同理心（共情）。

团体：幼儿融入班级集体。

建立关系：幼儿与其他幼儿和成人建立关系。

合作性游戏：幼儿参与合作性游戏。

道德发展：幼儿形成内在的是非感。

冲突解决：幼儿解决社交冲突。

（3）身体发展和身心健康领域

肢体运动技能：幼儿在使用大肌肉时表现出力量、灵活性、平衡感和速率。

精细运动技能：幼儿在使用小肌肉时表现出灵巧性和手眼协调能力。

身体意识：幼儿了解自己的身体并知道如何在空间里驾驭自己的身体。

个人护理：幼儿能够进行日常个人护理。

健康行为：幼儿养成健康习惯。

（4）语言、读写和交流领域

理解：幼儿能够理解语言。

说话：幼儿能用语言自我表达。

词汇：幼儿理解并使用不同的单词和短语。

语音意识：幼儿能够识别口语中的不同发音。

字母知识：幼儿能够识别字母名称和发音。

阅读：幼儿在阅读中获取乐趣或信息。

文字概念：幼儿认知环境中的文字。

书本知识：幼儿能够展示出图书上的内容。

书写：幼儿出于不同目的进行书写。

英语学习、双语习得：（如果适用）幼儿使用英语和母语（包括手语在内）。

（5）艺术和科学领域

① 数学领域。

数字词汇和符号：幼儿辨认和使用数字词汇和符号。

数数：幼儿点数物品。

部分整体关系：幼儿对于一定数量的物品能够进行组合与拆分。

形状：幼儿能够辨别、命名和描述各种形状。

空间意识：幼儿认识人和物之间的空间关系。

测量：幼儿通过测量对物体进行描述、比较和排序。

单位：幼儿理解和使用单位概念。

模式：幼儿能够识别、描述、模仿、完成和创造某种模式。

数据分析：幼儿根据数量信息得出结论，做出决定，解决问题。

② 创造性艺术领域。

艺术：幼儿用二维与三维艺术形式来表达和表现他们的观察、思维、想象、情感。

音乐：幼儿用音乐来表达和表现他们的观察、思维、想象和情感。

动作：幼儿用肢体动作来表达和表现他们的观察、思维、想象和情感。

假装游戏：幼儿通过假装游戏来表达和表现他们的观察、思维、想象和情感。

艺术欣赏：幼儿欣赏创造性艺术。

③ 科学和技术领域。

观察：幼儿观察环境中的材料和过程。

归类：幼儿对材料、行动、人物、事件进行归类。

试验：幼儿通过实验来验证自己的想法。

预测：幼儿预测他们期望会发生的。

做出结论：幼儿根据自己的经验和观察得出结论。

交流想法：幼儿就事物特征和运作方式交流各自想法。

自然和物质世界：幼儿积累关于自然和物质世界的知识。

工具和技术：幼儿探索和使用工具与技术。

④ 社会学习领域。

多样化：幼儿明白不同的人有不同的特征、兴趣和能力。

社会角色：幼儿认识到人在社会中有不同的角色和职能。

决策制定：幼儿参与班级决策制定。

地理：幼儿认识环境中的地理特征和地理位置。

历史：幼儿理解过去、现在和未来。

生态：幼儿懂得爱护他们周围环境的重要性。

3. 高宽课程实施

（1）提供引发幼儿主动学习的支持性环境

主动学习是高宽课程的核心理念和价值取向。它认为学习不是成人向幼儿提供信息，而是幼儿通过与人、材料、事件和观念的直接互动获得发展。因此为了引发幼儿主动学习，教师根据主动学习五要素为幼儿提供支持性的学习环境。在高宽课程模式中，教师通过创造环境来激发幼儿的学习兴趣，鼓励他们探索学习材料，并与成年人和同龄人互动。教师专注于支持幼儿做决定，培养学习技能，发展社交和情感，并成为课堂共同体的一部分。

① 室内学习环境创设。

空间设计具有吸引力。空间设计考虑色彩、光线、图案、材料、舒适度等因素。色彩明亮但不纷繁复杂；图案赏心悦目，有一定变化；光线柔和，多采用自然光；材料多采用自然材料；空间设有舒适区、安静区或隐蔽处。

空间划分为不同的兴趣区。学习空间清晰地分为兴趣区或学习中心，每个区域都有一个简单的名称并用标签标示，如积木区、娃娃家；教室里的设施和材料也有标示，并根据作用和种类在各个区域合理地摆放。房间的组织和标签是为了促进自主性，鼓励幼儿实现他们的意图。

空间设置适合开展活动和收纳物品。教室空间的设计会考虑幼儿的活动类型，是否适合开展单人活动、双人活动、小组活动、集体活动等。如果教室空间较大，则将兴趣区设置在教室外围，将中间作为活动场地；如果教室空间较小（或带有拐角，或被分成多个小房间），则一个区域可以有多种用途。另外教室设计还会考虑设置单独的储物空间。

空间设计开放且易于出入。幼儿能从房间不同位置看到各个区域，便于他们计划活动。幼儿可以在各个区域自由行动，既便于探索和拓展游戏，又利于幼儿间的社会交往。

② 户外学习环境创设。户外学习环境创设需要遵循户外环境设置原则，尽量在空旷的场地；设置各种独立区域便于幼儿开展各类游戏；与室内学习环境一样，设置户外材料存放空间；注重户外学习环境的安全性。

③ 设备和材料选择。为满足幼儿不同类型的游戏需要，激发幼儿的学习动机，高宽课程在材料和设备的选择上有一定要求。教师可在教室里布置和配备反映幼儿家庭、文化和语言的多样化、开放式的材料。材料的收纳要有利于幼儿发现—使用—归还。

（2）计划—工作—回顾

高宽课程一日日常生活中最重要的部分是计划—工作—回顾，。在这个过程中，幼儿决定要做什么，执行想法，并与成人和同伴一起反思他们的活动。

计划时间（10～15分钟）：在这段时间里，幼儿计划工作时间需要干什么、用什么材料、和谁玩。这段时间“旨在给幼儿一个机会表达他们的想法和意图，培养幼儿的主动性和进取心。幼儿进行计划时，他们有一个目的或意图，基于他们的年龄和交流能力，使用行动（拿起画笔）、手势（指向某个区域）或是语言（我准备画一栋房子）来表达他们的计划。对于年龄较小的幼儿，教师可以为他们提供一些选择，而稍大的幼儿则可以进行‘要做什么’和‘怎么做’的具体思考。在幼儿做计划时，教师可以和他们一起讨论，帮助和鼓励幼儿完善自己的计划”[①]。

思考

计划对于幼儿来说有哪些发展性价值?

工作时间（45～60分钟）：幼儿实施计划（工作）的时间，是这一过程持续最长的一段时间。幼儿的工作带有目的性与游戏性，他们与材料、同伴互动，尝试解决遇到的挑战与问题，并在解决问题的过程中学习技能，发展社会情感。教师会指导和支持他们，帮助幼儿充实工作内容，完成计划。

思考

工作对于幼儿来说有哪些发展性价值?

回顾时间（10～15分钟）：幼儿将材料和工具分类、整理、归位，并把还没有完成的工作完成，之后幼儿与教师一起回顾和反思他们的工作。这段时间“旨在让幼儿对已经经历或者已经发生的事情进行回顾，重现活动过程、活动经验及其与活动计划的链接，并借此培养幼儿概况能力、表达能力、分享能力、合作能力和进一步计划的能力”[②]。

思考

回顾与回忆有何不同? 回顾对于幼儿来说有哪些发展性价值?

计划—工作—回顾被视为高宽课程模式的“发动机”，正如课程设计者所说，“我们怎么样强调计划—工作—回顾这个活动流程都不为过，它确保高宽课程模式这个主动学习的方法能够得到成功的实施”。

4. 高宽课程评价

持续的幼儿评估也是高宽课程的一个重要组成部分。高宽课程研究人员根据多年的研究编制了对幼儿发展进行评估的工具——幼儿观察记录（Child Observation Record，COR）系统（表2-2）。教师从幼儿的自然游戏中收集客观的轶事观察，通过全面情境性的评估，教师了解幼儿的发展现状、分析幼儿的关键经验，评估幼儿

①② 霍力岩，孙蔷蔷. 西方经典学前教育课程模式及运用［M］. 北京：北京师范大学出版社，2016：113-114.

的进步，与家长分享信息，并计划和制订进一步有意义的课程计划，促进幼儿全面健康发展。

表 2-2　幼儿观察记录系统[①]

类别和观察项目	
Ⅰ．主动性 （1）做出选择和计划 （2）用材料解决问题 （3）主动游戏 （4）关注个人需要 Ⅱ．社会关系 （5）与成人交往 （6）与其他儿童交往 （7）解决人际冲突 （8）理解和表达感受 Ⅲ．创造性标准 （9）制作和找寻模型 （10）绘画或涂色 （11）扮演 Ⅳ．运动和音乐 （12）不同方式的运动 （13）携带物品的运动 （14）感受和表达出稳定的节拍 （15）随着音乐运动 （16）唱歌	Ⅴ．语言和阅读 （17）聆听和理解别人的讲话 （18）运用词汇 （19）运用复杂的句型和词语 （20）表现出对拟声词的理解 （21）讲述书中的知识 （22）运用字母的名称和发音 （23）阅读 （24）书写 Ⅵ．数学和科学 （25）对物体分类 （26）识别模式 （27）比较属性 （28）计数 （29）识别位置和方向 （30）识别序列、变化和因果关系 （31）识别材料和属性 （32）识别自然和生物

任务实施

任务分析：理解经典幼儿园课程模式不仅仅是通过文本学习，更需要借助生动

---

① 霍力岩，孙蔷蔷．西方经典学前教育课程模式及运用［M］．北京：北京师范大学出版社，2016：115.

的幼儿园课程案例理解经典幼儿园课程的理念、内容和具体实施。因此我们一方面通过幼儿园课程方案了解经典课程在其中的影响，另一方面通过观摩幼儿园游戏活动、生活活动、师幼互动等生动的儿童活动样态来体验经典课程理念的落地实施，从而能够从文本和实践中识别并分析幼儿园课程主要依据的经典课程方案。

任务操作：扫码阅读幼儿园课程方案“搭一道好玩的空中水滑梯”，进一步感受经典幼儿园课程方案落地实施情态，理解和分析课程目标、内容的呈现方式，并对照学习的经典幼儿园课程方案，尝试自己查找相关幼儿园活动案例（游戏案例、课程故事、课程方案等）。

文档：搭一个好玩的水滑梯

任务评价

学习任务	优	良	中	差
识别与分析幼儿园课程方案	有条理地完整阐述经典课程方案内容，深入理解其教育理念与特点； 能辩证地评析经典课程方案优缺点，分析可借鉴的理论； 能借助原理较为全面、有逻辑地分析与评价幼儿园课程	有条理地完整阐述经典课程方案内容，理解其教育理念； 能结合自己的理解评析经典课程方案并说出可借鉴的部分； 能初步结合原理分析幼儿园课程	能较为完整阐述经典课程方案内容，领会部分教育理念和课程特点； 尝试分析经典课程方案优缺点，分析不够完整，描述的条理性不强	不能完整阐述经典课程方案内容，没有理解教育理念与课程特点，描述无条理性，有错误

赛证直通

1. 下列各项中，不属于课程四要素的是（　　）。（2021 年上半年中小学教师资格考试幼儿园“保教知识与能力”真题）

A. 课程设计　　B. 课程目标　　C. 课程组织与实施　　D. 课程内容

2. “做人，做中国人，做现代中国人”这一教育目的提出者是（　　）。（2021 年上半年中小学教师资格考试幼儿园“保教知识与能力”真题）

A. 张雪门　　B. 陶行知　　C. 陈鹤琴　　D. 张宗麟

3. 下列说法中，属于蒙台梭利教育观点的是（　　）。（2018 年下半年中小学教

师资格考试幼儿园“保教知识与能力”真题）

A. 注重感官教育　　B. 注重集体教学作用

C. 重视实物使用　　D. 通过游戏使自由与纪律相协调

4. 简答题

列出幼儿园课程生活化的实施要求并分别举例说明。（2019 年上半年中小学教师资格考试幼儿园“保教知识与能力”真题）

解析：从幼儿园课程内容选择生活化、幼儿园课程资源利用生活化、幼儿园课程实施生活化这几方面进行思考回答。

项目二 2

幼儿园领域课程

岗位要求

刚走上幼儿教师岗位的小陈老师在设计小班的一周活动方案，主班老师看后反馈："集中活动的关键经验是什么？活动目标会不会太难？有没有考虑班级幼儿已有水平？"小陈老师实习时，都是指导老师设计活动，自己稍微调整、上课就好了，现在要自己进行设计，需要考虑的因素很多，课后还要进行反思。小陈老师意识到，原来领域活动不是那么好上的。

领域课程是我国现行幼儿园课程中最普遍、最广泛使用的一种课程形态，其实施运用的历史比较久远，幼儿园教育工作者也比较熟悉。《幼儿园教育指导纲要（试行）》明确提出："幼儿园的教育内容是全面的、启蒙性的，可以相对划分为健康、语言、社会、科学、艺术等五个领域，也可做其他不同的划分。各领域的内容相互渗透，从不同的角度促进幼儿情感、态度、能力、知识、技能等方面的发展。"《3—6岁儿童学习与发展指南》也从健康、语言、社会、科学、艺术五个领域描述幼儿的学习与发展，每个领域按照幼儿学习与发展最基本、最重要的内容划分为若干方面。

这就要求教师必须掌握幼儿园各领域教育的特点和基本知识，具备设计撰写并组织实施领域活动的能力，并且能够针对领域教学中的问题进行反思、优化和研究，不断改进保教工作，从而促进幼儿德智体美劳各方面协调发展。

本项目将学习认识幼儿园领域课程、设计幼儿园领域课程，在此基础上模拟实施幼儿园领域课程并能够进行评价和反思。

学习目标

一、知识目标

1. 领会幼儿园领域课程的内涵、特点和功能。
2. 理解幼儿园健康、语言、社会、科学、艺术领域教育的内容。
3. 掌握实施幼儿园领域课程的途径、方法，以及组织与实施幼儿园领域课程的注意事项。

二、能力目标

1. 能识别幼儿园领域课程，并准确地判断其属于哪个领域。
2. 能把握领域教学活动设计的基本程序，并根据条件尝试设计并撰写不同领域的教学活动方案。
3. 能模拟组织与实施不同领域的教学活动。
4. 能反思和评价不同领域的集中教学活动方案，并尝试进行优化。

三、素养目标

1. 对幼儿园领域课程感兴趣，并愿意探究。
2. 自主学习，能积极主动、认真地完成各项学习任务。

项目导学

幼儿园各领域教育与幼儿园课程之间的关系是非常紧密的，健康、语言、社会、科学和艺术五大领域的教育活动组成幼儿园课程的主体。幼儿在各种各样的活动中获得各种有益经验，实现全面发展。

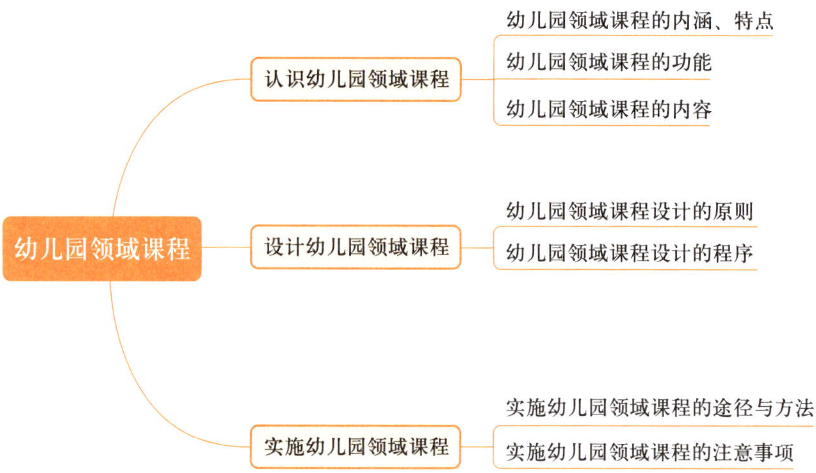

赛证要求

序号	文件	赛证要点	融合育人
1	《幼儿园教师专业标准（试行）》	掌握幼儿园各领域教育的特点与基本知识。 制订阶段性的教育活动计划和具体活动方案。 在教育活动的设计和实施中体现趣味性、综合性和生活化，灵活运用各种组织形式和适宜的教育方式	岗课贯通
2	《学前教育专业师范生教师职业能力标准（试行）》	掌握幼儿健康、语言、社会、科学、艺术等领域教育的基本知识和方法，理解幼儿园各领域教育之间的联系，能在教育实践中综合运用各领域知识，实现各领域教育活动内容相互渗透。 能够根据《幼儿园教育指导纲要（试行）》《3—6岁儿童学习与发展指南》的要求，以及幼儿的兴趣需要和年龄特点，选择教育内容，确定活动目标，设计教育活动方案	
3	《中小学和幼儿园教师资格考试标准（试行）》	掌握幼儿健康、语言、社会、科学、艺术等领域教育的基本知识和相应的教育方法。 理解各领域之间的联系和开展综合教育活动的意义与方法	课证融通
4	《福建省职业院校技能大赛（高职组）“学前教育专业教育技能”赛项规程》	幼儿园教育活动设计评分标准。 模拟教学评分标准	赛课融合

任务 3　认识幼儿园领域课程

任务情境

蔡同学正在预习“幼儿园领域课程”章节，看到幼儿园教育内容可以相对划分为健康、语言、社会、科学、艺术五个领域，马上联想到以前学习的科目：语文、数学、品德与生活、体育、音乐、美术、科学。领域课程就是分科课程吗？怎么理解幼儿园各领域教育活动内容是一个整体且相互渗透？不同领域之间没有明确的学科界限吗？为什么要这样划分？蔡同学百思不得其解。

任务描述

本任务围绕认识幼儿园领域课程展开，你需要理解幼儿园领域课程的内涵、特点，并熟悉幼儿园五大领域教育的目标和内容。通过呈现的幼儿园课程方案，判断其是否为领域课程方案，并进行分析。

任务准备

一、幼儿园领域课程的内涵

我国幼儿园现行的课程中，领域课程是最普遍、最广泛使用的课程形态。事实上，领域课程在一定意义上就是学科课程。

20世纪50年代起，受苏联影响，我国幼儿园大部分采用学科教学的组织形式。1952年颁布的《幼儿园暂行规程》初步确定了学科教学在幼儿园教育中的地位。1981年颁布的《幼儿园教育纲要（试行草案）》又将幼儿园教育内容划分为语言、常识、计算、音乐、体育和美术六科。

改革开放后，受西方儿童观、教育观等多种因素影响，加之实践中学科活动暴露出来的问题逐渐增多，许多人对学科活动进行反思、批判和积极探索。尽管当前学科教学仍然是我国幼儿园教育中普遍使用的一种课程形式，但已经发生了许多变化，不断出现许多新的组织形式，不断焕发新的活力。2001年颁布的《幼儿园教育指导纲要（试行）》把幼儿园的教育内容相对划分为健康、语言、社会、科学、艺术五个领域。

所谓幼儿园领域课程，就是按幼儿学习领域划分学前教育内容的一种课程类型。它把学科体系改造为幼儿的经验体系，使之既贴近幼儿生活实际，又不失系统性。幼儿园教育的各领域不仅是一个知识系列，还是不同年龄阶段幼儿发展特点和学习特点的经验系列。幼儿园领域课程在强调按知识的内在联系及其结构组织课程内容的同时，也强调领域范围内学科之间的融合。

幼儿健康教育以增强幼儿体质、培养健康生活的态度和行为习惯为主要目的；幼儿语言教育以提高幼儿语言交往的积极性、发展语言能力为主要目的；幼儿社会教育以增强幼儿的自尊、自信，培养幼儿关心、友好的态度和行为，促进幼儿个性健康发展为主要目的；幼儿科学教育以激发幼儿的好奇心和探究欲望，发展认识能力为主要目的；幼儿艺术教育以丰富幼儿的情感，培养初步的感受美、表现美的情趣和能力为主要目的。

二、幼儿园领域课程的特点

相较于中小学学科课程，幼儿园领域课程具有自己的独特之处。

1. "前学科"性

幼儿园领域课程中的知识主要是以表象或初级概念为基础和核心组织起来的经验层次的"前学科"体系，虽然也有系统性，但是学科内容的逻辑体系比较松散。各领域课程中的知识不仅是一个知识系列，还是充分反映不同年龄阶段幼儿发展特点和学习特点的经验的系列。在这样一个系列中，它提供了与幼儿生活密切相关的有用的知识和经验，并且按照领域进行了划分。《幼儿园教育指导纲要（试行）》对各领域知识的目标、内容与要求、指导要点做了系统的论述。《3—6岁儿童学习与发展指南》对各领域的学习发展目标和教育建议等都做了系统的归纳和阐述。

2. 整合性

幼儿园领域课程有较强的整合性，它包括领域内内容的整合和领域间内容的整合。幼儿园领域课程虽然是以学科为中心组织起来的，但是经过改造之后，其知识的分类并不严格、精细，而是把相关的知识整合在一个相对较大的领域之内。把性质基本相同的学习内容分为若干领域，以使领域内的相关知识达到统一整合。与中小学教育的学科相比，学前教育的每个领域都比学科宽广得多。另外，随着学前教育研究的不断深入，领域活动在强调知识经验系统性的同时越来越重视对幼儿兴趣、习惯、情感、个性等的萌发与培养，关注幼儿发展的整体性，为幼儿的持续健康发展奠定良好基础。

3. 生活性

幼儿园领域课程的“前学科”性决定了它和幼儿的生活必然是相联系的。直观形象的事物和幼儿自身的直接经验是幼儿园领域课程必不可少的基础，但并非幼儿生活经验的简单堆积。幼儿园领域课程在密切联系幼儿生活和直接经验的基础上，以归纳为基本方法，通过大量的实例，帮助他们整理和提升经验，以形成一些简单的、粗浅的、系统化的知识经验。幼儿园领域课程要重视知识经验之间的整合，以贴近幼儿的生活实际。幼儿园领域课程既立足于幼儿生活，又提升幼儿的生活经验。

三、幼儿园领域课程的功能

1. 有利于落实促进儿童德智体美劳全面发展

幼儿的学习与发展范畴按具有内在逻辑的健康、语言、社会、科学、艺术五大领域划分，是比较成熟的分类方法，是广大教师所熟悉、所认可的，实施起来相对容易。学前教育机构全面组织实施领域教育，有利于保证幼儿德、智、体、美、劳全面发展的教育得以贯彻落实。

2. 有利于教师根据各领域不同的知识性质引导幼儿学习

幼儿园领域课程是以学科为内容的课程组织形式，由于各领域知识的性质有较大的不同，幼儿学习这些知识内容时的方式方法也有所不同，这就决定了教师教的方法要与之相适应。幼儿园领域课程有利于教师根据知识内容的性质选择相应的教育教学方法来组织教育教学活动，也便于教师理解和把握幼儿的学习程度，增强学习效果。例如，社会领域中的知识很多是约定俗成的社会性知识，像社会文化、社会规则等属于陈述型的知识，教师可以通过结合具体的事例用语言来传授，并潜移默化地影响幼儿获取；而科学领域中的知识很多属于程序性知识，靠教师陈述幼儿是学不会的，这就需要教师创设相适应的环境，提供必要的学习材料和支持手段，引导幼儿动手、动脑，以习得和建构知识经验。因此，幼儿园领域课程便于教师根据各领域内容的性质特点设计教学，从而提高教育教学的效果。

3. 有利于促进幼儿知识经验的整理和系统化

知识体系可以有不同的深度和概括程度，幼儿园领域课程主要是一种以表象或初级概念为基础和核心的“前学科”，注重学科内在的逻辑结构的同时强调帮助幼儿学习、掌握“前学科”知识及其相互之间的联系，进而形成系统化的“前学科”知识体系。因此，幼儿园领域课程以各领域本身的相对系统性为教师指导幼儿学习的抓手，使教师在幼儿自身与外部世界、与物体、与同伴和成人相互作用获得直接经验的基础上，引导和帮助幼儿整理已有的生活经验与认知经验，使之系统化构建起自己的经验层次的认知体系，并促使幼儿将其迁移到更广阔的范围里去解决认识上的新问题。

四、幼儿园领域课程的内容

幼儿园教育的内容是全面的、启蒙性的，可以相对划分为健康、语言、社会、科学、艺术五大领域。五大领域的教育各有侧重，从不同的系列、角度相互渗透，构成整体，促进幼儿情感、态度、能力、知识、技能等全面发展。

1. 健康教育

健康是指人在身体、心理和社会适应方面的良好状态。幼儿园具有保育和教育双重任务，健康教育在幼儿园课程中有着特殊的地位。通过健康领域的学习，能使幼儿获得与自身、他人、社会健康有关的知识和态度，形成良好的行为和习惯。健康教育的内容主要有以下几个方面。

（1）身体素质和运动能力教育

培养幼儿对体育活动的兴趣，积极主动参与各种形式的体育活动和户外游戏，在活动中发展走、跑、跳、钻、爬、攀、投掷等基本动作，提高动作的协调性和灵活性，增强身体素质，提高运动能力和对环境的适应能力。

（2）个人卫生习惯教育

幼儿期要培养的个人卫生习惯主要有：生活自理，即学会自己洗脸、洗手、刷牙、穿脱衣物和鞋袜、吃饭、收拾整理玩具和用品等；生活规律，即按时睡眠、定时定量饮食盥洗和如厕等；清洁卫生，即养成勤洗手、勤洗澡、勤换衣物、勤理发、勤剪指甲的卫生习惯，不用手抠鼻、揉眼，不把手塞入嘴巴等；学习卫生，即培养良好的阅读和绘画习惯，保持正确的坐姿，注意用眼卫生等。

（3）环境卫生教育

环境卫生教育的内容主要是让幼儿懂得保护和美化环境与增进健康的关系，逐渐形成保护环境卫生的社会责任感，并落实于自身的行为，如保持公共场所的清洁、不乱丢果皮纸屑、不随地吐痰、不大声喧哗等。

（4）生活方式教育

生活方式教育包括饮食与营养卫生教育、休息与娱乐卫生教育、消费卫生教育、运动卫生教育等。通过教育，为幼儿逐步形成文明、卫生的生活方式打下基础。

（5）心理卫生教育

心理卫生教育的内容包括逐步增强幼儿的心理韧性，提高他们认识、评估、承受内外压力，以及解决问题的能力，以更好地适应社会生活。具体内容包括：培养积极的情绪和情感，提升与人交往的技巧，建立良好的人际关系，形成安全感和信任感，增强积极的自我意识，发展自尊、自信和自我控制的能力等。

（6）性教育

对幼儿实施性教育时，应该逐步向他们传授相关的性知识，防止幼儿产生性压抑或对性产生神秘感，培养他们正确的性别认同和性角色意识。

（7）安全教育

对幼儿进行的安全教育的主要内容是增强他们的自我保护意识，学习应对紧急事件的技能和方法，并能自觉遵守相关的安全制度和行为规范。

健康领域教育活动案例展示

小班体育活动：送小动物回家

一、活动目标

1. 练习跨、跑、爬等动作，掌握钻的要领。
2. 能准确听信号、快速地找到自己的家。
3. 体验共同游戏的快乐，懂得保护自己。

二、活动准备

1. 小兔、小鸭、小乌龟、小花猫的头饰若干，大灰狼的头饰一个。
2. 贴有小兔、小鸭、小乌龟、小花猫的拱形门、地垫。
3. 音乐。

三、活动过程

（一）做热身动作，开始游戏

随音乐做热身运动，激发幼儿活动的兴趣。

师：“今天天气真好，我们一起来锻炼身体吧！”

师幼一起随音乐做热身运动。

（二）创设情境

创设小动物参加运动会的情境，练习跨、爬、跑等基本动作，掌握钻的要领。

师：今天，动物王国要召开运动会，你们想不想报名参加？

1. 幼儿探索钻的动作，掌握钻的动作要领。

在去运动会的路上经过“山洞”，引导幼儿自由探索练习钻的动作，掌握钻的要领“低头—弯腰—屈膝”。

2. 参加动物运动会，练习钻、跨、爬、跑等动作。

（1）观察运动会设置项目：钻过山洞、跨过小河、爬过草地、跑回来。请幼儿做示范。

（2）运动会开始，小运动员们各就各位，有序参加各项运动。

（3）小运动员们完成比赛，运动会结束。

（三）集体游戏：送小动物回家

1. 情境导入，教师讲解游戏的玩法及规则。

“小动物们表现得真棒，现在我们到动物乐园去跳舞庆祝吧。听说有一只大灰狼经常在附近出没，因此我们庆祝的时候一定要小心，当我们听到大灰狼的叫声，要快速跨过小河、爬过草地、钻进自己的家，要注意安全，别被大灰狼捉到。”

2. 幼儿进行第一遍游戏，教师指导幼儿听到信号后迅速跑回自己的家。

结束后进行游戏评价，提醒动作慢的幼儿要快速回到自己的家。

3. 幼儿进行第二遍游戏，教师指导幼儿快速跨过小河、爬过草地、钻进自己的家。

（四）做放松动作，结束游戏

小动物们都安全回到了家，教师和幼儿随舒缓的音乐做放松活动。

（福州市花巷幼儿园张燕银老师供稿）

2. 语言教育

语言是交流和思维的工具。幼儿期是语言发展特别是口语发展的重要时期，幼儿语言的发展贯穿各个领域，对其他领域的学习与发展也有着重要影响。

在幼儿园课程中，语言教育的内容主要有三个方面。

（1）早期口头语言学习与运用

3—6岁的幼儿处于语言发展的关键期，口语交流能力的培养是幼儿语言学习的重中之重。幼儿需要不断倾听、理解交流者的语言，并且在不同的社会交往情境中通过语言来表达自己的想法。注意培养幼儿聆听和讲述（如看图讲述、生活经验讲述、情境讲述、续编故事等）的能力。

（2）早期书面语言学习与运用

在着重关注幼儿口语交流能力学习与发展的同时，也不能忽略学前阶段幼儿的早期书面语言准备经验。研究结果表明，3—8岁是幼儿练习早期阅读和读写的关键期，教育者要切实把握这个发展的时机，在培养幼儿口语交流能力的同时，帮助幼儿做好书面语言学习准备。

（3）文学语言学习与运用

文学语言是早期语言学习的一种特别的经验储备。学前阶段幼儿喜欢聆听与学习各种儿童诗歌、童话故事和散文。这种通过口头语言方式输入传递的语言信息，带有凝聚书面语言特质的高质量语言的价值，对于幼儿的语言发展具有非常重要的意义。学前阶段幼儿在儿童文学作品学习过程中，主要获得文学语汇、文学形式、文学想象等重要的文学语言经验。

语言领域教育活动案例展示

中班语言活动：挠挠大怪物（讲述活动）

一、活动目标

1. 理解故事内容，初步发现前后画面的变化和联系，感受大怪物被挠后的有趣变化。

2. 能用“我挠了大怪物的××，它变成了××”的句式完整讲述大怪物被挠后的变化过程。

二、活动准备

1. 教具：Flash课件、PPt。

2. 材料：人手一本绘本图书。

3. 经验：有玩过“挠痒痒”的游戏经验。

三、活动过程

（一）互动游戏：挠痒痒

师：你们玩过“挠痒痒”游戏吗？每个人身上都有痒痒肉，一挠这里就会受不了。请你们和旁边的小朋友互相挠一挠，找一找他们身上哪些地方最怕痒。

师：你认为小朋友身上哪些地方特别怕痒？挠了这里他有什么表现？

（二）认识大怪物，了解变化

1. 认识大怪物，说说它的模样。

提问：大怪物长什么样？

2. 结合Flash动画，初步了解大怪物被挠后的有趣变化。

3. 学习用“我挠了大怪物的 ××，它变成了 ××”的句式讲述大怪物的有趣变化。

（三）自主阅读，理解故事

尝试用句式讲述大怪物被挠后的变化。

1. 介绍绘本，了解绘本中小手图标的作用，以及自主阅读的要求。

2. 自主阅读，引导幼儿在边说边玩中发现大怪物被挠后的有趣变化。

（四）讲述发现，感受有趣

用连贯、完整的句式讲述大怪物的变化过程。

1. 结合 Flash 动画，引导幼儿用“我挠了大怪物的 ××，它变成了 ××”的句式讲述大怪物的变化过程。

2. 结合 PPt，引导幼儿用连贯、完整的句式讲述大怪物的变化过程。

四、活动延伸

在区域内投放“我说你做”的游戏卡，引导幼儿迁移讲述经验，体验与同伴互动游戏的乐趣。

（福州市花巷幼儿园林章兰、陈红老师供稿）

3. 社会教育

幼儿在社会领域的学习与发展，是其社会性不断完善并为健全人格奠定基础的过程。良好的社会性发展对幼儿身心健康和其他各方面的发展具有重要影响。

人际交往和社会适应是幼儿社会学习的主要内容，也是其社会性发展的基本途径。幼儿在与成人和同伴交往的过程中，不断学习如何与人友好相处，也在学习如何看待自己、对待他人，不断发展适应社会生活的能力。具体来说，社会教育的内容主要有四个方面。

（1）社会行为

社会行为是人在交往等社会活动中对周围环境中的人或事物所做出的态度、言语和行为反应，包括合作、助人、同情、安慰、节约、爱护环境、遵守规则、破坏规则、违反规则等。我们要帮助幼儿形成积极的亲社会行为，如掌握交往技能、发展交往能力，并引导他们遵守规则。

（2）社会情感

社会情感是人在社会活动中因自己的需要能否满足而产生的主观感受。社会情感分为积极情感（快乐、高兴、自豪、依恋、自尊、自信、同情、责任感、集体荣誉感、爱国情感等）和消极情感（悲伤、沮丧、愤怒、害怕、妒忌等）。社会情感教育旨在引导幼儿在社会认知过程中，形成积极的情感体验，学会识别和调控自己的情绪、情感。

（3）社会认知

社会认知是幼儿在参与社会活动中发展起来的认知经验，影响他们的社会行为。我们要帮助幼儿获得积极的社会认知经验。具体内容包括自我意识、对周围人的认识、对周围环境和社会现象的理解、对社会文化的认知。

（4）个性

幼儿社会性的发展与个性的发展相互影响、相互促进。教师在对幼儿进行社会教育的同时，要注意培养幼儿良好的个性品质，包括勇敢、自信、自尊、独立、坚持、友爱、坚强等。

社会领域教育活动案例展示

大班社会活动：我们的值日计划

一、活动目标

1. 能结合已有经验，尝试调整、优化小组值日计划。

2. 感受计划的重要性，提升发现问题、解决问题的能力。

3. 在分工中感受谦让、友好给人带来的愉悦感，培养团队意识。

二、活动准备

1. 经验准备：幼儿已有分组做计划的经验。

2. 物质准备：课件、计划表、笔。

三、活动过程

（一）以计划图导入，共同发现问题

师：上次我们第一次尝试做了小组值日计划，做计划的时候有遇到问题吗？有没有好办法？一起来分享一下吧！我们也可以看看其他小组的分享，或许有值得我们学习的地方。

组长分享做值日计划过程中遇到的问题与办法，教师列出发现的问题。

师：所有的计划都在这里了，有没有发现什么不同？不同就是有的组内容多，有的组内容少。我们单独看看大家的值日内容，哪些是你们组没有想到的。我们重新来回顾下餐后值日生需要做些什么。

小结：每个人的想法都是有限的，但通过小组讨论，我们就能想出很多值日内容，把需要做什么都清楚地列出来了，果然集体的力量是很大的。

（二）共同探究计划实施中遇到的问题

1. 对照计划与实施。

师：刚才计划中出现了一些问题，那这样的计划实施起来会顺利吗？已经有小组尝试了，我们一起来看看！

师：你看到了什么？我们来对照一下他们的计划看看。

出示三组幼儿计划实施对照图。

小结：计划如果出了问题，那么后面的环节也可能会跟着出错，看来计划真的是很重要。

2. 解决分工的问题。

师：我们来试着解决计划中的问题吧！这样有可能实施起来就会更顺利！

师：有的地方很多人选，有的地方没有人选，照顾乌龟要这么多人吗？有的地方没有人可以吗？你觉得每个地方多少个人合适？为什么？

小结：我们可以根据事情的多少来分配人数，事情很多就多点人帮忙，事情不多就少点人。

师：你觉得哪个地方最受欢迎？如果大家都想去同一个地方，那么要怎么分工才行？（猜拳、轮流等）

师：过程中还发生了很多温馨的事，我请他们来分享一下。

幼儿分享过程中发生的小故事。

小结：就算用很多办法分工也不一定都能选到自己最喜欢的任务，很高兴在分工过程中看到你们友好、谦让的良好品质，你们还知道了值日生是一个小组不是一个人，很多人就算选到了自己不喜欢的任务也能坚持完成，很有团队意识。

（三）鼓励幼儿尝试调整值日计划

1. 鼓励幼儿尝试修改计划

师：我们知道了应该做什么，学习到很多同伴的经验，还讨论出许多分工的策略。我们可以再一次尝试做计划，相信这一次你们的计划一定会更合理。

2. 再次明确计划的内容板块

师：计划将做什么、怎么做合并了，要思考每个任务需要几个人、由谁来完成，过程中我们还要友好协商，听取大家的意见，共同制订合理的值日计划。一起去试试吧！

幼儿分组调整值日计划，教师巡回指导。

四、活动延伸

师：今天再一次调整了自己的计划，后面我们可以验证自己的计划设计得合不合理，如果有问题，那么我们还可以修改自己的计划。

（福建幼儿师范高等专科学校附属第二幼儿园供稿）

4. 科学教育

幼儿的科学学习是在探究具体事物和解决实际问题时，尝试发现事物间的异同和联系的过程。幼儿在探究自然事物和运用数学解决实际问题的过程中，不但会获得丰富的感性经验，充分发展形象思维，而且会初步尝试归类、排序、判断、推理，逐步发展逻辑思维能力，为其他领域的深入学习奠定基础。

幼儿科学学习的核心是激发探究兴趣，体验探究过程，发展初步的探究能力。科学教育的内容主要有科学探究和数学认知两个方面。

（1）科学探究

幼儿园科学探究是引导幼儿主动探索的过程，其内容丰富、范围广泛，涵盖了社会、自然卫生等有关幼儿周围世界的各方面知识。根据《幼儿园教育指导纲要（试行）》对科学领域的内容与要求的规定及幼儿园科学探究的基本特点，结合幼儿园科学教育活动的开展情况，我们把幼儿园科学探究的主要内容大致分为人体、生态与环境、自然科学现象、科学技术四个方面的内容。

① 人体。幼儿对人体的探索既是出于好奇心的需要，也是健康教育的重要组成部分。人体方面的内容主要包括人体与健康、人体的结构和功能、人的生理和心理活动、人体的生长和衰老、身体的自我保护、人口问题等。

② 生态与环境。当前幼儿园的生态与环境教育内容以人为中心，围绕生态和科技展开。具体内容包括：介绍不同季节的动植物及其生存条件；展现动植物之间、动植物与环境之间的关系等。在幼儿园科学教育中，生态与环境教育的重点是动植物和环境保护。

③ 自然科学现象。自然科学现象将深奥的科学概念以具体形象的方式呈现在幼儿面前，符合幼儿的认知特点，它们就发生在幼儿身边，激发他们去探索和了解。自然科学现象教育的内容主要包括：介绍常见的自然科学现象（天文、地质、气候、季节、物理、化学等现象）；展现自然科学现象与人类、动植物的关系等。在幼儿园科学教育中，自然科学现象教育的重点是气候、季节与常见的物理、化学现象。

④ 科学技术。幼儿的科学技术教育以培养兴趣为主要目标，内容简单易懂，侧重生活中的实际应用。科学技术教育的内容主要包括：介绍家庭生活中的科技产品及其功能；介绍社会生活中的科技产品及其与人们生活的关系；介绍著名的科学家等。在幼儿园科学教育中，科学技术教育的重点是材料、工具和科技产品的介绍与应用。

（2）数学认知

根据《幼儿园教育指导纲要（试行）》《3—6 岁儿童学习与发展指南》的精神和幼儿数学教育目标，我们将幼儿数学认知教育的主要内容大致分为集合与分类、模式与排序、数的概念与运算、几何与空间、量的比较与测量五个方面的内容。

① 集合与分类。感知集合及其元素，进行物体的分类；以对应的方法比较两个

物体的数量。

② 模式与排序。发现和识别物体排列的规律；运用不同的方式和材料（图画、实物或动作等）表征有规律的模式。

③ 数的概念与运算。学习10以内的基数（包括数的实际意义、认数、数的守恒、相邻数和10以内自然数列的等差关系等）和序数；学习数数（唱数、点数、目测数、按群数）；理解10以内数字符号的意义；学习10以内数的组合与分解；学习10以内数量的变化（相加和减去）。

④ 几何与空间。平面图形，如圆形、正方形、三角形、长方形、半圆形、椭圆形、梯形；立体图形，如球体、圆柱体、正方体、长方体；图形的组合与分解；空间方位，如上、下、前、后、左、右、里、外、远、近等；空间运动方向，如向前、向后、向左、向右、向上、向下等。

⑤ 量的比较与测量。比较大小、长短、粗细、高矮、厚薄、宽窄、轻重、容积等量的特征；感知量的守恒、量的相对性和传递性；自然测量。

科学领域教育活动案例展示

中班科学活动：站立吧，鸡蛋

一、活动目标

1. 探索让鸡蛋站立的方法，知道借助外力能让鸡蛋站立起来，体验探索的乐趣。

2. 在与材料的互动中获得支撑物体的相关经验。

3. 大胆地猜想、操作、探索，大胆地表述自己的探索结果。

二、活动准备

1. 经验：幼儿已了解鸡蛋易破碎、会滚动的特性。

2. 材料：课件、熟鸡蛋、盐、糖、沙子、石头、超轻黏土、毛根若干。

三、活动过程

（一）发布任务：引导幼儿初步猜想让鸡蛋站起来的方法

引导语：今天，老师收到“鸡蛋王国”的挑战书，它们想邀请小朋友参加一年一度的闯关大赛，本年度的闯关主题为“站立吧，鸡蛋”。鸡蛋能站起来吗？

（二）闯关游戏：探索借助外力让鸡蛋站立的方法

1. 第一关任务：尝试运用多种材料让鸡蛋站起来。

（1）观看视频，了解本关任务，引导幼儿猜想借助外力能否让鸡蛋站起来。

引导语：鸡蛋请来了石头、毛根、超轻黏土，来帮助他完成这次的挑战任务。你们猜，有了这些材料的帮助，鸡蛋能站起来吗？

（2）结合任务卡，提出操作要求。

① 保护好鸡蛋，不能让它碎掉。

② 每次选择一种材料进行尝试。

（3）自主探索借助材料帮助鸡蛋站起来的方法。

（4）分享交流。

引导语：你让鸡蛋站起来了吗？你是怎么做到的？

（5）小结：鸡蛋可以借助一些材料站起来，可以用超轻黏土和毛根做成蛋托的样子，也可以把石头、积木围起来，给圆圆的鸡蛋一个支撑，鸡蛋就站起来了。

2. 第二关任务：尝试用盐帮助鸡蛋站起来。

（1）观看视频，发布新任务，引发幼儿借助盐让鸡蛋站起来的兴趣。

引导语：你们猜，盐能让鸡蛋站起来吗？

（2）结合任务卡，提出操作要求。

① 每人选一小杯的盐，倒在托盘上实验。

② 在实验过程中要保护好鸡蛋。

③ 实验结束后要将鸡蛋和盐放回篮子里。

（3）幼儿操作探索，引导幼儿发现盐也能给鸡蛋一个支撑。

（4）分享交流。

引导语：你是用什么办法让鸡蛋在盐上站起来的？为什么盐能让鸡蛋站起来？

（5）小结：虽然盐的量很少，但它却有很多的细小颗粒，当它铺在鸡蛋下面时，就会像很多强壮的小人支撑着鸡蛋，鸡蛋就会站起来啦。你只要耐心地多试，找到支撑鸡蛋的力量，就能让它站起来。

3. 第三关任务：进一步探索用其他细小颗粒让鸡蛋站起来。

（1）观看视频，发布新任务。

引导语：在我们的生活中，还有哪些像盐一样细小的物品呢？（糖、沙子等）

（2）结合任务卡，提出操作要求。

① 每次选择一种材料进行尝试。

② 试完的材料要分类放好。

（3）幼儿自主探索，以小组交流的方式互相分享成功的经验。

（4）小结：除了盐，生活中还有许多细小的东西能给鸡蛋支撑的力量让它站起来。

拓展游戏：颁发闯关奖品，发布“隐藏关卡”任务。

（三）“鸡蛋国王”颁发闯关奖品

（四）提出进一步探索的任务要求

鼓励幼儿在科学区继续探索借助不同的材料让鸡蛋站起来的方法。

四、活动延伸

游戏活动：在科学区提供尺子、毛线、小木棒等材料，引导幼儿继续探索借助不同的材料的组合支撑让鸡蛋站立的方法，鼓励幼儿大胆地与同伴分享，记录自己的发现。

生活活动：启发幼儿到生活中寻找各种借助其他物品的支撑站起来的物品。

（福州市花巷幼儿园徐雅莉、林章兰老师供稿）

小班数学活动：复习“5”以内的数

一、活动目标

1. 能够手口一致地点数5以内的实物并说出总数。

2. 能够进行5以内的按物取数、按数取物。

3. 体验集体游戏的快乐。

二、活动准备

自制花朵（红色、黄色）；小熊卡片（2～5个）；黄色圆点贴纸若干；蜂蜜罐若干；草地若干。

三、活动过程

（一）情境导入

引导语：春天到了，花园里开满了美丽的鲜花。瞧，花园里有些什么花呀？都有几朵？

（二）游戏“小蜜蜂采花蜜”

引导幼儿感知5以内的数。

1. 师：小蜜蜂们和妈妈一起去采花蜜，每只小蜜蜂只能采一朵花，然后数一数花上有几滴花蜜。

2. 教师引导幼儿数花蜜的时候点一滴数一滴，不要多数和漏数。

（三）游戏“给小熊送花蜜”

引导幼儿根据数量进行匹配。

1. 师：四座房子里的小熊也想吃花蜜，一只小熊吃一滴花蜜，想一想你们手里的花蜜要送给哪座房子里的小熊呢？

2. 教师提醒幼儿根据相对应的数量送花蜜给小熊。

3. 师幼共同检查。

（四）游戏“装花蜜”

引导幼儿动手操作，进一步理解5以内数的实际意义。

1. 师：还有一些小熊也想吃花蜜，请小朋友首先数一数有几只小熊，然后自己动手在蜂蜜罐里装上相应数量的蜂蜜送给小熊。

2. 幼儿操作，教师观察幼儿操作的情况，适时给予个别幼儿帮助。

3. 师幼共同验证。

（五）游戏自然结束

（福州市花巷幼儿园卓芳芳、陈红老师供稿）

5. 艺术教育

艺术是人类感受美、表现美和创造美的重要形式。每个幼儿心里都有一颗美的种子，他们自由地探索他们所处的环境，运用自己的方式表现和表达自己的所思、所想、所感，并从中获得愉悦的体验。

艺术领域学习的关键在于充分创造条件和机会，在大自然和社会文化活动中萌发幼儿对美的感受体验，丰富其想象力和创造力，引导幼儿学会用心灵去感受和发现美，用自己的方式去表现和创造美。艺术教育的内容主要有美术和音乐两个方面。

（1）美术

① 绘画方面。学习运用各种绘画工具和材料（如蜡笔、油画棒、彩色水笔、彩色铅笔、毛笔、水粉颜料、墨水、油彩、纸、布等），通过线条、形状、构图、色彩等美术语言，创造各种视觉形象。

② 手工方面。学习运用各种手工工具和材料（如剪刀、笔、刀、尺、胶水、胶带、橡皮泥、石头、树叶、果壳、豆类等），通过剪、撕、折、贴、串等方法，制作各种视觉形象。

③ 美术欣赏方面。感受和欣赏美术作品、自然景物、生活中的美好事物，感受形式美和内容美，丰富审美经验。

（2）音乐

① 歌唱方面。能够记住歌曲名称；正确地感知、理解歌曲中歌词、曲调所表达的情感，并能用自然、美好的声音进行歌唱表现；掌握一些最基本、最初步的歌唱技能，能够正确地咬字、吐字和呼吸；能较自然地运用声音表情和身体动作表情；能够在集体歌唱活动中控制和调节自己的声音使之与集体相协调。

② 韵律活动方面。能够感知、理解韵律动作与音乐的关系，尝试进行创造性的动作表现；能理解音乐的情绪要求，选用合适的音乐表现手段和表情；能够较自如地运用和控制自己的身体动作；能够在合作性的韵律活动中运用动作和表情与他人交流、配合。

③ 打击乐演奏方面。能够认识、辨别各种常用打击乐器及音色特点；掌握一些

简单的节奏类型；了解有关打击乐器的一些基本知识；能够理解指挥的手势含义并与指挥相配合；能正确掌握一些常用打击乐器的演奏方法。

④ 音乐欣赏方面。能够感受、体验、欣赏音乐作品所表达的内容和情绪；能够理解音乐作品最基本的表现手段；能够再认和区分已欣赏过的音乐作品；初步学习运用文学、美术、韵律动作等各种艺术表现手段来表达自己对音乐作品的想象和情感体验。

艺术领域教育活动案例展示

大班美术活动：猴子王国

一、活动目标

1. 观察猴子嬉戏、吃东西等各种动态，对动物动态的创作感兴趣。
2. 尝试变换 3 的不同位置来表现各种动态的猴子。
3. 体验小组合作完成长卷画的乐趣。

二、活动准备

猴子玩耍视频、图片、长卷画、油画棒。

三、活动过程

（一）播放视频，引起兴趣

师：在古老的大森林里，有一个猴子王国，那里住着许许多多的猴子，我们一起去看看，猴子们都在做什么？

（二）欣赏图片，感知猴子各种动态

提问：猴子在做什么？它的手脚是什么样的？一起来模仿一下。

小结：小猴子真可爱，他们动起来的时候手和脚都是不一样的状态，有的猴子一只手弯曲，一只手伸直，有的猴子脚是弯的，手是直的。

（三）欣赏范例，发现 3 变猴子的画法

师：小猴子一会儿爬树，一会儿上蹿下跳，一刻也不停，我们没办法一下子把它画下来，不过我用最少的线条把这些形态各异的猴子记录了下来，我们一起来看看吧！

1. 出示范例，引导幼儿欣赏 3 变的猴子。

提问：我是怎么变猴子的？身体、腿、头分别是怎么变的？

2. 配对游戏，发现 3 开口朝向的不同。

（1）出示图片，提问：这画的是哪只猴子？头朝哪边？（同一动作，朝向不同）

（2）教师现场范画配对，提问：猜猜我画的是哪只猴子？这只猴子的头朝哪边？

小结：原来3的开口不同可以变出不同动作的猴子。

（四）幼儿作画，教师指导

1. 交代作画要求。

师：今天我们也来画一个自己的猴子王国，猴子们住的森林我已经准备好了。待会儿就请小朋友们用3变出不同动作的猴子。

（1）画之前先确认要画什么动作的猴子，爬树的猴子、荡秋千的猴子或其他动作的猴子，明确3朝哪个方向变。

（2）四个小朋友合作完成一幅画。纸的每个地方都可以画猴子。

2. 鼓励幼儿调整3的朝向，画出不同动态的猴子。

3. 鼓励幼儿学会与其他人合作，共同画一幅画。

（五）讲评小结

我们一起去参观猴子王国，看一看，说一说，小朋友们用3变出了在做什么的猴子。

四、活动延伸

想一想用3还可以变成什么动物，在区域中和同伴试一试，在家里和爸爸妈妈玩一玩。

（福州市晋安区直属机关幼儿园许琳娜、王丹老师供稿）

大班韵律活动：猴子向前冲

一、活动目标

1. 感受音乐所表达的活泼欢快的情绪，跟随乐曲大胆地表演。

2. 根据生活经验发挥想象创编猴王的动作，能按音乐的节奏模仿和创编猴子有趣的动作。

3. 尝试学习轮流、模仿式的韵律表演，体验合作表演的快乐。

二、活动准备

1. 知识经验：幼儿前期观看《猴子学样》的视频；幼儿有《领头人》体育游戏的经验。

2. 材料：音乐。

三、活动过程

（一）故事导入，引发兴趣

山洞里住着一群可爱的小猴子，它们想去寻找猴王，一路蹦蹦跳跳地来到了一个大森林。森林里住着一只大猴子，小猴子们都喜欢跟着它，便让它做猴王。猴王做什么，小猴子也跟着做什么，大家觉得学样很有趣，都想长大后当猴王，谁会是下一个猴王呢？这个有趣的故事就藏在一首有趣的音乐里，我们一起来听一听吧。

（二）倾听完整乐曲，初步感受音乐的旋律和结构

提问：1. 你听完这首乐曲有什么感觉？

2. 这首乐曲有几段？

（三）分段欣赏、感受音乐

尝试跟随音乐节奏创编“猴子”的有趣动作。

1. 欣赏A段音乐，跟随音乐节奏做“猴子”跑、看等动作。

提问：小猴边跑边看的动作可以怎么表现？

跟随音乐自由表演猴子边跑边看的动作。

2. 欣赏B段音乐，创编“猴王”的各种动作。

提问：猴王在森林里会做些什么呢？

教师梳理、提炼幼儿创编的动作，并鼓励幼儿大胆表演。尝试学习轮流、模仿式的韵律表演。

3. 欣赏C段音乐，尝试跟随音乐表现“猴子向前冲”的动作。

（四）讨论争当“猴王”的游戏方式

1. 启发幼儿思考：每次只能有一个“猴王”向前冲，要用什么办法选出“猴王”呢？

2. 讨论产生猴王的方法。

（五）完整表演“猴子向前冲”

融入争当“猴王”的游戏情境中，体验合作表演的快乐。

四、活动延伸

在音乐区继续创编活动，选择各种方式“争当猴王”进行音乐韵律活动。

（福州市花巷幼儿园黄碧云老师供稿）

任务实施

1. 请阅读案例“大班艺术活动：海草　海草（韵律）”，判断其是否符合幼儿园领域课程的内涵，是否具备幼儿园领域课程的特点并说明理由，完成幼儿园领域课程识别分析表（即表3-1）。

表 3-1　幼儿园领域课程识别分析表

课程方案名称	是否符合幼儿园领域课程的内涵	是否具备幼儿园领域课程的特点	说明理由

艺术领域教育活动案例展示

大班艺术活动：海草　海草（韵律）

一、活动目标

1. 感受音乐节奏，大胆创编海草上下左右摇摆的动作，能根据图示排出相应的队形。

2. 体验小鱼与海草嬉戏闯关的快乐。

二、活动准备

1. 物质准备：海草、磁铁

2. 经验准备：对海草有一定的认识

三、活动过程

（一）随波飘摇，学习海草动作

1. 创编动作

引题：一群随波飘摇的海草，喜欢在浪花里舞蹈，最喜欢的是和小鱼做游戏，海草要怎样吸引小鱼的呢？一起跳起舞来吸引小鱼吧！

方法：师引导幼儿随着音乐，有节奏地念语词“海草、海草、海草、海草，随波飘摇；海草、海草、海草、海草，浪花里舞蹈；小鱼、小鱼、小鱼、小鱼，快快来呀，你喜欢什么呀？”鼓励幼儿用肢体表现出海草不同方位摇摆的动作吸引小鱼。

2. 多次熟悉

师：是什么原因小鱼没被吸引来？（摇摆的幅度更大）

是不是小鱼没有听到我们的召唤，那要怎么做？再加把劲试试。（召唤的声音更响）

（二）海草阵式，感受海草的飘动

1. 看图摆阵

师：那么美的海草，吸引来了许多的小鱼，我就是其中一条，我喜欢在海草里穿来穿去。你们是我喜欢的海草吗？我喜欢的海草是这样的。你们会吗？试一试。排列队伍时要注意什么？排列好队伍后，可以用舞蹈来吸引小鱼和你打招呼。

方法：师先扮鱼，引出阵式︿，伴随B段乐曲，幼儿根据图示排队形。在B段乐曲第三小节结束时，用手势OK来提问幼儿是否排列完成，如果完成则回应OK并一起舞蹈。幼儿在排列队形时，应注意地上的绿色点，以及两两距离，留出空间让小鱼穿梭。

2. 不同队形

师：你还想吸引哪条鱼？它喜欢的是什么样的海草呢？

方法：师利用多媒体课件，幼儿选择喜欢的小鱼，引出不同阵式（═、｜｜｜｜、V型阵式），伴随B段乐曲，幼儿根据提示排出队形，海草跟随音乐摇摆吸引小鱼来游戏。

（三）嬉戏闯关，体验游戏的乐趣

1. 介绍游戏

师：小鱼和海草最喜欢玩《海草　海草》游戏了。你们可要认真看，玩对了小鱼就可以通关啦！音乐里，哪里可以和小鱼玩游戏呢？想要和小鱼玩游戏的，要用动作吸引我。

游戏规则：伴随C段乐曲，歌曲中出现“海草、海草”时，小鱼游到海草面前，小鱼和海草同时做动作，两人动作方向不同闯关成功。

（1）师幼游戏（师扮小鱼）

（2）幼幼游戏（幼儿扮小鱼）

2. 幼儿主导

师：谁想扮演小鱼？你喜欢的海草是什么样的？你做主你来摆阵。

四、活动结束

师：一起飘到另一片更宽广的海洋继续游戏吧！

（福州市晋安区直属机关幼儿园王丹、林侃老师供稿）

2. 请通过下园等方式搜集幼儿园五个领域课程方案，并进行判断与分析（表3–2）。

表 3–2 幼儿园领域课程识别分析表

课程方案名称	所属领域	属于该领域哪个内容模块	说明理由

任务评价

1. 请你对本任务的完成情况进行自我评价。

学习任务	优	良	中	差
认识幼儿园领域课程	能依据幼儿园领域课程的内涵及特点准确分析课程方案，准确判断领域内容归属，并能有条理描述	能依据幼儿园领域课程的内涵及特点较准确分析课程方案，判断领域内容归属，并简要描述	能初步依据幼儿园领域课程的内涵及特点分析课程方案，基本判断领域内容归属，分析不够完整，描述的条理性不强	不能依据幼儿园领域课程的内涵及特点分析课程方案，不能判断领域内容归属，描述无条理性，甚至有错误

2. 针对本任务，你觉得自己还有哪些需要改进的地方？

存在的问题：

产生原因：

解决办法：

任务 4 设计幼儿园领域课程

任务情境

蔡同学最近在全心备考幼儿园教师资格证笔试。通过对历年真题的分析，她发现《幼儿保教知识与能力》的最后一道活动设计题有很大概率是设计领域教学活动方案。她想：这次出什么领域的题不好说，但不同领域的活动设计有没有通用的设计模式？如果掌握了这个模式，那么我不论遇到哪个领域的题都能写出不错的活动方案。

任务描述

本任务将围绕设计幼儿园领域课程开展，你需要掌握幼儿园领域课程设计的原则和一般程序，以及幼儿园领域教学活动计划的设计，具体包括设计活动名称、活动目标、活动准备、活动过程、活动延伸五个部分。

任务准备

一、幼儿园领域课程设计的原则

1. 以幼儿心理逻辑为引领

幼儿园领域课程建立在幼儿心理发展规律和学习特点的基础上，因此把握幼儿心理发展规律和学习特点是幼儿园领域课程甚至是各类课程设计的起点。幼儿园领域课程设计的核心是确定领域的关键经验，也就是对幼儿来说在这个领域可能和应该把握的最重要的经验。这种经验有认识的成分，更有思维、体验和表达的成分。这也是幼儿园课程与小学课程的不同之处，不是强调核心概念，而是强调核心经验。这是从幼儿的角度考虑的，是从幼儿的立场出发的。

幼儿在不同学科的学习和发展上有不同的特点与规律，这已经在长期的教育实践中得到验证和提升。例如，语言能力是在交流和运用过程中发展起来的，应为幼儿创设自由、宽松的语言交往环境，鼓励和支持幼儿与成人、同伴交流，让幼儿想说、敢说、喜欢说并能得到回应。社会领域的教育具有潜移默化的特点，幼儿的社会性主要是在日常生活和游戏中通过观察与模仿潜移默化地发展起来的，成人应注重自己言行的榜样作用，避免简单生硬的说教。

领域内容的展开与领域的内容逻辑有关，更与幼儿的心理逻辑有关。因此，要设计领域活动，首先必须了解不同年龄的幼儿在特定领域中的学习和发展的特点与规律，这是领域活动设计的基础，也是以学习者为中心的幼儿园活动的保障。

2. 兼顾不同领域自身的逻辑

不同领域有不同的逻辑体系，这个体系的核心是关键经验。厘清不同领域的关键经验对领域课程的设计至关重要。例如，健康教育的核心范畴为日常健康行为、饮食营养、身体成长、安全生活、心理健康、心理健康、体育锻炼。

3. 注重不同领域的教学方法设计

领域教学知识的逻辑在一定程度上体现教学法体系。不同领域有一些共同的教学方法，如讲解、演示、示范、练习等。不同领域也有一些特殊的方法，如移情训练法、角色扮演法是社会领域特有的常用方法。在领域课程设计和教学实践中，领域教学法体系比单一的方法复杂得多，方法经常与形式手段等相结合，形成一个复合体，这个复合体凝聚了教学智慧，需要长期积累，这也是优秀教师和一般教师的区别之一。

二、幼儿园领域课程设计的程序

（一）幼儿园领域课程设计的一般程序

幼儿园领域课程具有较强的计划性，一般来说，其设计以“目标—内容—计划”为主线。具体内容如下。

1. 明确领域课程目标体系

确定目标是幼儿园领域课程设计的起点。领域活动的目标应与幼儿的年龄特点、发展水平相适应。可以通过学习幼儿园领域教学的相关论著、教材、国家颁布的幼儿园相关文件（如《3—6岁儿童学习与发展指南》《幼儿园教育指导纲要（试行）》等），了解某一领域的总目标和年龄阶段目标，在了解本班幼儿发展水平的基础上，明确幼儿在各领域中的已有经验及关键经验，充分考虑幼儿的个体差异及幼儿的“最近发展区”，制定适宜的、全面的领域活动目标。

2. 选择适宜的领域课程内容

课程目标和内容之间是一种相互影响的关系。在符合领域课程目标的前提下，领域课程内容的选择需注意两点。一是领域课程内容需满足幼儿的兴趣及需求。基于对本班幼儿的观察与了解，根据幼儿所表现的学习兴趣、知识需求或偶发事件，幼儿园教师可与幼儿共同确定领域课程内容，可根据课程进展情况进行相关延伸。二是领域课程内容要有教育价值。在选择了满足幼儿兴趣及需求的活动内容之后，教师应充分发挥作用，善于将幼儿的兴趣与需求转化为丰富、适宜的教育素材。此外，当教师所选择的教育内容难以引起幼儿兴趣，而该内容又蕴含重要价值的时候，教师应对此类教育内容进行筛选，运用适当的教育策略。例如，以游戏、教具、问题为切入点，激发幼儿探索的欲望。总之，课程目标和课程内容是相互制约、碰撞的过程，其中的互动和生成贯穿课程设计与实施的全过程。

3. 制订各阶段活动计划

幼儿园领域课程具有较强的计划性，在制定适宜的领域课程目标和选择适宜的课程内容基础上，可以综合考虑幼儿的兴趣和需要、可利用的教育资源、教师自身情况等因素，制订各阶段活动计划，如学年计划、学期计划、月计划、周计划、日计划及单个活动计划。制订有序的领域活动计划，一方面，使领域活动安排符合幼儿的发展规律，循序渐进；另一方面，合理有序的领域活动有利于最大限度地发挥各个领域的价值，增强了领域间的内在逻辑联系。另外，值得注意的是，制订的领域活动计划应具有一定弹性，可以在领域活动计划后设计一些附加活动或备选活动，以备实施时能根据实际情况及时进行调整。

（二）幼儿园领域教学活动计划的设计

幼儿园教学活动是幼儿园课程得以实施的途径，领域课程的教学活动计划通过周计划安排，并逐步落实到每天的教学过程中。一般每天会安排一到两个具体的教学活动，旨在引导幼儿学习特定的内容，发展各方面的能力，整理和扩展已有的经验。接下来，我们将对单个领域的教学活动设计进行详细探讨。

幼儿园领域教学活动计划一般包含以下要素：活动名称、设计意图、活动目标、活动准备、活动过程、活动延伸。幼儿园领域教学活动计划范例如表4-1所示，下面结合范例进行说明。

表 4-1　幼儿园领域教学活动计划范例

小班社会活动：学做文明小游客	活动名称应包括年龄班、活动内容与名称
设计意图 节假日期间，很多家长会带着孩子到公园游玩。在公园里面我们经常会看到一些不文明的行为，如坐在草坪上聊天、挂在树枝上锻炼、摘花拍照…… 在平时的交流中我们可以发现，幼儿是有一定的文明行为意识的，知道花儿好看不能摘、垃圾应随手丢进垃圾桶，对公园游览应遵守的文明秩序也有所了解，但在实际公园游玩中较难遵守。因此，我设计了这个社会活动：学做文明小游客	设计意图可以根据实际需要填写，主要谈谈为什么选择这个课题教学，它是针对学前儿童的什么问题或兴趣爱好提出来的，试图通过教学达到什么教学目的等
活动目标 1. 知道公园是游玩锻炼的公共场所。 2. 了解在公园游玩时应遵守的文明秩序，学习做文明的小游客	活动目标一般包含认知、情感、动作技能三类，具体撰写条目数量以实际需求为准
活动准备 经验准备：有公园游玩的经历。 物质准备："公园的一天" PPt（PPt1）、"公园里的不文明行为" PPt（PPt2）、"儿歌" PPt（PPt3）、录像。 环境创设：模拟公园游玩环境	活动准备通常包括经验准备和物质准备
活动过程 一、欣赏 PPt1，感受公园优美的环境 师：春天到了，小朋友们都去哪儿玩啦？请小朋友和我一起来逛逛美丽的公园吧！观看 PPt1，感受公园的美，知道公园是人们休闲锻炼的公共场所。 师：大家都喜欢到美丽的公园里面散步、锻炼、游玩。 二、观看 PPt2，了解公园里的不文明行为 1. 观看公园设施被破坏的图片，了解原因。 师：夜晚来临，锻炼、游玩的人都回家了，公园恢复了一片宁静。 2. 播放 PPt2，以拟人化的口吻激趣，倾听哭声，猜测公园设施被破坏的原因。 师：咦？是谁在哭呀？发生了什么事儿？ 3. 小结：原来是一些不文明的游客随意踩踏把草坪踩坏了，把椅子踩脏了。 三、发现不文明行为，讨论应该遵守的规则 1. 经验回顾：在公园中，你见过哪些不文明的行为？ 2. 教师展示不文明行为图片，引发幼儿讨论：这样做对吗？为什么？我们应该怎么做？	活动过程包括活动导入、基本部分、结束部分，设计者对每个环节都要有一定的概括，便于执教者更好地把握每个环节的主要内容

续表

小班社会活动：学做文明小游客	活动名称应包括年龄班、活动内容与名称
3. PPt3 小结： 文明的小游客 美丽公园人人爱，环境保护一起来。 果皮纸屑不乱扔，青青草地不要踩。 爱护动物要文明，花儿好看我不摘。 公园设施要爱护，游乐场里讲友爱。 大家都做文明人，美丽公园更可爱。 四、视频互动 实践文明行为，学习做一名文明游客。 师：孩子们，让我们来当文明小游客，到公园逛一逛、玩一玩吧。 与视频互动，鼓励幼儿用语言、行为等方式来共同爱护公园环境	
活动延伸 日常生活：鼓励幼儿在公园游玩时遵守文明礼仪，并提示身边的人爱护公共环境。 家园共育：在公园游玩时，亲子应共同遵守文明行为，树立良好的榜样	活动延伸不仅巩固了前面教学活动的内容，还为下一个活动的展开做了铺垫，起着承上启下的作用。活动设计时要明确延伸的具体内容，并说明其指导要点

注：福建省实验幼儿园陈静老师供稿。

接下来，我们从活动名称、活动目标、活动准备、活动过程、活动延伸来阐述幼儿园领域教学活动计划设计的要点。

1. 活动名称的设计

活动名称是教育活动的名字，能比较概括地反映出教育活动的内容、发展目标。一般来说，活动名称设计的要求如下。

① 在活动名称前后一定要写清该活动属于哪个年龄段、哪个领域的活动，如“我的小手真能干（大班语言领域活动）”，或“大班语言领域：我的小手真能干”。

② 活动名称的设计如果没有特别的要求，那么在取名字时应尽量符合幼儿的特点，如“学做小客人”“我的小手会说话”。

2. 活动目标的设计

美国教育家布鲁姆以人的身心发展的整体结构为框架，将教育目标分成认知、情感、动作技能三个领域。该目标分类具体、便捷、可评，值得学前教育领域借鉴，是活动目标撰写最常见的一种形式。

认知领域的目标：由知识的掌握与理解及智力发展诸目标组成。常用的表述语有认识、知道、了解、熟悉、增进、促进、遵守等，如“知道如何乘坐公交车，了解乘车规则的意义”。

情感领域的目标：由兴趣、态度、价值观与正确的判断力、适应性的发展诸目标组成。常用的表述语有享受、体验、欣赏、喜欢、发挥、感受等，如“体验遵守规则和文明规范给人们带来的愉悦”。

动作技能领域的目标：由感知动作、运动协调和运动技能诸目标组成。常用的表述语有学习、学会、练习、运用、制作、能、会等，如“能基本遵守乘车规则”。

每个领域的目标又依据能力的复杂程度，分成由低到高的层次，形成一个完整的目标体系。例如，认知领域的目标包括知识、领会、运用、分析、综合、评价六个层次；而知识这一层次又分成三小类，如具体的知识、处理具体事物的方式方法、学科领域中的普遍原理和抽象概念。

另外，还有一种常见的活动目标撰写形式，即基于幼儿的行为变化撰写，通常包括行为目标、展开性目标和表现性目标。行为目标即可以观察或测量的幼儿行为变化的结果，如“在活动中能运用拓印、粘贴、剪、卷、撕等技法表现菊花的形态”。行为目标在有关知识获得和技能掌握运用方面较为有效。展开性目标用行为变化作为目标表述的方式，关注的不是特定行为的结果，而是幼儿在活动中表现出的思考、解决问题的过程，如“尝试大胆设计有特色的桥，体验当设计师的成就感。”通常培养幼儿解决问题的能力和激发幼儿的兴趣等用展开性目标更为有效。表现性目标反映的是幼儿参与活动后所获得的变化，通常是创造性的反应，如“观察荷塘中的荷花、荷叶，与同伴讨论它们的用处”，表现性目标在激发幼儿的想象力和创造力方面效果显著。

在撰写活动目标的时候，有以下几点要求。

（1）目标表述的角度要一致

撰写活动目标时，应从教师的角度出发，或者从幼儿的角度出发。

案例

大班科学活动：影子的变化

活动目标

1. 引导幼儿探究影子的有趣变化，感知光、物体和影子之间的关系。
2. 能大胆表达自己的探究与发现，体验探究影子变化的乐趣。

对上述目标进行分析，发现目标1中的行为主体是教师，是教师的教育目标；目标2的行为主体是幼儿，是幼儿的发展目标。该活动目标表述的角度不一致，可将其改为：

1. 引导幼儿探究影子的有趣变化，感知光、物体和影子之间的关系。
2. 鼓励幼儿大胆表达自己的探究与发现，体验探究影子变化的乐趣。

（2）目标设计要符合幼儿的年龄特点

例如，“大班活动目标：学习准确使用‘谢谢’‘你好’‘再见’等礼貌用语”，这样的目标要求过于简单；“小班活动目标：能正确感知十二生肖的排列顺序，知道十二生肖是中国特有的民俗文化”，这样的目标要求难度太高。

（3）目标设计要简明、具体、有可操作性

例如，“引导幼儿观察周围生活中常见的标志”这一目标过于笼统，重点不够突出，可将其改为“引导幼儿观察生活中常见的交通标志”。又如，“学习做力所能及的事”这一目标过于笼统且不具有可操作性，可将其改为“学习洗手帕”等。

（4）目标数量要适中

在一般情况下，目标以三条最为合适。目标制定得太少，可能没充分挖掘活动的教育价值；目标制定得过多，容易出现书写条理不清晰的问题，并且可能一次活动难以实现。

3. 活动准备的设计

活动准备即在教学活动开始前，为保证活动顺利进行，教师和幼儿园需要做的一些准备，主要包括环境创设准备、物质准备、知识和经验准备。物质准备包括活动场地的选择与布置，教具的选用和制作，有关设备器材的种类、数量与人员配备等。幼儿的经验准备至关重要，它便于在活动实施前教师考查幼儿的已有经验，活动中通过幼儿已有经验的激活，引发幼儿的学习兴趣并建构新的经验。

案例

大班文学活动：十二生肖歌

知识准备：幼儿已了解自己及家人的生肖属相。

物质准备：生肖挂饰；移动大黑板一块；十二生肖歌磁性小图片 12 张，1～12 的数字纸条一张，播放器。

在案例中，我们看到教师的活动准备是比较充分的，既有知识准备，也有物质准备，充分考虑活动的需要。

4. 活动过程的设计

幼儿园教育目标、理念最终是通过教师组织的教育活动对幼儿产生影响的。教师设计的活动过程要紧扣活动目标，为活动目标的实现而服务。教师组织活动通常包括导入、展开、结束等环节，幼儿园教师在进行活动设计时需根据活动面临对象的年龄特点和已有经验状况，对每个环节大致占据的时间和活动比例进行统筹安排。下面围绕三大主要活动环节设计进行要求说明。

（1）导入环节的设计

导入环节即教学活动开始时，教师引导幼儿进入活动过程的组织方式，旨在引发幼儿参与活动的兴趣及求知欲望。良好的导入环节能迅速吸引幼儿的注意，对于激活幼儿思维、启发幼儿思考、迅速了解活动内容及明确活动要求具有重要作用。

导入方法有三种：直观导入、问题导入及知识联系导入。直观导入指幼儿园教师利用实物、玩教具等，引导幼儿倾听、观察或操作，自然过渡到下一环节。问题导入指通过设置问题，使幼儿置身于疑惑之中，并带着解决问题的学习欲望参与到活动中。知识联系导入指依据新旧知识间的逻辑关系层层引入活动主体，通常包括衔接导入、递进导入等方式。活动导入的形式上一般有以下几种。

设疑：疑问可以由教师提出，也可以以谜语、儿歌等形式间接提出。

图示：教师可以利用图画、标本实物、课件等来导出活动。

故事：活动开始前让幼儿听一段短小的故事。

情境表演：创设一定的情境或利用情境来进行模拟表演，把幼儿带到教育活动中。

游戏：以游戏的形式开始，在游戏中学习。

需要注意的是，对于不同教育目标的活动，开始形式也是不一样的，教师应该根据教育目标、教育内容和幼儿教育实际情况选择恰当的开始形式。另外，幼儿的有意注意时间通常较短，因而在设计导入环节时教师需注意用时不宜过长，一般控制在3～5分钟，否则会影响展开部分的教学效果。

案例

大班社会活动：快乐舞龙

在大班社会活动：快乐舞龙的导入环节，教师播放民俗活动舞龙的视频，紧接着提出问题“你在视频上看到了什么？一个人能完成吗？为什么？”让幼儿参与讨论。讨论结束后，让幼儿合作尝试舞龙。

提问：在案例中，教师在导入环节采取了什么策略？

提示：在案例中，教师采用了直观导入和问题导入的策略。教师提供视频让幼儿观看，同时用提问的方式引导幼儿思考。教师的做法一方面在一定程度上弥补了幼儿感性经验的不足，帮助幼儿做好前期经验的激活或准备，另一方面也符合幼儿的学习特点，激发了幼儿的学习兴趣。

（2）展开环节的设计

展开环节是一个教学活动的主体部分，也是实现活动目标的关键环节，它承载着主要内容，要掌握的知识、需体验的情境、应该练习的行为都应该在这个部分呈现。展开环节的设计通常包括以下几种策略。

设置悬念：教师将展开环节中的不同部分环环相扣，由浅入深、由易到难地设置问题情境，引发幼儿的注意，深入探究。

情绪感染：教师抓住不同活动内容中的通感，设法使幼儿获得强烈的情感体验以达成活动目的，在语言、艺术领域中较常采用情绪感染策略。

探索操作：给予幼儿动手操作的机会，通过与材料的密切互动，他们能够亲身体验、感知操作的结果，做中学就是适合幼儿学习的方式之一。

启发诱导：教师通过有目的、巧妙的循循善诱，引发幼儿深入思考或体验感受。

竞赛：竞赛有助于形成紧张而活跃的气氛，使幼儿兴致勃勃地投入到游戏情境之中，竞赛的策略在幼儿园各类教学活动中都较为适宜。

语言领域教育活动案例展示

大班语言活动：古诗欣赏《江南》

一、活动目标

1. 倾听古诗，感受其运用方位词的特点，理解古诗的内容。

2. 能用多种形式朗诵古诗，体验欢快、灵动的古诗意境。

二、活动准备

1. 经验：幼儿有吟诵古诗的经验。

2. 物质：课件、背景音乐、荷花、荷叶伞等。

三、活动过程

1. 营造荷塘的情境，师幼扮演鱼儿在水中嬉戏激趣。

伴随音乐，教师以游戏的口吻引导幼儿想象并表现小鱼在池中游的动作。

2. 介绍古诗的相关背景，朗诵古诗，帮助幼儿理解古诗特点及内容。

（1）介绍古诗背景中关于江南的小常识。

江南是从古代一直沿用到现代的一种地域说法，一般指中国长江以南的江苏、浙江一带，那里有很宽阔的水域，因此又被称作江南水乡。到了夏天，瞧，莲花就盛开了。

（2）出示莲花画面，介绍莲花、采莲等背景。

莲花的果实叫作莲子，到了夏天，莲子就会成熟，可以采下来食用。

（3）幼儿聆听古诗，通过提问了解幼儿的感知经验并对其进行丰富。

提取诗中的方位词（东、西、南、北），引导幼儿理解诗句相对的关系。

提问：你们听到诗里说到了什么？小鱼是怎么游的？

（4）再次倾听古诗，教师进一步帮助幼儿理解诗句。

结合画面联想，帮助幼儿加深对“莲叶何田田”含义的理解。

提问：一片莲叶像什么？如果许多的莲叶连成一片又像什么呢？

（5）教师结合画面讲述古诗背景，幼儿再次聆听古诗录音，感受古诗的意境。

师：江南是个美丽的地方，古代的诗人看到了什么风景写下的这首诗呢？我们一起来感受一下吧。

3. 运用多种形式帮助幼儿欣赏并朗诵诗句，教师根据幼儿的情况提供相应的支持。

（1）教师邀请幼儿以分颂、合颂等方式朗诵诗句。

（2）结合“小鱼吹泡泡，吹了泡泡笑一笑”的口诀，帮助幼儿灵活发音。教师示范撮嘴呼、齐齿呼的口型，运用到“鱼戏莲叶间”等诗句中。

（3）在鱼戏莲叶的情境中，鼓励幼儿表现小鱼游戏的动态。

（4）游戏“鱼戏莲花捉迷藏”，帮助幼儿感受古诗欢快的格调。

玩法：教师扮演“莲花姐姐”，幼儿扮演小鱼在荷塘里游来游去。师幼同念古诗，每句停顿时，“莲花姐姐”转身回头，“小鱼”就停下动作以示躲藏。伴随诗句，游戏可循环反复。

（5）邀请幼儿在舒缓、优美的音乐意境中再次完整朗诵古诗。

4. 活动自然结束。

提问：教师在展开环节采取了怎样的策略？

提示：在该案例的展开环节，教师采取了情绪感染的策略，首先了解古诗背景，倾听古诗，充分感受古诗灵动的意境；然后运用多种形式带领幼儿朗诵诗句，将古诗产生的情绪体验迁移到游戏“鱼戏莲花捉迷藏”中，帮助幼儿感受古诗欢快的格调；最后邀请幼儿在舒缓、优美的音乐意境中再次完整朗诵古诗。

（福建幼儿师范高等专科学校附属第二幼儿园何圣予供稿）

（3）结束环节的设计

一个完整的教学活动不应该只有引人入胜的导入环节、环环相扣的展开环节，还应该有良好的结束环节，从而帮助幼儿进一步提升与加工新经验，产生“言有尽而意无穷”的效果。结束环节的设计通常可采取以下策略。

总结归纳：运用准确精练的语言，将活动的主要内容加以提炼，使幼儿加深对学习内容的理解与印象。需要注意的是，教师不一定要主导总结，也可以根据幼儿的实际水平和学习状态，融合幼儿的自评或他评。

游戏表演：幼儿在活动中容易疲劳，因此利用生动活泼的游戏表演形式结束活动，能够重新唤起幼儿的兴趣，使他们积极参与到游戏中去。

操作练习：常用于学习抽象事物或形成技能的活动中，即在结束环节，教师不通过语言归纳，而是请幼儿在操作中进一步感知、运用，进而进行经验的迁移，巩固所学内容。

水到渠成：按照活动的顺序自然收尾。这种结束策略表面上看似乎无技巧，但实际上需要幼儿园教师精心把握活动的结构、进程与时间，顺理成章、恰到好处地结束活动进程。

延伸扩展：常用于“意犹未尽”的活动结尾，通过设置悬念或情境，激发幼儿“欲知后事如何，请听下回分解”的探索欲望，为活动的延伸留下铺垫。

案例

大班音乐活动：笨老狼

在大班音乐活动：笨老狼的结束环节，教师创设跟着老狼去森林游玩的情境，并设计游戏“聪明孩子和笨老狼”。教师扮演笨老狼，幼儿扮演聪明孩子。音乐重音出现时老狼回头，此时幼儿可以装成树、石头保持不动，在游戏中深入感知乐曲。

提问：在案例中，教师在结束环节采取了什么策略？

提示：在案例中教师主要采用了游戏表演的策略，一方面再次唤起幼儿兴趣，让幼儿投入游戏中，另一方面有利于巩固幼儿对音乐重音的记忆，在游戏中感受乐曲的旋律。

活动过程的设计要注意，环节不能太散，一定要先有大环节，大环节下有小环节，注意逻辑性、概括性。

5. 活动延伸的设计

活动延伸是指在教育活动后，教师设计的一些与此相关的辅助活动，使教育内容渗透到一日生活中，使其对幼儿的影响能够更持久，让教育的目的能够更好地实现。一般来说，活动延伸的形式有家园共育、领域渗透、环境创设、区域活动、游戏等。

任务实施

任务分析：要学会设计幼儿园领域课程，首先需要掌握领域教学活动计划各组成要素的基本要求和要点。首先，我们提供一篇幼儿园领域教学活动计划，供大家分析、评价并进行修订，以掌握设计幼儿园领域课程方案的基本内容；其次，结合提供的材料，根据要求设计并撰写幼儿园领域集中教育活动方案。

任务操作一：请结合幼儿园领域课程的相关知识，认真分析下列活动，举例说明本活动方案的优点与不足，并提出调整建议，完成表4–2。

表4–2　“美丽的烟花”教学活动设计

评析内容		亮点与问题（举例）
活动名称	艺术活动：美丽的烟花	
活动目标	1. 在欣赏烟花色彩美、形态美的基础上尝试用蛋壳画的方式表现烟花。 2. 选择喜欢的颜色大胆创作。 3. 体验用蛋壳制作趣味画的乐趣	
活动准备	经验准备：看过烟花，知道烟花的基本特征。 材料准备：课件；颜料（红、黄、蓝、绿、橙、紫、白）、半边蛋壳、蛋托、刷好底色的背景纸；一次性桌布、挡板、罩衣	
活动过程	一、手指游戏，放烟花导入活动 二、利用课件，引导幼儿欣赏烟花的色彩美和形态美 1. 播放烟花视频，引导幼儿观察烟花开放瞬间的样子。 提问：刚才你看到的烟花是怎么开放的呀？ 小结：小朋友们说得真好，原来烟花在空中是向各个方向散开的，有的像太阳、有的像小花、有的像小雨点、有的像萤火虫，它们把天空打扮得真美啊！ 2. 出示烟花的图片，引导幼儿欣赏烟花的色彩美。 提问：烟花有什么颜色呢？（引导幼儿观察并说出烟花的不同颜色） 小结：烟花有红色的、黄色的、绿色的、紫色的、粉色的、橙色的、淡蓝色的、绿色的，哇，好多好多美丽的颜色呀，真是五颜六色的烟花。 三、利用蛋壳，制作泼墨画以表现烟花 1. 出示作品图，引导幼儿探索作画方式。 提问：瞧，这就是画好的烟花，你们猜猜它是怎么画出来的？ 小结：这些五彩的烟花是用我们的蛋壳画出来的。 提问：那是怎么画的呢？来猜一猜。 小结：拿一个蛋壳，用勺子给蛋壳装上颜料，然后走到后面的天空纸张上，把蛋壳对准纸张扔下去，看看能不能开出神奇、美丽的烟花。哇，好玩吗？想不想尝试一下？	

续表

评析内容		亮点与问题（举例）
活动过程	2. 介绍作画材料，幼儿创作。 师：小朋友的桌面上有蛋壳、颜料、勺子。后面有很大的一张天空画纸，小朋友可以把蛋壳装上喜欢的颜料，去后面的纸张扔一扔、试一试。交代要求如下。 （1）蛋壳装上颜料后要小心，在拿过去的路上别把颜料洒在地上。 （2）我们扔蛋壳的时候要尽量找空的地方扔，让天空开满烟花。 四、幼儿尝试作画，教师帮助指导 观察幼儿作画情况，重点指导： 1. 选择自己喜欢的颜色进行创作。 2. 探索适量的颜料和力度制作泼墨画。 五、欣赏与评价 提问：你喜欢哪边的烟花? 小结：小朋友们今天真厉害呀，都是神奇的魔法师，变出了这么一大幅美丽的烟花图，有红色、蓝色、绿色等，还有好多不同的造型，我们一起为自己鼓鼓掌吧	
活动延伸	在美工区中继续尝试用蛋壳制作泼墨画、玩色	

任务操作二：请以“我的弟弟妹妹”为主要内容，设计一个大班语言活动。

要求：写出活动名称、活动目标、活动准备、活动过程、活动延伸，完成表 4-3。

表 4-3　“我的弟弟妹妹”教学活动设计

活动名称	
活动目标	
活动准备	

续表

活动过程	
活动延伸	

任务评价

1. 请以幼儿园教育活动设计评分标准为依据，对自己设计的领域活动方案进行评分，评分表如表 4–4 所示。

表 4–4　评　分　表

内容	评价标准	分值
活动名称（10 分）	1. 活动名称能概括地反映活动的内容。 2. 活动名称书写规范，体现年龄段、领域	
活动目标（15 分）	1. 活动目标符合《幼儿园教育指导纲要（试行）》和《3—6 岁儿童学习与发展指南》精神，符合各领域的总目标和幼儿年龄阶段特点，切合儿童的发展水平和发展需要。 2. 具有全面性，围绕给定的主题设置，难度适当，对整个活动具有导向作用。 3. 目标陈述简洁明了、主体统一、针对性强、具体可操作，充分体现本领域特点，能考虑到各领域间的相互渗透	

续表

内容	评价标准	分值
活动准备（10分）	1. 活动前的知识储备、环境创设（墙饰布置、区域材料准备、活动材料准备、空间安排等）均符合实现活动目标的要求。 2. 环境材料适宜，最大限度地支持和满足幼儿学习、探索、操作活动的需要。 3. 有效利用现代化教学手段，适用、适时、适当地增加活动的实效性和趣味性	
活动过程（40分）	1. 过程设计结构严谨、层次清晰，各环节之间过渡自然流畅，循序渐进，有层次感。 2. 教学方法和活动组织形式选择适宜，能体现幼儿的主体性，为幼儿提供感知与操作的机会，安排充分的思考和探索时间。 3. 提问具有思考性、启发性、开放性特点；能预测教学活动过程可能出现的问题并能设计出相应教学活动策略。 4. 活动详略得当，重难点突破时间充分，能较好地突出重点，突破难点；教学手段设计针对性强，既符合幼儿的认知特点，支持幼儿的学习，又有利于学习目标的达成	
活动延伸（10分）	1. 活动延伸与活动目标相衔接，保持活动的完整性、连贯性。 2. 延伸形式自然、恰当	
其他（15分）	1. 文字表述逻辑清楚，格式规范完整，无错别字。 2. 活动设计新颖，教学方法巧妙独特，有创新和突破	

2. 针对本任务，你觉得自己还有哪些需要改进的地方？

存在的问题：

产生原因：

解决办法：

任务 5　实施幼儿园领域课程

任务情境

李老师刚参加了本市教育局组织的幼儿园新手教师培训，观摩了某幼儿园名师组织的一节语言教育活动。该活动充满创意的设计、生动的教学方法、教师饱满的情绪、幼儿充分的投入让李老师印象深刻。返岗后，李老师也想在自己班上模仿这节活动，设计了教案，准备好道具，信心满满、跃跃欲试。然而，现场活动效果却大打折扣。李老师非常沮丧，并开始不断反思：同样的主题、方式和方法，为什么活动效果不理想呢？问题到底出在哪里？

任务描述

本任务将围绕幼儿园领域课程的实施展开，你需要掌握实施幼儿园领域课程的途径、方法，组织与实施幼儿园领域课程的注意事项等。同时，结合自己设计的领域教案“大班语言活动：我的弟弟妹妹”进行说课或模拟教学，并进行自评和他评。

任务准备

一、实施幼儿园领域课程的途径

幼儿园课程是通过幼儿园一日生活中的教育活动来实施的。一般来说，幼儿园领域课程实施的途径可以分为专门的领域教育活动和渗透的领域教育活动两大类。

专门的领域教育活动是指由教师根据领域教育的目标和任务，有目的、有计划地安排专门的时间和空间场地，选择适宜的课题内容和材料，组织全体幼儿参加的活动。例如，中班数学活动“学习 6 和 7”，教师首先通过饼屋游戏引导幼儿感知数量 6 和 7，认读数字并理解其实际意义，然后提供实物让幼儿分组操作，练习按数取物、按物取数，最后通过游戏“数字的抱抱”进一步巩固对 6 和 7 的认识。专门的领域教育活动使幼儿获取的经验更有目的性、计划性、系统性。

渗透的领域教育活动是指除专门的领域教育活动外，随机、灵活地蕴涵、渗透在幼儿一日生活及其他领域教育活动之中的丰富而多样的、隐性的领域教育活动。例如，进餐、睡眠、盥洗等生活活动中渗透着健康教育；日常生活、自由游戏中的语言交往中渗透着语言教育；科学探索区、自然观察角等渗透着科学教育；幼儿园的环境创设渗透着艺术教育；社会教育活动中渗透着社会教育。幼儿的发展是一个整体，这就决定了幼儿各领域关键经验的获取必须与幼儿的一日生活相联系。

二、实施幼儿园领域课程的方法

（一）语言传递法

语言传递法是指教师借助语言向幼儿传授知识经验的一种教学方法。语言是师幼互动的主要媒介，教师经常用语言指导幼儿的各类活动，为幼儿提供信息、解释事物、向幼儿提问、交流、评价等。

语言传递法主要包括讲解、讲述、提问、谈话、讨论等。讲解是教师用幼儿能理解的语言来解释和说明某事某物的方法。讲述是教师通过口头语言生动地叙述事物、朗诵文艺作品的一种语言表达方式。提问是教师通过提出启发幼儿思维的问题，组织幼儿进行问答和讨论的教育方法。谈话是教师根据幼儿已有的知识和经验，通过提问引导幼儿思考、交流，从而获得相应的知识经验的一种互动教育方法。讨论是幼儿在教师的指导下，通过提出交流话题，引导幼儿基于已有的知识经验，围绕话题各抒己见，辨明是非真伪，以此提高认识或解决问题的方法。

（二）游戏法

游戏法是指教师通过游戏或以游戏化的方式进行教育教学的方法。幼儿好动、好模仿，行为受情绪的支配，这些心理发展特点为游戏法提供了理论支撑。在各领域活动的导入环节，教师常常从激发幼儿的兴趣入手，赋予幼儿适当的角色，用游戏化的语言导入，以激发他们参与活动的兴趣。在活动过程中，教师也经常采用游戏的形式，调动幼儿学习的积极性，使他们在玩中学、乐中学。例如，将抽象的数学知识融入游戏中，让幼儿在自由自在的游戏活动中学习数学；运用有规则的游戏，训练幼儿的正确发音，丰富幼儿词汇，并学习句式等。

（三）直观形象法

直观形象法是指教师运用直观教具或各种多媒体教育手段，组织幼儿开展观察、欣赏、演示、示范或提供范例等（此处主要介绍演示、示范或提供范例），以帮助幼儿理解，达到预期教育目标的方法。直观形象法符合直观性教学原则，适应幼儿具体形象思维的特点。

演示指教师通过向幼儿展示各种实物或直观教具，引导幼儿按一定的顺序注意物体的各个方面和各种特征，使他们获得对某一事物或现象较完整的感性材料。在科学活动中，演示较为常见。例如，在认识树叶的活动中，教师一般会先出示实物引导幼儿观察，幼儿在探索与表现中获得不同的经验。

示范或提供范例指教师通过动作、语言、声音，或利用图画、剪纸等典型事例，为幼儿提供模仿的对象，是幼儿模仿学习的必要方法。例如，在艺术活动中，教师可以范唱、范画、示范舞蹈动作；在体育活动中，教师可以示范体操动作；在语言活动中，教师可以示范讲述故事、示范朗诵儿歌，通过示范，引导幼儿模仿成人的声音、语调进行讲述。

（四）观察法

观察法是指幼儿在教师的指导下，有目的地感知客观事物的过程，包括幼儿自发的观察行为。观察法是幼儿认识周围世界、获取直接经验的重要途径。运用观察法可以促进幼儿与客体的相互作用，丰富幼儿的感性经验，扩大幼儿的眼界。结合幼儿好玩、好动的天性，在观察过程中可以通过看一看、闻一闻、摸一摸、尝一尝、嗅一嗅等方式，有效地刺激幼儿的各种感觉器官，锻炼感知觉的敏锐性和大脑机能，促进语言和智力的发展，激发求知欲，培养幼儿对周围事物的关注和积极态度。

（五）操作法

操作法是指幼儿按照一定的要求和程序，通过自身的实践活动进行学习的方法。幼儿的发展离不开自身的实践活动，操作法符合幼儿好玩、好动的天性。动手操作是幼儿认识世界的重要方式，也是幼儿巩固新知识、形成技能和技巧的途径。在课程实施中，要充分体现活动性原则，给幼儿动手动脑的机会，多运用操作法，例如，在科学领域可以进行分类、排列活动；在艺术领域可以进行形体训练、手工制作等。

（六）发现法

发现法是指教师提供探索材料，引导幼儿通过自主探索和尝试，发现问题并解决问题的方法。发现法容易激发幼儿的兴趣和内部学习动机，增强其主动性和积极性。它不仅有利于学前儿童智力、创造力和独立能力的发展，还能丰富、扩展幼儿的知识经验，提升记忆力，并促进知识的迁移和运用。

三、实施幼儿园领域课程的注意事项

由于幼儿园领域课程的计划性强，并且具有较为系统的学科知识体系作为活动内容，所以容易走向传统教学组织形式，教师单一地传授知识、技能，幼儿成为被动接受的容器。实际上，幼儿园领域课程的组织与实施需要教师和幼儿的共同参与。虽然幼儿园领域课程是将课程分为若干领域进行教学设计，但并不表示课程的组织与实施一定要分清领域界限。相反，课程的各领域应相互渗透、支撑，基于幼儿的思维方式与学习特点，通过多样化的教学手段让幼儿在直观感受和具体操作中获取经验。在具体的组织与实施过程中需要注意以下几点。

1. 活动计划的弹性化和活动过程的灵活性

首先，当今的课程改革愈来愈主张：课程不但是预成的，而且具有过程性，是复杂的综合活动，是学习者、教育者、教育情境相互作用的动态生成。陈鹤琴先生曾说过“幼儿园的课程须预先设定，但临时可以变更”。他强调“每学期应该有一个总设计，以决定本学期应该注意的目标，每星期又要有一个预定的课程表”，但“此课程预定表并不是固定的、不能变换的，儿童或社会上发生临时的事情，老师就可以采用为课程内容，可以把一切预先设定暂时搁起，重来做一番筹备的工作。倘若新发生的事情与预定的有些相像，那就把它容纳进去”。因此，我们的活动计划不是固定不变的，而是有弹性的、灵活的。在活动过程中，教师要根据幼儿活动的具体情况和需求及时进行调整，要关注生成课程，将预设课程与生成课程相结合，最大限度地促进幼儿的发展。

其次，在具体的活动过程中，教师应站在幼儿的立场思考问题，要具有灵活性。例如，在一次美术活动中，教师引导幼儿认识红色，让幼儿在五颜六色的花中选一朵红色的花送给小熊。可是一位小朋友上来后却选了一朵黄色的小花，并说：“我就是不喜欢红色！”听了他的话，教师并没有提出反对意见，而是根据他的话判断他已经认识了红色，于是就另外拿了一只小狗，并说：“小狗喜欢黄色的花，你把小黄花送给小狗，好吗？”

从案例中可以看出，这位教师灵活地处理了活动过程中的突发情况，而且做到了尊重幼儿。教师不仅要尊重幼儿的思想感情、兴趣、爱好、要求和愿望，还要认识、接纳和尊重幼儿在发展水平、能力、经验、学习方式等方面的个体差异，根据幼儿活动的具体情况和需求调整计划。

2. 充分发挥领域活动的教育功能，增强活动效果

各领域活动内容的性质和特点的不同，各领域的教育功能也随之不同。例如，从培养幼儿的能力来看，每个领域都可提炼出一些关键经验、关键能力，从健康中可提炼出保健、自我保护、体能；从语言中可提炼出倾听与表达能力；从社会中可提炼出交往；从科学中可提炼出感知、探索、思维、方法；从艺术中可提炼出感知、表现、想象、创造。这就使得每个领域中的教学方法和活动方式有所不同。如果能充分发挥各领域的教育功能，选择适宜的教学方法和活动方式，就能使领域活动的效果得以增强。

此外，在幼儿充分获取直接经验的基础上，引导帮助幼儿整理已有经验，使之系统化。教师要充分发挥这一功能，使幼儿所学到的知识和经验进一步系统化。例如，幼儿在日常生活中认识了苹果、梨子、西瓜、桃子、橘子、小猫、小狗、狮子、老虎、鸽子、白兔等，但这些知识和经验都是凌乱的，不成体系的，教师就应通过教育活动引导幼儿梳理日常经验，使之系统化，以表象、初级概念为基础组织其经验层次的“前学科”体系，知道哪些属于水果，哪些属于动物。

3. 注重内容的联系、渗透与整合

《幼儿园教育指导纲要（试行）》指出：“各领域的内容相互渗透，从不同的角度促进幼儿情感、态度、能力、知识、技能等方面的发展。”强调实施领域活动课程要加强领域与领域间的相互渗透，方能实现全面的和整体的教育。《3—6岁儿童学习与发展指南》提出：关注幼儿学习与发展的整体性。幼儿的发展是一个整体，要注重领域之间、目标之间的相互渗透和整合，促进幼儿身心全面协调发展，而不应片面追求某一方面或几方面的发展。

一是要注重前后内容之间的联系，加强现有的学习内容与幼儿已有经验的联系，即内容的纵向联系。二是要注重不同的、相关内容之间的联系，即内容的横向联系和整合。横向联系和整合的方法形式很多，可以根据具体情况和幼儿学习的需要选择，可以在开展某一领域活动过程有意识地引用其他领域的形式。例如，开展科学领域活动认识菊花，教师在引导幼儿观察菊花的同时，可以鼓励和引导幼儿写生。这样一来，幼儿不仅要观察各种菊花的形态，还要把所观察到的用绘画表现出来。通过绘画、欣赏和分享的过程，幼儿的情感和认识得以交融。也可以将某一领域的内容渗透到其他学科领域，使之整合。例如，当学习儿童文学作品涉及科学方面的知识时，教师就可以提醒或引导幼儿关注其中蕴含的科学内容，交流对这些内容的认识，即以隐含的方式巧妙地把科学内容的学习巩固与语言领域相渗透，同时加深

了对文学作品的理解。同样，当音乐、美术活动的主题涉及相关科学内容时，教师可适当加以提示，以促进幼儿经验的迁移，或鼓励幼儿讲述已有的科学经验，并用艺术手段表现科学经验。还可以通过开展主题活动把各领域中有机联系的内容进行渗透和整合，通过教育的开展，使幼儿获得生活化的整体性认识和全面发展。也就是说，可以引进主题活动，使之与领域活动互补，增强教育的整体性。

4. 充分发挥一日活动的整体教育功能

幼儿一日生活中的各项活动都对他们的发展有重要的价值，应有机地整合各项活动，努力提高各项活动的整体成效。教师可通过资源的充分发掘和利用、环境的创设、多样化的活动及一日生活各环节教育作用的发挥，使各领域综合地呈现在幼儿的生活和各种活动中。一日生活包括游戏活动、生活活动和学习活动等。这些活动在幼儿的发展中具有特殊的价值，起着特定的作用，要防止重教学活动轻生活活动、重组织活动轻幼儿自由活动的倾向。如何把教育目标渗透到各种活动中，或者说，每个活动怎样围绕教育目标展开，就成为实践中应当特别关注的问题。例如，要培养幼儿的独立性，就需要在生活中逐步培养幼儿自己吃饭、穿衣、如厕等自理能力。在教学活动中，教师要启发幼儿独立思考、有困难自己多动脑筋、想办法解决，根据幼儿的实际情况，给予适宜的支持与指导。教师还要注意各类活动之间的有机联系，发挥这些活动的互补作用，做到在生活中学习，在游戏中学习，学习联系生活、利用生活，游戏反映生活、反映学习，使一日生活成为一个真正的教育整体。

5. 优化整合各种因素，综合影响和有效促进幼儿发展

学前教育实践过程中有很多影响因素，如教师、幼儿、教育环境、方法和手段、家长和社区等。教师在实施课程、组织教育活动时，应深入分析这些因素与幼儿发展间的关系，充分发挥其有利的方面，互补与优化利用并使之有效地作用于幼儿，使幼儿在与之有效相互作用中获得充分发展。教师应为幼儿创设与幼儿生活、学习活动相适应的丰富、适宜的良好活动环境和平等尊重的人际氛围。发掘和综合利用幼儿园、家庭及社区丰富的教育资源，充分发挥各种教育资源的整体性影响。应有机、灵活、综合地利用学前教育方法、形式和手段，确保教育整合取得应有成效。

6. 保教结合，促进全体幼儿全面发展

一方面，保育和教育是在同一过程中实现的，领域活动必须做到保教结合。学前儿童正处在长知识、长身体的关键时期，诸方面的发展是彼此依存、协调统一的，任何一方面的障碍都可能影响其他方面的发展。只有保教结合，幼儿身心的全面发展才可能实现。例如，幼儿画画时，教师除指导绘画外，还必须在幼儿的用眼卫生、坐姿等方面给予高度重视。只有保教融合在一起，才能取得好的效果。例如，在开展体育活动时，只考虑对幼儿基本动作的要求，只重视运动技巧的提高，而全然不

顾运动量、运动时间等对幼儿身体的影响；集中教学活动长时间地让幼儿坐着听讲，连续地进行智力活动，不顾及幼儿身体和脑神经系统的疲劳等，这些都是只重视教育而忽略了保育的情况，未在同一过程中实现保育和教育。

另一方面，在领域活动中要促进全体幼儿全面发展。首先，教育必须面向每个幼儿，要保证每个幼儿有同等的受教育机会，这就需要教师必须平等地、一视同仁地对待所有的幼儿，决不能只关注学习好、能力强的幼儿。根据皮格马利翁效应（又称罗森塔尔效应）原理，教师要给相对弱的、自信不足的、需要帮助的幼儿传递积极的期望，引导他们往好的方面进取。教师要面向全体幼儿、关注每个幼儿，重视幼儿的个别差异，因材施教，有针对性地采取最有效、最合理的方式促进每个幼儿的发展。根据每个幼儿的特点和发展的可能性，充分发挥他们各自的潜能，让不同的幼儿在不同的方面能够实现自己的特色的发展，在自己原有的水平上得到应有的发展。

任务实施

1. 扫码观看“中班健康活动：蚊子别咬我”，记录本活动的过程，并结合实施幼儿园领域课程的方法，分析本活动用了哪些教学方法，完成表5-1。

视频：中班健康活动：蚊子别咬我

表5-1　领域活动观摩表

评析内容	观摩记录	教学方法
活动过程		

2. 参考模拟教学评价标准，依照任务4设计的教学活动“大班语言活动：我的弟弟妹妹”进行模拟教学，并做自评和他评，完成表5-2。

表 5-2　领域集中教育活动模拟教学评价表

活动名称：　　　　　　　　　　　　　　　　模拟教学人：

评价内容	模拟教学评价标准	评分	亮点与问题（举例）
教学目标（10 分）	目标符合幼儿实际，定位准确，落实到位		
教学内容（10 分）	思想政治方向正确；内容表述科学准确；教学重点突出，难点突破；关注幼儿已有知识和经验，注重幼儿审美、情感体验与能力培养		
教学方法（20 分）	能正确安排教学内容，处理好教与学、知识与能力的关系；有效使用各种教学方法，调动幼儿主动性、积极性和创造性；突出幼儿自主、探究、合作学习；实现师生、生生有效互动		
教学过程（20 分）	课堂结构合理，层次清晰，环节紧凑，衔接自然；灵活处理教学内容；反映教学设计意图，突显重点、难点，教学难度适宜；教学演示熟练、规范，教学手段运用有效；给予幼儿准确评价和反馈		
教学素质（20 分）	教态自然亲切、仪表举止得体；教学语言规范准确、生动简洁，师幼互动顺畅；教学设备、教具运用熟练有效		
	教具直观有效，形象生动，构思巧妙，符合教学主题		
教学效果（10 分）	幼儿在知识、能力、方法、情感上收获明显；通过教学基本实现教学目标		
教学创新（10 分）	在方法运用和师幼互动等方面有创意，教学具有一定的特色		

任务评价

1. 请你对本任务的完成情况进行自我评价。

学习任务	优	良	中	差
观摩课例分析教学方法	能认真观摩课例，过程记录完整、清晰，教学方法分析全面	能较认真地观摩课例，过程记录较为完整、清晰，教学方法分析比较全面	能观摩课例，过程记录不够完整、清晰，只能分析出一二种教学方法	不能认真观摩课例，过程记录不完整，教学方法分析错误

续表

学习任务	优	良	中	差
领域活动模拟教学	活动过程自然流畅，师幼互动充分，基本功扎实，活动效果好	活动过程比较自然流畅，师幼互动比较充分，基本功较扎实，活动效果较好	活动过程基本完成，师幼互动不够充分，基本功一般，活动效果一般	活动过程未完成，缺乏师幼互动，基本功较差，活动效果较差

2. 针对本任务，你觉得自己还有哪些需要改进的地方？

存在的问题：

产生原因：

解决办法：

赛证直通

1.（活动设计题）请以《摇篮》为教学内容，设计大班语言活动。要求写出活动名称、活动目标、活动准备、活动过程、活动延伸。（2020 年福建省幼儿园新任教师公开招聘考试幼儿教育试卷真题）

附诗歌：

摇　篮

蓝天是摇篮，摇着星宝宝，白云轻轻飘，星宝宝睡着了。
大海是摇篮，摇着鱼宝宝，浪花轻轻翻，鱼宝宝睡着了。
花园是摇篮，摇着花宝宝，风儿轻轻吹，花宝宝睡着了。
妈妈的手是摇篮，摇着小宝宝，歌儿轻轻唱，宝宝睡着了。

参考设计：

大班语言活动：摇篮

一、活动目标

1. 乐于参与诗歌仿编活动，体会诗歌中爱自然、爱妈妈的情感。

2. 理解诗歌的内容，知道诗歌的句式。

3. 能根据原诗歌结构进行仿编和情境表演。

二、活动准备

1. 经验：幼儿在“娃娃家”游戏中有哄娃娃睡觉的经验。

2. 物质：洋娃娃，动态图片（有星星和白云的天空；鱼在海里游；花园里摇曳的花；妈妈哄宝宝睡觉），挂图（高山、草地、大树），舒缓的背景音乐。

三、活动过程

1. 创设情境，引出诗歌。

（1）教师手抱洋娃娃，边轻轻拍打洋娃娃的背，边唱摇篮曲。

（2）参考提问：老师扮演了谁？是用什么摇宝宝睡觉的？（妈妈；手）

（3）师：今天老师带来了一首诗歌，请小朋友们仔细听。

2. 教师随背景音乐朗诵诗歌，引导幼儿感受诗歌的意境，初步感知诗歌的内容。

3. 教师播放动态图片，帮助幼儿深入理解诗歌内涵。

（1）师：“小朋友们听得太认真了，这首诗歌是不是很美呀？我们再听一遍，这次我们来找找诗歌里到底有哪些摇篮，摇篮里有哪些小宝宝？”（教师边朗诵边播放动态图片，引导幼儿注意观察并聆听诗歌）

（2）教师提问，幼儿自由回答并做相应的动作。

参考提问：蓝天摇着什么宝宝？蓝天是怎么摇的？什么轻轻飘？白云是怎么飘的？什么宝宝睡着了？（教师以同种提问方式引导幼儿理解剩下三句诗歌的内容）

（3）教师带领幼儿朗诵诗歌。

（4）教师引导幼儿了解诗歌的句式特点。

① 师：“小朋友们，这几句话有什么相同的地方？请仔细观察，告诉老师你的发现。”

② 教师小结：这首诗歌每句都是“××是摇篮，摇着×宝宝，××轻轻×，×宝宝睡着了”。

4. 幼儿仿编诗歌。

（1）教师出示挂图，引导幼儿观察。

① 高山上有什么？谁是高山的宝宝？

② 草地上有什么？谁是草地的宝宝？

③ 大树上有什么？谁是大树的宝宝？

（2）教师引导幼儿结合挂图，仿照原诗歌的结构进行仿编。

高山是摇篮，摇着树宝宝，风儿轻轻吹，树宝宝睡着了；

草地是摇篮，摇着草宝宝，风儿轻轻吹，草宝宝睡着了；

大树是摇篮，摇着树叶宝宝，风儿轻轻吹，树叶宝宝睡着了。

5. 幼儿朗诵原诗歌及自己仿编的诗歌，并进行诗歌表演。

四、活动延伸

组织幼儿在美工区根据诗歌《摇篮》的内容进行绘画创作。

2.（活动设计题）教师发现，大班的幼儿在玩买卖的游戏时，不管物品的价格多少总是随意地付款和收款。例如，买三元钱的东西，幼儿总是会拿一元、五元、十元的代钱币付钱，不计算总和，不管多少钱都随意给钱，收款的幼儿也随意收下。针对幼儿这一问题，设计教育活动。要求写出活动名称、设计思路、活动目标、活动准备、活动过程、活动延伸。（2022 年下半年中小学教师资格考试幼儿园“保教知识与能力”真题）

参考设计：

大班数学活动：购物大比拼

一、设计思路

在日常生活中，购买任何东西都需要用到人民币。通过本次活动让幼儿能够正确认识一些货币的面值，并了解使用货币购物的常识，懂得合理消费，初步树立购物的意识。同时引导幼儿对身边常见事物产生兴趣和探究欲望，使数学教育更加生活化、游戏化、综合化。

二、活动目标

1. 知道纸币有多种面值，可以买到不同的东西。

2. 能根据物品的价格出示对应的纸币。

3. 体验与同伴共同游戏的乐趣，感受挑战成功的成就感。

三、活动准备

1. 经验：有逛超市的经验，知道不同颜色的纸币面值不一样，会计算十以内的加减法。

2. 物质：超市背景音乐、三种纸币若干、收银台装饰物、超市道具。

四、活动过程

（一）开始部分

1. 教师播放超市背景音乐，示意幼儿进入购物角色。

2. 教师创设超市购物情境，引出主题“购物大比拼”，激发幼儿兴趣。

师：幼儿园要举办一场“美食品鉴会”，但是采购员叔叔今天请假不能去采购食物，因此邀请我们班的小朋友们去帮帮他。今天我们班的小朋友都变身为“小小采购员”啦。我们先来进行一场“采购员”的上岗培训。

（二）展开部分

1. 教师出示一元、五元、十元三种纸币，为幼儿介绍三种纸币的不同。

（1）教师引导幼儿发现纸币上的数字是不一样的。

（2）通过数字歌，让幼儿知道数字越大，面值越大，面值大的纸币可以买更多的东西。

（3）教师出示标价为一元、五元、十元的三种蔬菜，让幼儿快速反应，指出对应的纸币。

2. 教师结合十以内加减法，引导幼儿了解三种纸币可以买到的东西是不一样的。

（1）教师出示标价为三元的西红柿，让幼儿说出可以用哪些纸币买到此蔬菜。

教师小结：三元的西红柿可以用三张一元或一张五元买到。

（2）教师出示标价为六元的土豆，让幼儿说出可以用哪些纸币买到此蔬菜。

教师小结：六元的土豆可以用一张五元和一张一元或一张十元买到。

（3）教师总结：买东西时可以出示与价签一致的纸币，也可以出示比价签大的纸币，但是不可以出示比价签小的纸币。

3. 教师组织“买蔬菜”游戏。

游戏玩法：四人为一组，教师出示不同价签的物品，每个小组可以通过讨论给出对应的纸币。

4. 教师引导幼儿学会如何找钱。

（1）教师创设“收银员选拔”游戏情境，激发幼儿学习兴趣。

（2）教师创设不同的购物情境，引导幼儿学习理解。

① 小白兔买了三元的胡萝卜，给了收银员五元。

② 大灰狼买了七元的黄瓜，给了收银员十元。

③ 教师引导幼儿根据十以内的加减法，通过材料操作，得出最后的结论。

5. 教师组织“购物大比拼”游戏。

游戏玩法：将幼儿分为四个小组，每个小组一人扮演收银员，其余人扮演顾客；每个小组需要根据教师给出的采购清单，用正确的纸币买到对应的物品；收银员需要根据顾客的纸币，找给顾客正确的钱。每个小组需要买十件物品，用时最少的小组获胜。

（三）结束部分

1. 教师总结幼儿表现，表扬获胜组。

教师引导语：我们班的“小小采购员”今天的表现真不错，那我们去超市时一定要记住根据物品的标签给出对应的纸币，当然各位小朋友们也不要忘记拿走收银员找给我们的钱。

2. 教师播放整理音乐，幼儿整理活动场地。

五、活动延伸

将活动延伸至区域，让幼儿在“超市”继续玩购物游戏。

项目三 3

幼儿园生活课程

岗位要求

睡醒了，我也可以叠被子

幼儿园的午休时间结束了。小朋友们陆续从梦乡中醒来，睁开惺忪的小眼睛，坐在床上或站在床上，准备下床。王老师开始边唱儿歌，边叠被子。

叠被子，叠被子，
一边一边叠叠齐。
折叠整齐，收拾漂亮，
床铺整整齐。
轻轻捏，捏叠边，
别让它乱躺着。
叠好了，叠好了，
小朋友们，来帮忙，
一起动手叠被床。

小朋友们听到了王老师唱的儿歌，纷纷看向正在叠被子的王老师。小朋友或者模仿王老师，或者模仿同伴，也跟着开始叠被子。不一会儿大家都开始叠被子了。虽然有的小朋友叠得还不是非常整齐，但都在努力尝试。

过渡环节，我来帮忙抬桌子

马上要在活动室内举行戏剧表演活动了，需要在活动室内腾出一大片空间。几个小朋友不等老师说，就开始主动抬桌子，帮忙整理出一会儿活动所需的空间。几个刚刚到幼儿园观摩的实习老师看到了，就去帮小朋友抬桌子。一个小朋友说："实习老师，谢谢你，但是我和小强两个人就足够了，我们自己可以的。"这时，主班老师也走过来对实习老师说："没关系，你们观摩记录就可以，幼儿能自己做的事情，就让幼儿尝试自己做。"接着主班老师转头向小朋友说："小朋友，你们能主动抬桌子，清理游戏场地，真棒！"

一日生活中充满了适合幼儿学习和发展的机会。我国著名教育家陶行知创立的生活教育理论，其核心就是"生活即教育"。幼儿学习的对象往往来源于生活中的事物，生活中的事物也可以为幼儿提供丰富的知识和经验。陶行知先生曾这样说过："过什么生活便是受什么教育，过好的生活，便是受好的教育，过坏的生活，便是受坏的教育"。

《幼儿园教育指导纲要（试行）》和《3—6岁儿童学习与发展指南》等指导性文件也十分重视生活教育的价值。《幼儿园教育指导纲要（试行）》的总则部分指出，幼儿园应为幼儿提供健康、丰富的生活和活动环境，满足他们多方面发展的需要，使他们在快乐的童年生活中获得有益于身心发展的经验。《3—6岁儿童学习与发展指南》的说明部分指出，幼儿的学习是以直接经验为基础，在游戏和日常生活中进行的。要珍视游戏和生活的独特价值，创设丰富的教育环境，合理安排一日生活。《幼儿园教师专业标准（试行）》指出，教师要重视生活对幼儿健康成长的重要价值，积极创造条件，让幼儿拥有快乐的幼儿园生活。

教师应当培养自身在幼儿生活教育方面的教育意识，具备相关的知识和经验，以及设计和实施幼儿生活课程的能力。具体来说，教师应该在认识和理解生活课程有关理论知识的基础上，识别与选择幼儿园生活教育课程方案；能按照有关理论知识和幼儿发展实际情况，撰写幼儿园生活课程方案；能独立或者与他人合作设计和规划幼儿园生活课程，并在此基础上模拟实施这些课程，并进行课程的评价与反思。

要强调的是，上述岗位要求皆有可观察、可操作、可评价的具体任务与之对应匹配，详见"任务实施"部分。

学习目标

一、知识目标

1. 结合案例，识别并描述幼儿园生活课程的内涵、特点、功能和类型。

2. 结合案例，识别并描述幼儿园生活课程设计与实施的要点。

二、能力目标

1. 能根据一定的条件描述幼儿园生活课程的特点、功能和类型。
2. 能按照一定的理论知识，观摩、分析和评价幼儿园生活课程案例的优缺点。
3. 能设计和规划幼儿园区域课程，并模拟实施幼儿园生活课程。
4. 能借鉴和利用相关知识反思和完善幼儿园生活课程。

三、素养目标

1. 热爱学前教育工作，愿意学习并实践幼儿园生活课程的相关内容。
2. 自主与合作相结合，愿意协作和交流，乐于在小组协作中承担相应任务。
3. 感受优秀传统文化和幼儿园生活课程的融合，培养文化自信。

项目导学

本项目包括认识幼儿园生活课程、设计幼儿园生活课程和实施幼儿园生活课程三个任务。每个任务中包括任务情境、任务描述、任务准备、任务实施、任务评价等学习内容。

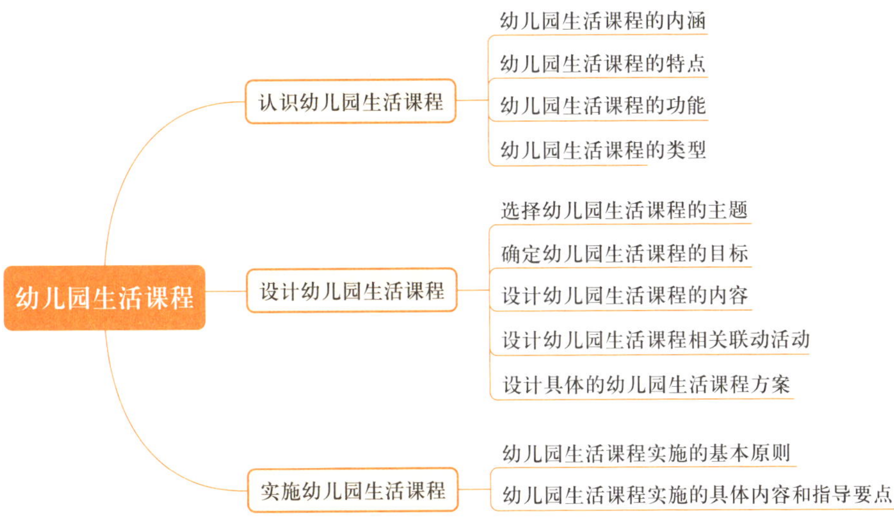

赛证要求

序号	文件	赛证要点	融合育人
1	《幼儿园教师专业标准（试行）》	重视生活对幼儿健康成长的重要价值，积极创造条件，让幼儿拥有快乐的幼儿园生活。 合理安排和组织一日生活的各个环节，将教育灵活地渗透到一日生活中。 充分利用各种教育契机，对幼儿进行随机教育	岗课贯通
2	《学前教育专业师范生教师职业能力标准（试行）》	能够安排和组织幼儿园一日生活的主要环节，具有将教育渗透一日生活的意识	
3	《中小学和幼儿园教师资格考试标准（试行）》	熟悉幼儿园一日生活的主要环节，具有将教育融入一日生活的意识。 了解幼儿生活常规教育的内容和要求，以及培养幼儿良好生活、卫生习惯的方法	课证融通
4	《福建省职业院校技能大赛（高职组）“学前教育专业教育技能”赛项规程》	幼儿园教育活动设计评分标准	赛课融合

任务 6 认识幼儿园生活课程

任务情境

情境 1：大班幼儿小强体型较胖，平时酷爱吃油炸食品和甜食，不爱吃蔬菜水果。今天中午幼儿园吃荔枝肉，他狼吞虎咽地把糖醋包裹的荔枝肉吃掉，剩下一大堆萝卜、洋葱等配菜。据他的奶奶讲，平时在家里，小强最爱吃的是炸鸡、汉堡和可乐。每天离园，小强的奶奶都会拿着可乐、小面包、小饼干和其他油炸或膨化食品。奶奶会乐呵呵地看着小强津津有味地把这些东西全部吃掉。

小强的运动能力不是很好。在户外活动时，别的小朋友都能在各种游戏活动中玩很久，而小强没跑两步就气喘吁吁、汗流浃背，不得不坐下来休息喝水。小朋友们有时会有意无意地说他是个小胖子。小强的奶奶说，小强的父母平时工作比较忙，没有时间带小强出去玩。小强平时在家里就是看电视、玩手机，很少运动或去户外玩耍。

情境 2：幼儿园中班有一个名叫小丽的女孩总是表现得很内向、胆小，从不主动与老师和小朋友交流，上课时也不主动回答问题，回答老师提问时很紧张，后来有的老师干脆就不叫她了，她自己则越来越沉默、孤独。随着时间的推移，小丽的内向和胆小表现逐渐加深。她在幼儿园参与的集体活动越来越少，常常选择一个人默默地玩耍。她偶尔会站在角落里，用眼神望向其他活泼的小朋友，却不敢加入他们的游戏。对于新的事物和陌生环境，她总是显得十分谨慎。

即使在小组讨论或合作活动中，小丽也不太愿意表达自己的意见。她总是担心自己的观点会被别人否定或嘲笑，因此她选择保持沉默。她渐渐产生了社交焦虑，害怕在人群面前露面，甚至担心会被他人评价或嘲笑。这一切使得她与同伴之间的联系变得更加疏远，她感受到了孤独和无助。幼儿园的老师们注意到了小丽的变化，他们开始采取积极的行动……

情境 3：自己吃饭对于小班幼儿小红来说是一个不小的挑战。小红之前吃饭都是大人喂。她奶奶说，孩子自己吃饭太慢了，喂她吃会快很多。来到幼儿园，小红意识到自己吃饭十分重要。小红不太熟悉正确的用餐姿势，无法熟练使用餐具，自己夹取食物也很困难。每当吃饭时，她总是很无助。有一次，在用餐时间，小红试图用筷子夹起米饭，结果米饭洒了一地。旁边的小朋友发出了一阵笑声，虽然不是恶意的，但小红感到有些难堪。

想一想，面对幼儿园一日生活中有上述种种问题的幼儿，你会怎么办？请从幼儿园生活课程的角度思考。

任务描述

本任务的核心为认识幼儿园生活课程。必要的理论知识和实践经验的准备与铺垫是不可或缺的。我们需要理解并掌握幼儿园生活课程的内涵、特点、功能、类型，并将理论知识运用到实习或见习等实践活动中，完成相关表单和任务，学以致用。

任务准备

一、幼儿园生活课程的内涵

幼儿园生活课程是通过聚焦幼儿在园一日生活中的各个环节和教育内容，有目的、有意识地挖掘其中各种有利于实现教育目标且有教育价值的教育资源和教育机会，形成幼儿感兴趣和符合幼儿全面发展需要的活动，引导幼儿积极参与其中的过程。幼儿园生活课程源自幼儿园一日生活。幼儿通过与一日生活中的人、事、物相互作用，从而获得有益于身心发展的经验。教师在此过程中起到非常重要的作用，是设计、组织和实施幼儿园生活课程的灵魂与核心。

幼儿园生活课程体现了一日生活皆课程的理念，其内涵影响十分广泛。从幼儿园生活课程的理念出发，幼儿的一日生活中存在诸多促进幼儿学习和发展的契机。从健康领域分析，幼儿园生活课程强调培养幼儿的生活自理能力，包括穿衣、洗手、吃饭、整理书包的能力等。通过生活活动，幼儿学会了照顾自己，增强了独立性。从社会领域分析，幼儿在生活课程中有机会与同龄人和教师互动，分享经验，学会合作与解决冲突，学习与他人交往的基本社交技能。从科学领域分析，幼儿园生活课程鼓励幼儿对环境产生兴趣，学会保护自然资源并回收利用，从而培养环保意识。从语言领域分析，通过生活中的实践体验，幼儿逐渐发展出积极的情感表达和管理能力，并学会与他人建立良好关系。幼儿园生活课程中的互动促进了语言发展，帮助幼儿提高表达和倾听的能力。

总之，幼儿园生活课程旨在通过日常生活中的多样化活动，培养幼儿的自主性、实践能力、社交技能、情感发展等多方面的综合素质，为他们未来的学习和生活奠定坚实的基础。这一课程注重幼儿在实际生活中的体验和参与，通过参与实践和亲身尝试，促进他们的全面成长。

二、幼儿园生活课程的特点

（一）教育性

幼儿园生活课程和幼儿的生活密切相关。幼儿园生活课程的设计和组织来源于幼儿生活中具有教育价值的片段或活动。因此，幼儿园的生活课程必须具备相应的教育性。在培养生活自理能力方面，幼儿园生活课程注重让幼儿学会穿脱衣服、用餐、洗手等生活技能。这些活动不仅教会幼儿实际操作技能，还培养了他们的独立性和自信心。在促进社会适应能力方面，幼儿园生活课程鼓励幼儿与同伴互动、合作和分享。这些社交活动帮助幼儿逐渐适应社会环境，提升与他人合作和交往的能力。在发展情感认知方面，幼儿园生活课程通过同伴交往等活动，帮助幼儿认识并表达情感，培养情感认知和情绪管理能力。例如，通过绘画、角色扮演等活动，幼儿可以表达自己的情感和想法。

（二）综合性

幼儿园生活课程的综合性体现在将幼儿的学习与生活有机地结合在一起，通过各种日常活动和体验，培养幼儿的多维能力和全面素质，促进幼儿全面均衡地发展。首先，幼儿园生活课程将不同领域的学习融入日常生活中，包括认知发展、情感社交、体育运动、艺术创造等，从而实现多领域整合。例如，通过户外游戏，幼儿可以锻炼身体，发展社交技能和认知能力。其次，幼儿园生活课程鼓励跨学科的学习，幼儿在实际活动中可以学习多个领域的知识与技能，实现多领域的教育目标。例如，在涂画活动中，幼儿不仅获得了颜色和几何形状的认知经验，还可以感受美、发现美。最后，幼儿园生活课程不仅传递知识，还注重培养情感和价值观。通过日常生活中的情感体验和实际情境中的道德选择，幼儿逐渐形成积极的情感和价值观念。

（三）情境性

幼儿园生活课程的情境性体现在通过创造各种真实或模拟的情境，让幼儿在具体的环境中学习和体验。这种情境性教学能够为幼儿带来可感、可知、可操作的具体形象的内容，符合幼儿学习的特点和规律，提供更具有意义和深度的学习体验。幼儿园生活课程的情境性教学在于创造多样的情境，使幼儿能够在具体的环境中进行学习和体验。这种教学方式有助于激发幼儿的兴趣和动力，提供丰富的学习体验，引导幼儿全面发展。例如，在娃娃家等角色模拟扮演活动中，幼儿在与他人或情境互动的过程中，学习照顾他人的知识经验和技能，感受到关心他人处境与体谅他人心情的社会性情感。又如，在种植区的真实情境中，幼儿能够通过感知和体验等方式获得植物种植和生长的经验，感受农业生产的辛劳和收获的喜悦，形成尊重他人劳动的积极情感。

（四）自主性和参与性

幼儿在生活课程中的自主性和参与性往往来源于他们对生活中各类事物的兴趣和自身发展的需要。这就要求教育者在设计和组织实施幼儿园生活课程时，积极考虑幼儿兴趣和发展的需要，鼓励幼儿积极参与，自主选择和决策，从而促进他们的主动学习。幼儿园生活课程强调培养幼儿的自主性，让他们在学习和活动中能够自主选择、决策和行动。课程鼓励幼儿根据自己的兴趣和需求，在有教育价值的学习内容中作出选择，激发他们的学习动力和主动性。幼儿园生活课程倡导幼儿积极参与各种学习和活动。这意味着幼儿不只是被动的接受者，而是课程的参与者和创造者。例如，在幼儿园的自由活动时间，幼儿可以自主选择他们想要参与的活动，如绘画、搭建、角色扮演等。幼儿自主选择要学习的技能，如系鞋带、穿扣子、擦桌子等。在种植活动中，幼儿自主选择种植的植物种类和种植方式，实际参与播种、浇水、除虫除草等种植活动。他们可以在各种活动中亲身体验，发挥创意，与他人合作，从而全面发展各方面的能力。

简而言之，幼儿园生活课程的自主性和参与性强调幼儿个体在学习和活动中的积极作用。通过提供选择、创造机会及鼓励主动参与，幼儿能够发展自己的学习兴趣、决策能力、创造力和合作技能，从而实现更全面的成长。

三、幼儿园生活课程的功能

（一）保护幼儿的生命和促进幼儿的健康

《幼儿园教育指导纲要（试行）》指出，幼儿园必须把保护幼儿的生命和促进幼儿的健康放在工作的首位。幼儿保护自己的意识和能力尚未发展完全，需要外部提供有保护的安全的环境。幼儿园的建筑物应符合国家和地方的建设规范，同时满足安全、卫生等方面的要求。必须定期进行检查和维护，以确保园舍的安全性。幼儿园的各项生活活动与幼儿的健康和生活品质息息相关。例如，在用餐时，食物的质量、餐具的使用方式及进餐规范都必须符合卫生和健康标准，在生活活动中，幼儿教师必须排除和避免损害幼儿身体健康的因素。幼儿的穿着是否适宜、穿戴是否得当，也需要教师按照健康保护的要求进行引导和监督。通过合适的保育方法，教师在日常生活中精心照顾幼儿，为他们的健康提供保障。在这个过程中，幼儿也逐渐学会了如何照顾自己。

（二）使幼儿保持积极愉快的心理状态

《幼儿园教育指导纲要（试行）》指出，幼儿园要让幼儿在集体生活中感到温暖，心情愉快，形成安全感、信赖感。具体来说，教师要给予幼儿积极的反馈和鼓励，让他们感受到自己的努力和行动受到认可。这有助于建立幼儿的自信心和积极的自我形象。教师要鼓励幼儿以合理的方式表达自己的情感，无论是快乐、悲伤还是愤怒。通过画画、说话、角色扮演等方式，让幼儿学会用语言和行为表达情感，从而减轻负面情绪。教师应当教导幼儿与同伴分享、合作解决问题。通过团体活动、小组合作等方式，引导他们感知友善和合作带来的积极愉悦感受。

举例来说，幼儿入园时，教师可以亲切地迎接他们，询问他们的情绪，鼓励他们分享自己的心情。幼儿离园时，教师可以与他们交流一天的活动，分享他们的成就和开心的事情，让他们离园时心情愉悦。在用餐环节，教师可以与幼儿一起制定愉快的用餐规则，或者在用餐前后设置有趣的餐桌互动游戏。同时，教师应给予幼儿积极、针对性的反馈，如赞美幼儿吃得好、吃得干净、不挑食等，让他们在用餐时感到愉快和自信。此外，在一日生活中，幼儿与同伴一起参与各项活动，在活动中学习合作、分享等，也有助于保持幼儿积极的情绪，引导幼儿形成良好、正向的情感。

（三）使幼儿养成良好的生活、卫生习惯

《幼儿园教育指导纲要（试行）》健康领域指出，幼儿园要引导幼儿养成良好的生活、卫生习惯，培养幼儿基本的生活自理能力。幼儿园一日生活课程对幼儿养成良好的生活、卫生习惯具有重要的价值，有计划、有规范的集体生活有助于塑造幼儿健康、自律和有序的生活习惯，为他们的全面发展打下坚实的基础。

例如，幼儿通过日常生活中的洗手、洗脸、洗头、如厕、穿脱衣物、进餐等活动，可以逐渐形成良好的卫生意识和卫生习惯。教师可以通过具体的生活活动引导

幼儿认识卫生的重要性。从小事做起，培养他们主动保持卫生的习惯，帮助他们掌握必要的生活自理技能。这有助于培养幼儿的独立性和自信心，使他们能够更好地适应日常生活。同时，幼儿园一日生活按照规定的时间表进行，帮助幼儿养成规律的作息习惯，能提高注意力和学习效率，有助于幼儿身心的健康发展。总之，通过幼儿园一日生活的各项活动，幼儿能够逐渐养成良好的生活、卫生习惯。这些习惯不仅有助于保障幼儿的健康和安全，还有助于培养他们的自我管理能力、社交技能和健康意识，为他们未来的成长和发展奠定良好的基础。

（四）培养幼儿体谅、关心他人等亲社会行为

幼儿园一日生活课程在培养幼儿体谅、关心他人等亲社会行为方面具有重要的价值。这种课程能够通过日常的互动、合作和分享等活动，促使幼儿形成积极的亲社会价值观，建立对他人的关心和体谅，为他们的社会适应能力和情感发展提供有力支持。

幼儿园一日生活课程中的各类活动，如合作游戏、集体活动等，能够促进幼儿与他人合作，学会分享资源和机会，培养他们关心他人、尊重他人的意识。教师可以鼓励幼儿倾听和表达，学习对他人的体谅。在幼儿园一日生活中，教师可以引导幼儿用友善的语言和行为对待他人，鼓励他们主动与他人交流，表达友好情感。通过教师的示范和引导，幼儿能够形成积极友善的态度。例如，在生日会、节日庆祝等活动中，教师可以引导幼儿通过制作礼物、互送礼物、送祝福等方式传递善意和友谊，使幼儿感知与他人之间的真诚情感。

总之，通过幼儿园一日生活课程的精心设计和实施，幼儿能够在实际情境中感知和体验亲社会行为的价值，逐步建立对他人关心、体谅、支持的认知和情感。这些亲社会行为不仅有助于幼儿社会适应能力和人际交往能力的提升，还为他们今后的成长和发展奠定了坚实的基础。

（五）培养幼儿良好的学习品质

《3—6岁儿童学习与发展指南》指出，幼儿在活动过程中表现出的积极态度和良好行为倾向是终身学习与发展所必需的宝贵品质。教师要重视培养幼儿的学习品质，要充分尊重和保护幼儿的好奇心和学习兴趣。幼儿园一日生活课程中蕴含大量的培养良好的学习品质的教育资源和教育机会。

例如，幼儿通过不断尝试，克服一定困难，终于学会了一些必备的生活技能，如系鞋带、自己吃饭、洗碗、系扣子、骑小车等。又如，大班幼儿在生活中，利用磁铁、网筛等材料，经过多次探究和尝试，终于创造性地制成“自动分料机”。由此可以看出，幼儿园生活课程有助于幼儿逐渐养成积极主动、认真专注、不怕困难、

敢于探究和尝试、乐于想象和创造等良好的学习品质。

四、幼儿园生活课程的类型

陶行知提出，生活即教育，社会即学校，教学做合一。从广义上来看，幼儿在园一日生活和活动的各个环节都有相应的教育价值，都属于广义的幼儿园生活课程的范畴。根据幼儿在园一日生活和活动的计划性、学习方式和功能等方面的不同，可以把幼儿园生活课程分为教育类课程、自由活动类课程、日常生活类课程三种。

（一）教育类课程

《幼儿园工作规程》指出：幼儿园的教育活动是有目的、有计划引导幼儿主动活动的、多种形式的教育过程。教育类课程与其他类型的幼儿园生活课程的不同之处在于其计划性、目的性较强，一般需要教师设计包含教育目标、活动内容、教育方法等预设要素的教学活动方案。比较常见的教育类课程包括集中教学活动、各类有组织的户外体育活动、各类主题活动、各类早操和课间操、幼儿值日和劳动活动等。

在设计教育类课程时，教师需要充分考虑幼儿的兴趣、发展需要和已有经验等因素，以确保幼儿在活动中展现出积极主动的参与状态。在实施教育类课程时，教师往往会采用游戏、示范、动手操作、创设情境等多种多样的形式，以符合幼儿学习的特点，促进幼儿全面发展和学习。

值得说明的是，相较自由活动类课程和日常生活类课程，教育类课程的教育目标、教育内容和教学方法等都是最清晰、最显性和最确定的。其教育的计划性、组织性和教师对活动的控制性也是相对较强的。此类课程具有最明显的教育功能。

（二）自由活动类课程

《幼儿园工作规程》指出：幼儿户外活动时间（包括户外体育活动时间）每天不得少于 2 小时，寄宿制幼儿园不得少于 3 小时。幼儿园课程中包含着大量引导幼儿自主选择、自由活动的课程。自由活动类课程为幼儿创设有利于自主探索、互动交流和综合发展的环境。通过各种自由活动，促进幼儿在情感、认知、社会性、动作技能等方面的全面成长和学习。比较常见的自由活动类课程包括各类户外自由游戏或活动、各类活动区和区角的自选活动、散步活动等。

自由活动类课程也具有一定的目标性和计划性，创设丰富的有教育意义和价值的环境是此类课程实施的关键。幼儿可以根据兴趣和需求，在一定的环境中和教师的引导下，自由选择参与各种活动，发展自己的个性和能力。此类课程注重培养幼儿的积极性、创造力、合作精神和问题解决能力，同时培养幼儿健康的生活习惯和良好的社会行为。

值得说明的是，自由活动类课程经常预先设定一些合理的教育目标、教育内容和教学方法。但具体到某次实际活动中，又显示出不确定性，常常会随着幼儿在课程活动中的具体行为表现而进行灵活的增减或调整。其教育的计划性、组织性和教师对活动的控制性相对弱于教育类课程。此类课程有较为明显的教育功能。

（三）日常生活类课程

日常生活类课程是指满足幼儿一日生活中正常生理需要的活动或其他一日生活中固定安排的活动。比较常见的日常生活类课程包括入园活动、如厕活动、盥洗活动、餐点和餐饮活动、睡眠活动、离园活动和幼儿园一日活动中的其他偶发事件等。

相较其他两类课程，日常生活类课程具有比较明显的保育功能。此类课程的主要功能在于满足幼儿正常的生理需要的同时帮助幼儿形成良好的生活习惯，培养幼儿一定的生活自理能力，因此兼具教育和保育的特征。与其他两类幼儿园生活课程不同，在组织实施日常生活类课程时一般需要厨师、保育员等相关工勤人员和教师互相配合。

值得强调的是，日常生活类课程虽然不像其他两类课程那样有比较清晰的教育目标，但蕴含大量的有利于幼儿身心发展的教育机会。例如，在餐饮环节，教师和保育员可以引导幼儿了解各类食物的营养价值，培养他们良好的饮食习惯，如饮食均衡、多吃蔬果等。幼儿可以在就餐环节学习使用餐具，自己动手盛饭菜，培养自我服务能力和生活技能。就餐时，幼儿有机会与同伴一起用餐，学习分享、交流，培养社交规则意识。教师可以引导幼儿学习基本的餐桌礼仪，如坐姿、用餐顺序等，培养文明餐桌行为礼仪等。这需要教师和保育员等相关人员互相配合，充分发挥这类课程的教育机会。

任务实施

本任务实施的核心是观察、搜集和识别分析幼儿园生活课程的典型案例。其依据是“任务准备”模块幼儿园生活课程的内涵、特点、功能、类型等理论知识。先搜集一个幼儿园生活课程案例，再运用上述理论知识对案例进行描述和分析。具体来说，需要学生在教师的说明和引导下，完成表6–1，并完成后续的交流分享和点评环节。

表 6-1　幼儿园生活课程识别分析表

<table>
<tr><td colspan="3">1. 结合“岗位要求”案例，指出符合或者违背幼儿园生活课程理念的言行。
（1）
（2）
（3）
（4）</td></tr>
<tr><td colspan="3">2. 请记录一个幼儿园生活课程的案例。可模仿“岗位要求”中两个案例的写法，真实、简洁，正反例均可。</td></tr>
<tr><td colspan="3">3. 从你自行搜集的或“岗位要求”场景“幼儿园生活课程”的两个案例中任选一个，完成下列表单。</td></tr>
<tr><td>是否符合幼儿园生活课程的内涵，并说明理由</td><td>是否具备幼儿园生活课程的特点，并说明理由</td><td>是否具备幼儿园生活课程的功能，并说明理由</td></tr>
<tr><td></td><td></td><td></td></tr>
</table>

任务评价

1. 请你对任务实施核心任务的完成情况进行自我评价。

学习任务	优	良	中	差
认识幼儿园生活课程	能依据幼儿园生活课程的内涵、特点和功能准确分析课程方案，并能有条理描述	能依据幼儿园生活课程的内涵、特点和功能较准确分析课程方案，并简要描述	能初步依据幼儿园生活课程的内涵、特点和功能分析课程方案，分析不够完整，描述的条理性不强	不能依据幼儿园生活课程的内涵、特点和功能分析课程方案，描述无条理性，甚至有错误

2. 针对表 6-1，你觉得自己还有哪些需要改进的地方？

存在的问题：

产生原因：

解决办法：

任务7 设计幼儿园生活课程

任务情境

今天中午，幼儿园组织自助餐活动。活动前，幼儿园通过组织集中教学活动、区域游戏活动、生活活动等，培养幼儿不挑食、荤素搭配等健康饮食的习惯。幼儿在选择自助餐的过程中，大多能根据健康饮食的要求，自主搭配出健康、营养均衡的套餐。吃完之后，幼儿不仅没有剩饭剩菜，还能够把自己的餐具送到指定的位置进行洗刷和消毒。有一个小朋友还兴高采烈地对老师说："老师、老师，我今天吃得特别多，我觉得自己搭配的饭菜吃起来最香，最好吃！"

幼儿园设计的自助餐活动很好地激发了幼儿的主动性，幼儿参与度高，活动大获成功。然而，这个活动为什么能够获得成功？我们能从这个案例中学习到哪些经验？幼儿一日生活中蕴藏着大量开展幼儿园生活课程的机会，我们如何挖掘和利用这些机会来设计幼儿园生活课程呢？

任务描述

本任务以幼儿园生活课程的设计为核心问题，包括选择幼儿园生活课程的主题、确定幼儿园生活课程的目标、设计幼儿园生活课程的内容、设计幼儿园生活课程相关联动活动、设计具体的幼儿园生活课程方案等知识。在掌握必要的理论知识和做好经验准备的基础上，我们将结合相关实习或见习等实践活动，运用相关理论知识，完成相关任务，学以致用。

任务准备

一、选择幼儿园生活课程的主题

幼儿园生活课程的主题在整个课程中起着至关重要的作用。生活活动的主题可以是生活中具有教育意义且符合幼儿兴趣的内容，如四季、天气、节日、健康、家庭、社区等。主题不仅为生活课程提供了整体框架和方向，还能够帮助幼儿开展有针对性的活动和学习，引导他们通过实践进行探索和发现。

选择幼儿园生活课程的主题应该考虑以下因素。

（一）幼儿因素

幼儿的年龄特点和发展阶段、兴趣爱好、生活经验是选择幼儿园生活课程主题需要考虑的首要因素。教师可以留心观察幼儿在日常生活中的行为和言语，注意他们对生活中的哪些事物感兴趣。例如，如果幼儿对动物和自然有浓厚的兴趣，则可以以“动物世界”或“探索自然”为主题，让幼儿通过观察、游戏和实践，了解不同动物和植物的特点。

（二）主题的教育价值

幼儿园生活课程的主题应当蕴含相应的教育价值，以体现活动的教育性和幼儿学习与发展的目的性及有效性。例如，在一日生活中能够培养幼儿健康的生活方式和生活习惯。在幼儿集体活动中能够发展幼儿的社交技能、规则意识，使其感受人与人之间的诚挚友谊等。

（三）可利用的环境资源

必要的环境资源是保证幼儿园生活课程开展的必要条件。幼儿生活中蕴藏着大量的适宜开展生活课程的环境资源。例如，可以以自然现象和景观、生活中常见的动植物等为主题，让幼儿感受大自然的多变和有趣，激发保护环境、爱护动植物的意识。

（四）社会生活中的热点事件

中大班幼儿往往会关注与自己密切相关的或自己感兴趣的生活中的热点事件，这些事件也是幼儿园生活活动主题的重要来源。例如，我国近年来航天事业快速发展，教师可以结合相关新闻报道，引导幼儿开展小火箭发射、小小登月车等生活游戏或制作活动。

二、确定幼儿园生活课程的目标

除了应考虑幼儿园课程目标的一般性要求，幼儿园生活课程目标的制定还应考虑以下有关生活活动的因素。

（一）针对幼儿生活中存在的各类问题设立教育目标

在生活中学习、在问题中学习符合幼儿直观形象思维的特点，能满足幼儿学习和发展的需要。设立幼儿园生活课程的目标应该考虑幼儿生活中存在的各类问题，以促进幼儿的全面且有效的学习和发展。优秀的教师善于从幼儿的日常问题中发掘教育机会。例如，针对幼儿生活自理能力不足、饮食习惯不良、同伴冲突等问题，可以设立初步的生活自理目标或建立良好的同伴关系的目标。

（二）通过一日生活活动促进幼儿学习和发展

课程目标规范了幼儿学习与发展的方向。不同于集中教学活动，幼儿园生活课程的目标往往是通过一日生活中的各类活动来实现的。因此，设立幼儿园生活课程目标时，要考虑是否能够通过生活活动来达成。例如，通过日常的小小值日生活动，培养幼儿初步的责任感；通过观察与记录豆类发芽的过程，培养幼儿的科学探究能力。

（三）通过生活活动培养幼儿良好的学习品质

《3—6 岁儿童学习与发展指南》指出，教育者应重视培养幼儿的学习品质。幼儿在活动过程中表现出的积极态度和良好行为倾向是终身学习与发展所必需的宝贵品质。幼儿园生活课程蕴含着大量培养幼儿学习品质的机会。例如，可以通过任务情境中的案例，分析活动是否可以培养幼儿良好的学习品质，并确定具体培养了哪些品质。此外，还可以通过教育实践、书籍阅读等途径，搜集有关培养幼儿学习品质的生活课程案例。

三、设计幼儿园生活课程的内容

（一）注意与课程目标的一致性

在设计幼儿园生活课程内容时，要确保所选择的内容能够帮助实现相应的生活课程目标。例如，如果幼儿园生活课程的目标是帮助幼儿养成良好的生活习惯和行为规范，幼儿园生活课程的内容就可以设计为教导幼儿学会自己洗手、整理书包，或者鼓励他们愿意分享玩具等活动。

（二）注意在幼儿园生活课程中渗透五个领域的核心经验

单独的幼儿园生活课程在幼儿园课程体系中并不常见，通常融合于集中教学活动、区域活动、户外活动、游戏活动等多种形式中。陈鹤琴先生曾做过这样的比喻，以论述五指课程论与幼儿生活的内在联系——如果说健康、文学、社会、科学、艺术是我们的五根手指，那么幼儿的生活就是手掌。就像手指长在手掌上，五指课程也从幼儿的生活中生发。因此，幼儿园生活课程的具体内容要紧紧围绕五个领域的核心经验，不必追求标新立异，而是要让五大领域的教育活动与幼儿已有的生活经验相结合，使得各领域活动有明显的生活痕迹。

（三）内容选择要贴近幼儿的“最近发展区”

《幼儿园教育指导纲要（试行）》指出，幼儿园教育活动内容的选择既应适合幼儿的现有水平，又应有一定的挑战性；既应满足幼儿的现实需求，又应有利于其长远发展；既应贴近幼儿的生活选择幼儿感兴趣的事物和问题，又应有助于拓展幼儿的经验和视野。幼儿园生活课程的内容来源于幼儿生活，但应该有教师有意识的设计，不宜在幼儿已有的认知经验范围内进行低水平重复。例如，幼儿在日常生活中偶尔感受到静电，在幼儿园的教学活动中就不能只引导幼儿重复性地感知静电，而是要在此基础上进行拓展。可以引导幼儿探索发现如何产生及消除静电，如何运用静电现象做有趣的游戏，静电在生活中的运用等，以激发幼儿兴趣，拓展幼儿的经验和视野。当然，内容选择不能过于超出幼儿的经验水平，要贴近幼儿的“最近发展区”。

四、设计幼儿园生活课程相关联动活动

在设计幼儿园生活课程过程中，应考虑设计区域活动、教学活动、家园共育活动等相关联动活动，以践行一日生活皆教育的教育理念，综合运用不同的教育方式，

使之形成教育合力，最大限度地发挥幼儿园生活课程的教育价值。例如，在饮食活动中，发现幼儿有浪费粮食的现象，不能只进行简单的口头教育，可以设计如下的相关联动活动。

（一）区域活动

可以在阅读区投放有关节约粮食的图书读本。引导幼儿阅读相关儿童文学作品，使其感知粮食的来之不易，珍惜农民伯伯的劳动成果。可以根据节约粮食的图书读本制作故事剧本，在故事表演区引导幼儿进行相应的角色表演，通过故事表演游戏的方式培养幼儿节约粮食的习惯。可以在种植区种植西红柿、玉米等，引导幼儿参与播种、育苗、浇水、捉虫、收获、制作食物等环节，充分感知食物生产和制作的过程。

（二）教学活动

教师结合区域活动，可以开展丰富多彩的节约粮食主题活动。如语言活动“说说我们的粮食从哪里来”、科学活动“种玉米”、健康活动“我不挑食”、社会活动“珍惜粮食好榜样”。教师也可以运用社区教育资源开展教学活动，如组织幼儿参观粮食收割的现场和加工的场所等。

（三）家园共育活动

教师应该与家长充分沟通，引导家长在家庭中给幼儿树立榜样。同时，教师自己也要节约粮食，避免浪费。家长可以从自身做起，科学安排家庭膳食，保证食材新鲜，尽量少煮多吃等，避免剩饭剩菜，并对幼儿进行引导，告诉他们粮食来之不易，需要珍惜。家长还可以和幼儿一起购物、烹饪，让他们感受到节约粮食的重要性。

五、设计具体的幼儿园生活课程方案

幼儿园生活课程内涵广泛、类型多样，没有统一的幼儿园生活教育活动方案格式。在撰写具体的幼儿园生活课程方案时，可以参考一般的集体教学活动的设计方案，包括活动名称、活动目标、活动准备、活动过程、活动延伸等部分。设计具体的幼儿园生活课程方案时，需要按照本任务“任务准备”的相关知识进行分析，以体现幼儿园生活课程的理念。

案例

幼儿生活活动：珍惜粮食

一、活动目标

1. 感知粮食的生长过程，知道粮食来之不易。

2. 在自助餐游戏中能以少拿多次的方式完成活动。

3. 感受光盘行动的喜悦。

二、活动准备

教学 PPT，农民生产粮食实况视频或图画，大米等食物的模型。

三、活动过程

1. 观看图片，谈话导入。教师提问：你觉得这样好吗？为什么？

教师提问：小朋友们说说我们做饭的大米是从哪里来的？

2. 认真观看农民播种等从事粮食生产的视频，启发思考，教师提出如下问题。

（1）视频中的农民伯伯在干吗？你觉得他累不累？

（2）视频中的农民伯伯耕种的是什么？

（3）水稻如何变成香喷喷的大米饭？

3. 观看农民播种等从事粮食生产的视频，教师根据本班级幼儿的共性特征及个体差异，对视频进行暂停或播放，结合剧情节点，在幼儿已有经验上进行选择性互动提问教学。

教师总结：小朋友们，农民伯伯种粮食非常辛苦，从播种到锄草、施肥、收割，不知洒下了多少汗水。他们晒黑了脸，累弯了腰，两手磨出了厚厚的老茧，才能收获粮食，我们要做珍惜粮食的好孩子，不能浪费。

4. 教师提问：为了节约粮食，我们应该怎样做？

教师引导幼儿总结：粮食来之不易，是农民伯伯辛苦种出来的，因此用餐时我们一定要吃完自己的饭菜，不浪费粮食，能吃多少盛多少。

5. 教师和幼儿一起玩自助餐游戏。

（1）教师向幼儿做示范，示范的要点为少拿多次。

（2）教师请做得好的幼儿上台演示，为其他幼儿树立榜样。

（3）4～5 人一组，分小组进行自助餐游戏。

6. 教师和幼儿一起朗读儿歌，对活动经验进行总结。

白花花的大米哪里来？

金灿灿的稻谷长在田埂。

金灿灿的稻谷哪里来？

农民伯伯种出来，
辛勤劳作换丰收，
爱惜粮食我最棒。

四、活动延伸

1. 在娃娃家的区域游戏中投放相关材料，继续支持幼儿自助餐游戏的开展。
2. 鼓励幼儿在幼儿园午饭时少拿多次，不剩菜剩饭。
3. 家园合作，鼓励幼儿将“我不剩饭”的良好行为展现给家长。

任务实施

本任务实施的核心任务是分析、设计并评价幼儿园生活课程的典型案例（静态教案），其依据是“任务准备”模块选择幼儿园生活课程的主题、确定幼儿园生活课程的目标、设计幼儿园生活课程的内容、设计幼儿园生活课程相关联动活动等理论知识。先分析一个幼儿园生活课程案例，再运用上述理论知识设计一个幼儿园生活课程案例。

子任务 7-1：请结合幼儿园生活课程的相关知识，认真分析幼儿园生活课程案例“幼儿生活活动：珍惜粮食”，并完成表 7-1。

表 7-1　幼儿园生活课程案例的设计分析表

评价内容	评价指标	分析与举例说明
主题产生	是否考虑下列因素： ① 幼儿因素； ② 主题的教育价值； ③ 可利用的环境资源； ④ 社会生活中的热点事件	
课程目标	是否有助于达成下列目标： ① 解决生活中的各类问题； ② 促进幼儿学习和发展； ③ 培养幼儿良好的学习品质	

续表

评价内容	评价指标	分析与举例说明
课程内容	是否体现了下列内容： ① 与课程目标的一致性； ② 五个领域的核心经验； ③ “最近发展区”	
联动活动	是否包含下列活动： ① 区域活动； ② 教学活动； ③ 家园共育活动	

子任务 7–2：根据表 7–1 中的主题产生、课程目标、课程内容、联动活动四个方面的评价指标，设计一个幼儿园生活课程方案，形式不限。

任务评价

请依据下表对子任务 7–2 完成情况进行自我评价。

幼儿园生活课程设计核对表

学习任务	优	良	中	差
设计幼儿园生活课程	能依据幼儿园生活课程的主题，确定幼儿园生活课程的目标，设计幼儿园生活课程的内容，设计幼儿园生活课程相关联动活动，准确地分析并合理地设计具体的幼儿园生活课程方案，并有条理地描述	能依据幼儿园生活课程的主题，确定幼儿园生活课程的目标，设计幼儿园生活课程的内容，设计幼儿园生活课程相关联动活动，比较准确地分析并较为合理地设计具体的幼儿园生活课程方案，并简要描述	能初步依据幼儿园生活课程的主题，确定幼儿园生活课程的目标，设计幼儿园生活课程的内容，设计幼儿园生活课程相关联动活动，分析具体的幼儿园生活课程方案，但存在分析不够完整、方案设计不够合理等问题	不能依据幼儿园生活课程的主题，确定幼儿园生活课程的目标，设计幼儿园生活课程的内容，设计幼儿园生活课程相关联动活动，分析具体的幼儿园生活课程方案，描述无条理性，甚至有错误

任务 8　实施幼儿园生活课程

任务情境

情境 1：一个阳光明媚的早晨，大班的幼儿们在户外自由活动区尽情地奔跑、跳跃。小强突然感觉到鼻子有些发痒，不经意间，一个鼻涕泡冒了出来。小强有些尴尬，他快速地用手背轻轻抹了抹，但鼻涕泡却变得更大了。实习教师王老师迅速走到了小强身边，从口袋里拿出一包纸巾，抽出一张，替小强擦掉了鼻涕，然后把鼻涕纸扔到垃圾桶中。有几个小朋友看到了，笑嘻嘻地说：“哈哈，你都多大了，还要老师帮忙擦鼻涕！”

情境 2：小强（男孩）和小丽（女孩）打架了，黄老师罚他们看沙漏。小强先动的手，看大沙漏（十分钟）；小丽还手，看小沙漏（五分钟）。五分钟后，小丽看完了；又过了不到 2 分钟，小强也看完了。黄老师说：“你怎么这么快就结束了？是不是你把沙漏反过来了（在不到五分钟的时候）？”小强不说话，黄老师让小强再次把沙漏转过来，重新开始计时。小强照做了。黄老师说：“老师没有冤枉你。因为沙漏开始计时时，有字的这一面朝上，现在却是有字的一面朝下，可见你把沙漏反过来了。每个人都有生气的时候，当别人惹我们生气的时候，好好与对方沟通是不是会更好呢？”小强抬头看看黄老师，点点头。这次，在看沙漏时，小强轻轻拍打沙漏，好像希望沙流得快一点。黄老师看到了，问他说：“这样会更快一些吗？”小强又尝试拍了几次，仔细地看了看，对黄老师说：“我一拍，这个流动的小沙柱就会断一下，好像不会更快……”

想一想，在情境 1 中，如果你是小强的老师，也会像王老师那样做吗？在情境 2 中，黄老师的做法有哪些值得学习之处？这些问题都和幼儿园生活课程的实施相关。要想回答这些问题，更好地通过生活活动促进幼儿的学习和发展，就要完成幼儿园生活课程实施的相关学习任务。

任务描述

本任务以幼儿园生活课程的实施为核心问题，包括幼儿园生活课程开展和实施的基本原则，幼儿园生活课程实施的具体内容和指导要点等知识。在掌握必要的理论知识和做好经验准备的基础上，我们将结合相关实习或见习等实践活动，运用相关理论知识，完成相关任务，学以致用。

任务准备

一、幼儿园生活课程实施的基本原则

（一）教育和保育相结合的原则

“保教结合”是幼儿园教师工作的显著特点，是学前儿童的身心发展特点所决定的。学前儿童还不具备足够的生活常识和自理能力，因此与其他教师相比，幼儿教师需要更全面、细致地关心幼儿的日常生活。然而，这并不意味着教师要对幼儿的生活进行“包办代替”。有些教师误解了“保教结合”的含义，将本该幼儿学习掌握的事情代替他们完成。例如，幼儿在如厕时不知道如何进行擦拭，教师直接帮忙擦拭，却不引导幼儿掌握擦拭的方法和技巧。又如，一些小班幼儿尚未掌握使用勺子的技巧，吃饭较慢，教师就喂饭，同时催促他们吃快点，却没有引导幼儿学习如何正确使用勺子。这种做法既给教师带来了沉重的负担，也限制了幼儿的自由和舒适感。教师感到压力，幼儿则会感到束缚。教师的紧张情绪也会影响到幼儿的轻松感。

生活类的课程中存在很多教育机会，教师要注意挖掘。例如，在户外体育活动“老鹰捉小鸡”中，其教育价值不仅在于让幼儿通过跑跳、出汗、擦汗、喝水等活动促进身体发育，还可以通过引导幼儿理解和遵守游戏规则，使用加速、旋转、改变方向、抓、胜利等词语描述游戏的规则、过程和结果，从而锻炼幼儿的语言表达能力。甚至可以引导幼儿感知大自然中弱肉强食的自然法则，以及人类社会中亲代对子代无私爱护的人性之美。又如，在室外种植区活动“玉米长出来了”中，教师除

引导幼儿参与浇水、松土、施肥、除草等体力劳动外，还要引导幼儿观察和描述玉米从发芽、成长、结果到收获的整个过程，并引导幼儿使用对话、绘画等多种方式表达他们的感受，从而培养幼儿热爱自然、尊重劳动的真实情感。总之，在类似的使幼儿身体得到活动和锻炼的活动中，教师应设计相关活动，发挥其中蕴藏的教育价值。

（二）重视心理健康的原则

《幼儿园教育指导纲要（试行）》指出，幼儿园要建立良好的师生、同伴关系，让幼儿在集体生活中感到温暖，心情愉快，形成安全感、信赖感……在重视幼儿身体健康的同时，要高度重视幼儿的心理健康。重视心理健康的原则要求教师在幼儿园日常生活活动的安排和实施中，满足幼儿的情感需求，让他们感受到关怀和爱护，创造出温馨和安全的环境。

幼儿园是幼儿走出家庭、迈向社会的最初阶段，也是他们社会化进程的重要部分。从熟悉温暖的家庭脱离出来，进入幼儿园的新环境，对幼儿的心理发展是一个新的机遇和挑战。确保幼儿在幼儿园生活中能够感到温暖和安全，迅速建立新的情感联系，是教育工作的重要任务。与幼儿对父母的依恋一样，他们对与之长期生活在一起的成人也会产生自然而强烈的情感依赖。这种情感依赖是幼儿成长和发展的必要条件。相关研究表明，幼儿较高级的认知和学习能力的发展往往建立在让幼儿感到温暖、安全和舒适的心理环境之上。在幼儿园中，教师是幼儿的重要他者。幼儿渴望与教师建立情感上的紧密关系，期望得到教师的喜爱和关怀。因此，教师在开展和实施幼儿园生活课程时，不仅要在幼儿饮食起居等方面提供必要的照顾和引导，还要在情感上给予幼儿关爱与支持，逐步建立幼儿和教师之间、幼儿和幼儿之间的温暖而信任的情感纽带。具体来说，教师应该注意以下三点。

1. 在一日生活中注意自身情绪的调整

观察和模仿是幼儿的天性，成人的言行举止都会对幼儿产生影响。假如教师将生活中的消极情绪带入幼儿园，并通过言行表现出来，很可能被善于观察的幼儿感知，从而引发他们内心的不安或恐惧。在当代社会心理问题普遍化的背景下，幼儿教师应积极关注自身的心理健康。教师可以通过自我意识与反思、适量运动、选择健康生活方式、与幼儿互动、学习情绪管理技巧等方式，建立更积极阳光的心理状态。必要时，教师也可以寻求专业人士的帮助。总之，教师良好、健康和阳光的心态是创造温馨和安全环境的重要保障。

2. 注意观察幼儿的情绪表现，合理使用肢体动作

每个幼儿都有独特的个性特征。教师应该在幼儿一日生活中细心观察幼儿的各种表现，及时发现他们情绪上的异常，关注并走进幼儿独特敏感的内心世界，适时

给予相应的指导和干预。在这一过程中，合理使用抚摸、拥抱、蹲下与幼儿视线平齐等肢体动作和交流方式，能快速拉近与幼儿的心理距离，使幼儿感到被重视和爱护，往往能够使幼儿哭闹等问题更快解决，有助于幼儿形成安定愉快的情绪。

例如，王老师听到刚刚结束午休的小班幼儿强强哇哇大哭起来，就先让保育员组织引导其他幼儿起床穿衣服，然后快速走到强强的床前，蹲下身与强强平视，一边抚摸他的头发，一边用纸巾帮他擦鼻涕和眼泪，温柔地问强强发生什么事了。原来，强强是想念奶奶了，想尽快回家见到她。王老师首先赞扬了强强，说想念奶奶是好孩子的表现，说明他是内心善良、有爱的孩子。然后又做了适当引导："一会儿我们要画画。强强喜欢画画对吧，你可以画一个你最喜欢的小狗，回家的时候送给奶奶。"强强很快不哭了，穿好衣服和鞋，准备参加接下来的活动。

3. 理解、包容幼儿的一些独特言行

由于年龄、个性特点、家庭环境和教养方式的不同，幼儿常常会表现出一些容易引起误解或不符合社会常规的言行。对于这些言行，教师要结合幼儿的特点进行理解和包容，不能像条件反射似的，被幼儿某些特定的言行所激怒，从而失去自身言行的合理性，同时失去采用适宜的方式教育引导幼儿改正错误的可能。教师也要思考和区分这些言行产生的原因，针对不同原因采取相应的教育策略。

例如，小班幼儿可能会出现尿裤子或尿床的现象。针对这种由幼儿生理发展等客观因素引起的行为，教师应当以一种尊重和理解的态度去处理，不宜指责，更不能在其他幼儿面前取笑或批评，要多站在幼儿的角度思考问题，及时引导幼儿更换衣物，帮助幼儿化解尴尬。同时，教师可以鼓励幼儿大胆表达排尿的需求，也可以与家长私下沟通，分析行为产生的具体原因，通过医疗、教育引导等方式尝试解决此问题。又如，当幼儿在公共场合说脏话时，教师应当适度批评和引导，帮助他们认识到不当用语的不良影响。同时，教师可以通过适当的方式同幼儿家长沟通，反馈相关情况，引导家长反思原因，并共同规范幼儿的文明用语。

（三）语言引导和实际操作相结合的原则

在幼儿生活教育中，语言引导和实际操作相结合是一种有效的教育方法。在引导幼儿理解和掌握生活技能方面，使用语言引导和实际操作相结合的方法往往能起到很好的效果。

在实际操作中，教师可以创设情境，让幼儿在真实的环境中学习和应用知识与技能。教师应使用简单明了、容易理解的语言，避免使用复杂的词汇或抽象的概念，以便幼儿能够听懂并理解。教师不仅要用语言引导，还要通过自身的示范和实际操作来展示正确的方法与步骤。这样可以更直观地将学习内容呈现给幼儿，有助于他们模仿学习。同时，教师要注意将复杂的任务分解为一系列简单的步骤，并逐步引

导幼儿完成。教师可以在引导过程中详细说明每个步骤的具体动作和顺序。当复杂的一连串动作被分解为单个的简单动作之后，教师还要鼓励幼儿积极参与实际操作，让他们动手实践。实际操作能够帮助幼儿更好地体验和记忆所学内容。在操作过程中，教师要积极鼓励幼儿提出问题，可以借此机会进行针对性的语言引导，帮助他们解决问题。最后，在实际操作后，教师要及时给予肯定和鼓励，同时指出幼儿做得好的地方和需要改进的地方。这样有助于幼儿更好地认识自己的进步和不足。

例如，王老师对大家说："小朋友们好！现在快到午餐时间了，我们要先洗手。你们知道为什么要洗手吗？"其中一个小女孩举手说："因为要去掉细菌！"王老师笑着点头："对，太棒了！洗手可以帮助我们去掉细菌，保护我们的健康。"王老师继续说："现在让我来示范正确的洗手步骤。首先我们要用水把双手打湿，然后取一点肥皂涂在手上。"王老师边说边示范，小朋友们都看得很认真。他继续说："接下来，搓揉双手的掌心、指缝、指尖，搓到肥皂起泡泡。"王老师生动的语言和动作让小朋友们兴奋不已、跃跃欲试。然后王老师说："现在，轮到大家实际操作了！看看谁能把手洗得最干净！"小朋友们兴致勃勃地开始洗手，有的认真地搓揉双手，有的欢快地唱着洗手歌。不久后，洗手完成了。王老师站在一旁，鼓励地说："太棒了，你们做得很好！现在你们的手已经变得干净又香香的了。以后我们都在饭前洗洗手好吗？"小朋友们答应了老师，都高兴地笑着，互相展示着干净的双手。

（四）发展的适宜性和自主性相结合的原则

在幼儿生活教育中，将发展的适宜性和自主性相结合是十分重要的。把握好为幼儿提供生活上的照顾和引导他们在生活活动中发展自主性这两个因素的平衡，有助于促进幼儿参与活动的主动性，进而促进幼儿的全面发展。在组织、实施和安排幼儿生活的常规过程中，适宜的发展要求幼儿园充分考虑幼儿的年龄特点和身心发展规律。此外，教师还应平衡生活规则的规范性与幼儿天性中的活泼好动，以及照顾幼儿的日常生活和培养他们独立性之间的关系。

教师需制定必要的生活活动常规，以保障生活课程顺利进行和幼儿活动的有效性。然而，过于严苛或过于放任的活动常规都会影响幼儿教师教学的效果和幼儿在生活活动中学习与发展的效果。如果幼儿生活活动中的规则条目过于繁杂、严苛，则往往会引发限制幼儿学习的主动性、加大幼儿教师工作负担的问题。教师和幼儿需遵守繁杂且无必要的各项规则、耗费大量时间和精力，限制了本来应该用于大胆探索和尝试的机会，从而丧失相关的学习经验，降低活动效果。例如，排队做操静立等候时不能左顾右盼，严禁交流说话；有些小朋友午睡醒来时间比较早，想出去自由活动，却被教师强制要求继续在床上躺着，不许乱动；将所有幼儿都安排在固定的时间上厕所；施加心理压力，隐性地限制幼儿吃饭的时间。这些规则偏向成人视角，规则和要求也过于统一，缺少个性化考量，忽视了幼儿自主自由地学习和活动的需要，在某种程度上偏离了以“幼儿为本”的教育观。

生活活动常规的制定应以促进幼儿身心全面健康的发展为目标，而非限制幼儿通过生活活动中各种生动场景进行观察、学习与交流的机会。制定的规则应促进相关活动的进行和发展，让幼儿感受到规则的必要性及其对活动本身的意义。通过这种方式，引导幼儿在真正认可规则的基础上，愿意自觉遵守规则，减少外部不必要的强制压力对幼儿自主性的限制。例如，排队做操静立等候时允许幼儿小声交流；允许个别不需要过多午休时间的幼儿在不影响他人休息的情况下自由活动；允许幼儿自由地上厕所，不限制如厕次数；等等。

同样，教育者也要在照顾幼儿的日常生活和培养他们独立性之间找到平衡。学前教育阶段是培养幼儿自我服务意识和生活自理能力的重要时期。幼儿经历了从家庭到幼儿园的社会环境的重大变化，开启了新的社会化进程。在一日生活中，幼儿通过积累生活经验，学习生活技能，形成生活自理能力。这对于幼儿自我意识和独立性的形成具有关键意义，将深远地影响日后的社会化和个人成长进程。

在幼儿园生活课程实施过程中，照顾幼儿、提供必要的保育服务是教师的工作职责之一。这就要求教师要创设有利于幼儿生存发展的环境和必要的物质条件，关注并满足幼儿各种必要的生理需要，精心照顾和养育幼儿，促进其身心的全面、健康发展。但是，照顾并不等于代替去做，过分的照顾可能导致幼儿对教师的过度依赖，阻碍独立自主和生活技能的培养。因此，我们应该尽可能地让幼儿去做他们自己能够做的事情。教师需要时时在内心默念这样一句话：“接下来将要进行的活动幼儿可以自己做吗？我作为教师如何引导幼儿自己做？哪些活动可以引导幼儿自己做？从培养幼儿的自主性出发，我可以设计哪些活动？”例如，教师可以组织一些班级服务活动，鼓励幼儿学习独立自理。在用餐时，教师可以引入自助餐，让幼儿自行选择食物的数量，从而培养他们的自主能力。在日常活动中，通过设立轮值制度，培养幼儿的生活技能，让他们不仅能学会自我服务，还能学会为他人提供帮助。

二、幼儿园生活课程实施的具体内容和指导要点

幼儿园生活课程包括入园接待与晨检、早操、有组织的教育活动（集中教学活动、区域活动、有组织的户外体育活动和游戏活动）、过渡活动、自由活动、餐饮活动、盥洗与如厕、睡眠、离园。幼儿园生活课程实施的具体内容和指导要点如下。

（一）入园接待与晨检

幼儿一日在园学习与生活始于入园环节，这一环节常常会影响幼儿在园一整天

的状态。因此，入园接待与晨检环节能够引导幼儿从家庭中的私人生活状态转化为在幼儿园的集体生活状态。入园接待和早晨的活动具有重要意义。教师应该用热情而温暖的情感欢迎幼儿，同时设计让他们感兴趣的活动，以确保他们一天开始时的心情愉快、积极向上。总之，入园接待与晨检虽然不是幼儿教师专门设计的教育活动，但其中蕴含着很多教育机会。幼儿教师应当做好入园接待与晨检工作，并发挥其相应的保育和教育功能。

1. 入园接待

做好幼儿入园接待工作，教师应注意以下事项。

第一，教师要以亲切、友好而积极的态度接待幼儿。教师可以先向幼儿问好，并引导幼儿向老师和其他幼儿问好。问候的礼仪可以通过一日生活中的游戏、教学等环节对幼儿进行教育和渗透。在简单的问候中，教师展现出的亲切、友好、积极的态度有助于培养幼儿的积极情绪，让他们在幼儿园中感到温暖，产生愉快的心情，形成对教师和园所环境的安全感、信赖感。

第二，教师应热情、礼貌地向接送幼儿的家长问好。在时间允许的情况下，教师可以主动向家长询问近期幼儿在家的情况，简单观察幼儿的身体和精神状况。听取家长的要求和意见，及时交换双方需要沟通的问题，尤其是做好个别幼儿的药品交接工作。

第三，利用晨间接待的机会。教师可以与幼儿亲切交谈，了解他们在家的情况，有计划地进行个别教育。对不爱活动、性格孤僻的幼儿要具体关照，给予帮助。教师要注意观察幼儿的身体和精神状况，发现异常情况时，及时询问或者与家长沟通，确定合适的处理方法。

2. 晨检

晨检是确保幼儿健康和安全的重要环节。通过严谨的晨检流程，幼儿园可以及早发现和应对幼儿健康问题。在此过程中，教师或保健医生应注意以下事项。

首先，认真仔细地进行检查。相关人员需要仔细观察每个幼儿的状态，确保不遗漏任何细节。重点观察幼儿的面色是否红润、精神是否饱满、眼睛是否有异样。还要检查皮肤状况、体温是否正常，在需要的情况下，使用非接触式体温测量仪测量幼儿的体温。关注幼儿是否有头痛、肚子痛等不适症状。上述这些症状可能表明幼儿存在健康问题。如果发现多名幼儿出现相似症状，则要及时通知园领导和家长，以便采取集体预防措施。

其次，注意与幼儿的交流。了解幼儿的前一天晚上是否有特殊情况，如发热、咳嗽等。同时，将每个幼儿的晨检情况记录下来，以备后用。适时向幼儿传授简单的健康常识，如如何正确咳嗽、洗手等，以养成良好的卫生习惯。晨检是隐私性较强的活动，教师应该保持适当的距离，尽量创设相对封闭的空间，确保幼儿的尊严和隐私。

最后，询问或检查幼儿是否携带危险物品，并引导幼儿整理收纳衣物等相关物品。当幼儿从家里前往幼儿园时，他们往往会穿外衣、带书包，来园后需将这些物品安放到指定的地方。例如，幼儿可以自己脱掉外衣，然后整理好，将鞋子放在指定的地方，将书包或其他物品放在各自的存放位置。在小班，教师应引导或帮助幼儿整理，而在中、大班，幼儿可以尽量独立完成这些任务，教师进行辅助和指导。

（二）早操

教师组织幼儿园早操活动时，在早操活动前、活动中、活动后三个阶段需要注意以下要点。

在活动前，教师必须把幼儿的生命安全和健康放在首位。教师应确保活动场地平整无障碍物，检查器材是否安全可用。安排短暂的热身活动以帮助幼儿为运动做好准备，并确保活动内容多样化，涵盖伸展、跑步、跳跃等。此外，教师可以通过示范正确动作，帮助幼儿学习并掌握正确的运动技巧。

在活动中，教师应当密切关注每位幼儿的活动参与情况，了解幼儿的体能水平、兴趣爱好，根据不同情况给予个体化的指导和鼓励。在活动中，确保幼儿的安全是至关重要的，教师要预防任何可能的碰撞或跌倒事故，提前做好安全预防措施。教师的积极引导和鼓励对幼儿的积极参与至关重要。通过称赞、肯定和鼓励，增强幼儿的运动兴趣，激发他们的参与热情。活动中的运动项目可以适度挑战幼儿的能力，促使他们努力尝试新的动作和技巧。但要确保挑战不过于艰难，避免引发挫折感。此外，在活动中可以鼓励幼儿之间的互动交流，如组织小组竞赛、合作游戏等，以培养幼儿的合作精神和团队意识。

在活动后，教师应为幼儿提供水分补充，确保幼儿在活动后有足够的水分摄入，并安排短暂的休息时间，帮助幼儿放松身体。教师可以与幼儿分享活动成果，鼓励他们表达自己的感受。通过观察幼儿活动后的表现，教师可以了解他们的身体状态，并评估活动效果，根据反馈进行调整。

通过在活动前、活动中和活动后的各个阶段关注上述要点，可以确保幼儿园早操活动的顺利开展，使幼儿在愉快的氛围中得到身体锻炼和积极体验。

（三）有组织的教育活动

有组织的教育活动指教师根据既定的教育目标和计划，综合考虑幼儿兴趣、年龄特点，在特定的时间和空间内，有意识地设计、引导、组织各种学习和体验活动，以促进幼儿的综合能力发展和学习成长。这些活动涵盖认知、情感、动作技能等多个方面教育目标的实现，通过有计划的方式，引导幼儿积极参与，达到预期的教育效果。有组织的教育活动能够为幼儿创造丰富的学习环境，提供具体的学习内容和机会，促使幼儿获得知识、技能和价值观，从而促进其全面成长和发展。

有组织的教育活动的实施需要遵循一些指导要点，以确保活动的有效性和教育效果。具体内容如下。

活动开始前，教师需要明确活动的教育目标和计划，确保活动的目的清晰明确，有针对性。在教学内容方面，要选择符合幼儿年龄和发展水平的内容，以保证幼儿的参与度和兴趣，使每个幼儿都能获得相应的发展。在教学形式和方法方面，教师应灵活地选择集体、小组和个别的活动组织形式，通过合理地使用示范操作、激励和表扬等方式，鼓励幼儿参与和尝试，提升他们的学习兴趣和自信心。教师应积极引导幼儿参与活动，鼓励互动和合作，提供适当的问题和激发思考的机会。

此外，教师要考虑幼儿的个体差异性，在活动中提供适当的选择和调整，以满足每个幼儿的学习需求。教师还要关注教育中的情感因素，创建积极、支持性的情感氛围，让幼儿感到愉快和自信，从而更积极地参与活动；进行有效的时间管理，合理分配活动的时间，避免过长或过短的活动时间。

活动结束后，教师要引导幼儿进行总结和反思，并对活动的效果进行评估，分析幼儿的参与度、学习成果和表现，以便进一步调整和改进。

通过遵循这些指导要点，教师能够更好地组织和实施有组织的教育活动，提供有益的学习经验，促进幼儿的全面发展。

（四）过渡活动

过渡活动是指幼儿从一个活动、环境或情境顺利地过渡到另一个活动、环境或情境的过程。例如，从静态的室内活动到动态的户外活动的过渡，从餐饮活动到午休睡眠活动的过渡。这些过渡活动可以帮助幼儿平稳地适应变化，减少焦虑和压力，同时促进幼儿的自主性和积极参与。教师可以使用歌曲、故事或游戏等方式，吸引幼儿的注意力，帮助他们从一个活动顺利切换到另一个活动。教师要尽量减少不必要的集体行动和过渡环节，减少和消除消极等待现象。幼儿园常见的过渡活动及其教育指导要点如下。

室内活动和室外活动之间的过渡：从室内活动过渡到室外活动或从室外活动过渡到室内活动都应采用渐进的方式，并组织一些引导活动。从室内活动过渡到室外活动时，教师要组织幼儿有序排队，使用歌曲、韵律和口号，以轻松愉快的方式引导幼儿移动或转变活动状态。到达室外之后，教师可以带领幼儿进行拉伸、舒展等运动前的热身运动。避免立即剧烈运动，防止突然的转变造成不适应。幼儿在进行较为激烈的户外运动之后，不可立即转为静坐状态，可以采用慢走、放松伸展等方式进行过渡调节。在饮水、更换衣物之后，逐渐转为室内静坐状态。

午休过渡：在午休前，教师可以安排一个安静的活动，如播放舒缓安静的音乐，用柔和的声音为幼儿讲故事，或者引导幼儿看让人愉悦放松的绘本，帮助幼儿放松身心，准备进入午休状态。在午休后，教师可以播放温柔舒缓的音乐，使用轻声呼唤、温柔拍打等方式，避免突然的刺激，缓慢唤醒处于午休中的幼儿，让他们慢慢从睡眠中苏醒。引导幼儿逐步整理自己的床铺、个人物品等，培养他们的自理能力，同时为新的活动做准备。

离园之前的过渡：在离园之前，教师可以为幼儿安排一些轻松愉快的活动，让幼儿感受到教师的关心。这些活动可以是简单的游戏、绘画、听故事等，使幼儿心情逐渐平静。教师还可以与幼儿进行简短的互动，分享一天的活动经历，总结在幼儿园的学习成果，为他们顺利回家做好过渡。

过渡活动的设计应该考虑幼儿的年龄、兴趣和发展特点，帮助他们在不同情境之间平稳过渡，促进积极的情感体验和自主性。教师在过渡活动中的引导和支持具有重要作用，能够确保幼儿的过渡是流畅和有益的。

（五）自由活动

自由活动指在一定时间内，幼儿可以根据自己的兴趣和需求，在自己选择的环境中进行各种活动和探索。这种活动鼓励幼儿主动参与、自主决策，培养他们的创造力、探索精神和自主性。自由活动并非放任活动，幼儿教师仍然需要提前准备，密切观察，及时应对。开展自由活动的注意事项如下。

第一，为幼儿提供适宜的学习环境。教师应该为自由活动创造一个安全、有教育价值、允许且鼓励幼儿尝试自主探索的环境。这种广义上的环境包含两个方面。一方面是物质环境，教师需要确保自由活动的环境和材料都是安全的，符合相关法规的安全标准，避免幼儿受伤；同时向幼儿提供各种玩具、材料和工具，以满足幼儿的兴趣和需要。另一方面是心理环境，教师应该积极鼓励幼儿参与自由活动，表扬他们的努力和成就，激发他们的兴趣和积极性；为幼儿提供多样的选择，让他们根据自己的兴趣选择活动内容，培养他们的自主决策能力。

第二，幼儿自由活动过程中要注意观察、记录与适时引导。幼儿园的自由活动旨在促进幼儿的全面发展，培养他们的创造力、问题解决能力和自主性。教师应该观察幼儿的自由活动，了解他们的兴趣和需要，必要时提供适当的引导和帮助。在自由活动中，教师在观察幼儿活动的同时，要注意实时促进幼儿之间的合作与交流。教师可以鼓励幼儿互相分享、合作完成任务，培养社交技能，促进幼儿活动和游戏的深入进行。教师可以通过提问、讨论和分享，引导幼儿在自由活动中进行探索和发现。不同的幼儿可能对不同的活动有兴趣，教师应该尊重他们的个体差异，不强制参与某种活动。教师可以通过手机摄录功能记录幼儿在自由活动中的表现、进步和成长，作为教学反思和研究的资料，也可以与家长分享，促进家校合作。

第三，幼儿自由活动后，教师要做好交流和总结。教师可以在此环节展示观察、记录的幼儿的表现、兴趣、互动等情况。与幼儿交流，询问他们在活动中的体验、发现和想法，促进语言表达和思维发展。如果幼儿有一定的发现和成果，则要鼓励幼儿在小组或全班范围内，以文字、图画、实物等方式分享他们的活动成果，促进合作和社交技能的培养。此外，教师可以与同事一起反思活动的效果，讨论幼儿的参与程度、互动情况等，为未来的活动安排打下基础。

幼儿园的自由活动重点在于实现幼儿活动的愿望，释放他们的活力，培养他们的创造力、问题解决能力和自主性。教师更多地扮演支持者的角色。例如，为幼儿活动提供适宜的环境，保障充足的活动时间，做好观察和记录，及时回应幼儿在活动中产生的问题或者新的想法，引导和支持活动的进行或深化拓展。

（六）餐饮活动

餐饮活动是指幼儿在规定的时间和地点进食和饮水的活动。这种活动旨在满足幼儿的生理需求，促进健康成长，也是培养幼儿生活自理能力、社交技能和饮食习惯的重要环节。

第一，餐饮活动的保育要求。饮食安全是幼儿园餐饮活动的重中之重，幼儿园要确保食材新鲜、卫生，防止食物受到污染，防止引发食物过敏等风险。另外，教室或餐厅应该保持整洁、宽敞，桌椅和餐具要适合幼儿的身高与体型，营造舒适的用餐环境。幼儿园要提供均衡的饮食，科学合理地安排菜单，确保主食、肉蛋奶、蔬菜、水果等食材搭配合理，保证幼儿碳水、脂类、蛋白质、矿物质、维生素等营养素的全面均衡摄入，满足幼儿生长发育的需求。对于年龄较小或需要帮助的幼儿，教师可以提供适当的帮助，在不限制幼儿自主尝试和自我服务的前提下提供适当帮助，鼓励他们自己进食和饮水。同时，教师要提醒他们适时补充水分。教师应注意观察幼儿的进食量，在避免食物浪费的同时，不应强迫幼儿过量进食。原则上不限制幼儿饮水的次数，但幼儿餐饮行为出现明显异常情况时，要及时与保健医生家长等相关人员进行沟通和反馈。

第二，餐饮活动的教育要求。幼儿园餐饮活动是引导幼儿形成规律的生活节律的重要机会。幼儿园应设定并保持规律的幼儿进餐时间。一般来说，应引导幼儿定时、定量进餐，帮助幼儿养成良好的饮食习惯。

由于幼儿进餐时不宜过多地说教，以免影响幼儿的进食情绪，教师应在其他时间引导他们掌握这些技能。教师平时就要引导幼儿通过游戏、观察模仿等方式感知和学习正确的用餐礼仪、用餐姿势，以及餐具的正确使用方法，养成良好的饮食习惯等。在进餐环节中，面对个别幼儿不良行为，教师一般只需进行简单的提醒教育，以免干扰幼儿正常的进食。此外，在确保幼儿养成良好的饮食习惯的基础上，幼儿园可以根据自身情况开展自助餐等活动，赋予幼儿自主选择食物的权利，教师可以引导他们做出健康的选择，同时尊重他们的喜好。另外，在幼儿力所能及的范围内，教师要发挥幼儿的主动性。例如，在进餐前后，教师可以安排幼儿协助保育员老师完成排列餐桌、铺设餐布、分发餐具、收拾整理等任务。以此来发展幼儿服务他人的意识和能力，挖掘和发挥餐饮活动中隐藏的教育价值。

总之，幼儿园的餐饮活动不仅满足了幼儿的生理需求，还培养了他们的自理能力、饮食习惯和社交技能。教师在这个过程中扮演着关键的引导和监督角色。

（七）盥洗与如厕

盥洗与如厕是指幼儿在特定场所进行的洗手、刷牙、如厕等个人卫生活动。这些活动有助于保持幼儿的卫生健康，能够培养他们良好的生活习惯和自理能力。盥洗与如厕的注意事项如下。

教师要引导幼儿建立盥洗活动的常规。教师应引导幼儿学习在什么时候、何种情况下进行盥洗活动，养成在特定的活动前后或特定情境下洗手的习惯。例如，在户外活动或绘画活动后，教师应引导幼儿仔细观察自己的双手，使其发现污渍并及时清洗。此外，幼儿还应养成在如厕前后洗手、在吃饭前后洗手及漱口刷牙的习惯。

教师要激发幼儿保持个人卫生的意识，培养幼儿自我清洁的技能。教师要灵活地运用故事、游戏、科学观察等幼儿容易理解的方式，使幼儿感知注重个人卫生的重要性，教导幼儿正确的洗手、刷牙、如厕方法。教师也要通过各种合理的教育方法，让幼儿学会正确处理自己的鼻涕、口水。例如，幼儿需要学会在盥洗室内，使用流动的清水、纸巾、肥皂等物品完成清洗、擦干等工作。若发现幼儿存在洗手不彻底、如厕习惯不良等问题，教师应适时纠正并指导。同时，鼓励幼儿逐渐独立完成盥洗和如厕活动，培养他们的自理能力。

总之，盥洗与如厕不仅可以培养幼儿的卫生习惯，还可以传递关爱和关心，帮助幼儿养成良好的个人卫生习惯。

（八）睡眠

睡眠是保障幼儿充足休息的重要环节。在组织幼儿睡眠活动时，教师要为幼儿营造良好的睡眠环境，帮助幼儿养成良好的生活习惯，充分挖掘睡眠活动中的教育功能，发展幼儿的生活自理能力。睡眠的注意事项如下。

教师要为幼儿营造安全、良好的睡眠环境。具体内容为：确保床铺的结构牢固，防止幼儿从床上摔下；避免在床上放置过多的玩具，以免妨碍睡眠；睡眠环境要保持适宜的温度和湿度，确保通风良好，减少噪声和光线的干扰；保持床铺的干净和整洁，定期更换床单、被罩，避免出现灰尘和变应原等；营造良好的睡眠心理环境；在睡前进行一些平静的活动，如阅读故事、听音乐，帮助幼儿放松身心，为入睡做好准备；建立固定的作息时间，让幼儿养成规律的生物钟。

教师要充分挖掘睡眠的教育功能，发展幼儿的生活自理能力。例如，教师可以引导幼儿在午睡前自己完成上厕所、洗手、脱鞋、铺床、铺被褥、脱鞋子等生活自理任务，在起床后做一做伸展运动，并引导幼儿自己完成穿衣服、系扣子、系鞋带儿等生活自理任务。这些生活自理任务应当结合幼儿的年龄特点和发展水平，通过激发幼儿主动性和需要的方式进行，不宜强制幼儿完成。

（九）离园

离园是一天生活的结束阶段，要求保障幼儿以积极良好的状态安全和顺利离园。离园的注意事项如下。

教师要做好离园前的准备工作。教师需要引导或协助幼儿进行整理和清洁工作，保持环境的整洁有序，确保幼儿的个人形象干净整齐。可以组织一些总结性的谈话，回顾一日或一周的活动，夸奖、鼓励他们的进步。教师要和相关人员配合做好离园的安全工作。幼儿园有关人员要通过家长或监护人签字确认等方式确保接送环节幼儿的安全，可以在家长和教师双方时间允许的情况下，就幼儿近期在园情况进行简单的交流，争取家长的理解支持和合作，并表示感谢。幼儿园应合理安排各年段幼儿离园时间，鼓励家长在规定的离园时间内将幼儿带走，避免延误教师和其他家长的时间；对于暂时不能回家的幼儿，要进行个别安排和照顾，组织适当的活动，减轻幼儿等待时的焦虑情绪。

幼儿园离园环节蕴含有助于幼儿全面发展的教育机会。例如，教师与幼儿亲切告别，并鼓励他们表达离园的情感，这有助于发展幼儿积极健康的情感和语言表达能力；在准备离开幼儿园前，教师可以鼓励幼儿自主整理物品，这有助于培养幼儿的生活自理能力和独立性。幼儿园可以在幼儿离园期间抓住相应的教育机会，促进他们的全面发展。

值得强调的是，幼儿一日生活的环节是非制度化的，即各个环节是为了满足幼儿生活和发展的需要，而非通过制度化的约束消解幼儿日常生活的愉悦和幸福感，影响幼儿主体性的存有和发展。《幼儿园教育指导纲要（试行）》的组织与实施部分指出，幼儿园组织幼儿一日生活，其时间安排应有相对的“稳定性与灵活性”。

任务实施

本任务实施的核心任务是分析幼儿园生活课程实施的典型案例（实施过程），其依据是“任务准备”模块的幼儿园生活课程实施的基本原则、幼儿园生活课程实施的具体内容和指导要点等理论知识。首先仔细阅读两个幼儿园生活课程实施的典型案例；然后选择其中至少一个案例，运用理论知识对其进行分析，完成相应表格；最后结合实习过程中对幼儿园生活课程的观察和记录，撰写一个幼儿生活课程实施案例，并以小组为单位进行模拟教学。

案例1

中班生活课程案例——用滑梯运送被子

一、课程背景

幼儿园每两周要求家长把幼儿被褥带回去清洗。由于疫情期间家长不入园，所以除了小班幼儿接送被子有教师和保育员的协助，中大班的被子搬运任务由幼儿完成。大部分中班幼儿能够拎着被子穿过平坦的操场，但上下楼梯存在一定的困难。经过讨论，幼儿认为搭滑梯运被子的方法可能最有效。为了了解实际效果，在区域游戏时间，幼儿做起了实验……

二、活动过程

宏伟、宏康、明明准备用木板来搭被子滑梯。他们先在楼梯上铺了一块木板，再将被子放在木板的顶端，放手，被子顺利滑下来了，可是当被子滑到木板的底端时卡在了台阶上。宏康说：“这个木板不够长，要找个与楼梯一样长的木板。”宏伟说：“这个已经是梯凳玩具里最长的木板了，没有更长的了。”宏康跑到梯凳区看了看，又跑回来对宏伟说：“走！我们一起再搬块木板，把它们接在一块，不就变得更长了吗！”宏康、明明和宏伟将两块木板头尾接在一起，果然这次的滑梯刚好跟楼梯一样长。他们重新将被子放在木板顶端，让它滑下去。可是只滑到一半，被子就从木板上翻了出来。宏伟说：“是你没放稳，你要把被子放在滑梯中间，这样它才能顺利滑下来。”可是不管宏康、明明怎么调整，被子就是会在中途翻出。明明说：“太难了，我们还是来加宽滑梯吧！”于是他们又搬来两块木板与原来的滑梯并排摆放，这下滑梯变宽了，他们重新将被子放在滑梯顶端，这次被子顺利地一滑到底。宏康高兴地说：“太棒了！用四块一样长的木板就可以做成一个被子滑梯，我要把这个好消息告诉我的小伙伴们”。

三、活动结果和延伸

在活动经验分享环节，教师在白板上展示了被子滑梯的照片并请宏伟、宏康、明明向大家分享他们的实验过程。他们向大家介绍了在实验过程中遇到的困难和失败，以及他们没有放弃，不断思考尝试增加新的材料，积极进行尝试，最后获得成功的过程。小朋友们听完都给他们竖大拇指和鼓掌。教师也对他们发现问题、不怕困难、敢于尝试和探索的精神给予肯定。同时教师也提出了新的问题："我们的寝室在二楼，如果要搭建通到一楼的被子滑梯，则需要几块木板呢？被子滑梯和体操垫滑梯哪个运被子更快呢？"幼儿们表示明天可以借用区域中的材料再来试一试。

（案例来源：霞浦县松港中心幼儿园　康敏）

案例 2

中班生活课程案例——寻找野餐垫

一、课程背景

中班下学期，我们班计划开展春游和野餐活动。野餐带什么？吃什么？怎么吃？成为近期幼儿感兴趣的话题。幼儿通过尝试解决野餐这一真实的生活情境中的相关问题，能够提升主动性和自信心，同时学习和积累科学、健康等领域的知识经验，符合《3—6岁儿童学习与发展指南》和《幼儿园教育指导纲要（试行）》的精神，也深度挖掘了一日生活中各个环节隐藏的教育价值，实际践行了生活课程的价值理念。

二、活动过程

在自由活动时间，几个幼儿讨论起野餐的准备工作。

鹏鹏说："上次商量了要在操场上野餐，这些食物要放哪里呢？直接放地上吗？那也太不卫生了吧！"楚航说："之前野餐时，妈妈拿出一块好大的布，食物都放在布上。"小悦说："可是我们没有那么大的布呀？对了！可以用地垫，我们玩玩具的时候，就是把玩具放在地垫上玩。"小可说："对，我去拿地垫来试试！"小可说完，就到班上拿了一块正方形地垫，放在地上。鹏鹏拿来了一些娃娃家的餐具，往上面一摆，大家就发现了问题。楚航说："这块地垫太小了，还没摆几样东西就满了，我们野餐需要饮料、水杯、纸巾、食物等，根本不够摆。"小可说："那我再去拿块地垫，拼起来看看。"

小可又拿来了一块地垫，将两块地垫拼成了一个长方形，虽然可以放的东西比之前要多一些，可是大家似乎还是不大满意。楚航说："虽然地垫变长了，但还是不够大，东西都摆到外面去了，而且地垫弄脏了也不好清理。"鹏鹏说："那怎么办？我们班上只有地垫。"

看着小朋友们面面相觑的样子，老师走过来说："上次大班的哥哥姐姐聚餐时，你们不是夸他们的桌布又大又好看吗？"小可说："对，我们去向他们借吧！"老师说："但是我们不能保证他们的桌布比拼起来的地垫大。"小可说："没关系，我们可以带上地垫去比比呀！"

来到大班，小可和小悦先礼貌地说明来意，大班的小朋友同意后，小可他们就将拼好的地垫与桌布比了比，小悦高兴地说："桌布够大，旁边还多出了一大半。"他们还对比了其他的桌布，发现桌布的尺寸都差不多。老师说："我们班全部的小朋友一起野餐，用一块桌布够吗？"楚航说："我觉得不够，要用多少块呢？"老师说："那我们都借来，好吗？我们该怎么礼貌地向别人借东西呢？"小可他们讨论起来，要说谢谢，要说什么时候还，要保护好东西……

三、活动结果和延伸

借到桌布之后，大班幼儿还和他们一起将桌布拿到操场上试拼了起来。看着漂亮的桌布摆在眼前，所有的幼儿都兴奋不已。大家一起在操场上玩起了野炊的游戏。

（案例来源：霞浦县松港中心幼儿园　叶浴风）

子任务 8-1：分析幼儿园生活课程实施的案例，并完成表 8-1。

表 8-1　幼儿园生活课程案例的实施原则分析

我选择分析的是案例 ______，名称是 ________________		
实施原则	评析指标是否体现该原则	分析与举例说明
教育和保育相结合的原则		
重视心理健康的原则		
语言引导和实际操作相结合的原则		

续表

实施原则	评析指标是否体现该原则	分析与举例说明
发展的适宜性和自主性相结合的原则		

子任务 8–2：结合下园实习过程的观察和记录，从幼儿园一日生活各个环节中任选一个，撰写幼儿园生活课程实施案例，完成表 8–2，并以小组为单位进行模拟教学。

表 8–2　幼儿园生活课程案例记录分析表

___ 班生活课程实施案例：______________
课程背景
活动过程
活动结果和延伸
活动分析与反思

任务评价

请依据下表对子任务 8–2 的完成情况进行自我评价。

幼儿园生活课程实施评分标准表

学习任务	优	良	中	差
幼儿园生活课程特征及功能体现	幼儿园生活课程特征非常明显、功能显著，明显体现了实施幼儿园生活课程的基本原则	幼儿园生活课程特征比较明显、功能比较显著，体现了实施幼儿园生活课程的基本原则	有一定的幼儿园生活课程特征和功能，一定程度体现了实施幼儿园生活课程的基本原则	幼儿园生活课程特征不明显、功能不显著，不能体现实施幼儿园生活课程的基本原则
幼儿园生活课程实施指导	教师在幼儿园生活课程实施过程中的指导非常必要，及时且合理，能很好地推动幼儿在生活活动中的学习，能提升幼儿学习的主动性，能够很好地培养学生良好的学习品质	教师在幼儿园生活课程实施过程中的指导相对必要，及时且合理，相对能推动幼儿在生活活动中的学习，相对能提升幼儿学习的主动性，能够较好地培养学生良好的学习品质	教师在幼儿园生活课程实施过程中的指导有一定必要，能一定程度推动幼儿在生活活动中的学习，能一定程度提升幼儿学习的主动性，能够一般地培养学生良好的学习品质	教师在幼儿园生活课程实施过程中无指导，或者指导不必要、不合理，无法推动幼儿在生活活动中的学习，不能提升幼儿学习的主动性，不能培养学生良好的学习品质

赛证直通

（材料分析题）分组活动时，琦琦跑过来说：“老师，元元他们往滑梯里吐唾沫，不让我们滑。”姜老师急忙走了过去。忽然听到元元嚷道：“快看，唾沫下滑了。”姜老师把要说的话咽了回去，站到这群男孩背后。“真的在滑了，大家知道为什么吗？”见姜老师没有批评他们，幼儿们活跃起来，迪迪说：“我知道，因为滑梯是斜的，很光滑，唾沫像水一样，所以就流了下来。”姜老师说：“迪迪说得很对，但是你们往滑梯上吐唾沫对不对？”“不对。”“随地吐痰不对，往滑梯上吐也不对。”“不讲卫生。”……幼儿们抢着回答。那几位男孩说：“我们以后不随便吐，咱们把滑梯擦干净吧！”恺恺从口袋里拿出纸将滑梯上的唾沫擦干净，滑梯前又排起了队。请结合材料，从幼儿一日生活的教育观角度，评析姜老师的教育行为。（2018 年下半年中小学教师资格考试幼儿园“保教知识与能力”真题）

参考答案：生活中蕴藏着很多教育的机会，教育者要引导幼儿对身边常见事物和现象的特点、变化规律产生兴趣与探究的欲望。在材料中，教师能支持、鼓励幼儿观察唾沫下滑的现象，能引导幼儿对身边常见事物和现象产生兴趣和探究的欲望。在共同的生活和活动中，教育者要以多种方式引导幼儿认识、体验并理解基本的社会行为规则。在材料中，教师能结合生活情境引导幼儿认识到往滑梯上吐唾沫是错误行为，并引导幼儿改正错误。教育活动要寓教育于生活、游戏之中。在材料中，教师能抓住生活中幼儿的偶发事件进行随机教育。教育者要以关怀、接纳、尊重的态度与幼儿交往，耐心倾听，努力理解幼儿的想法与感受，支持、鼓励他们大胆探索与表达。在材料中，教师能支持、鼓励幼儿观察唾沫下滑的现象。

项目四

4

幼儿园游戏课程

岗位要求

马上要开学了，中 2 班的李老师在思考本学期要开展哪些游戏。上学期孩子们对建构游戏非常感兴趣，于是她便借助炭烤积木开展了以“闽越水镇”为主题的建构游戏活动。孩子们基于闽越水镇的场景，结合想象在游戏中尽情搭建。经过一个学期的游戏，孩子们对此已非常熟悉。接下来是继续开展这一主题游戏，还是更换一个主题？李老师为此犯了难。

游戏既是一种深受幼儿喜爱、符合幼儿身心发展特点的活动，又是一种能够促进幼儿身体、情绪情感、人际交往等各方面发展的活动。《幼儿园工作规程》明确提出：“幼儿园要以游戏为基本活动，寓教育于各项活动之中。”《幼儿园教育指导纲要（试行）》提出：“幼儿园教育应尊重幼儿的人格和权利，尊重幼儿身心发展的规律和学习特点，以游戏为基本活动，保教并重，关注个别差异，促进每个幼儿富有个性的发展。”《幼儿园教师专业标准》指出：“幼儿园教师要能够对幼儿的游戏活动给予支持与引导。”《学前教育专业师范生教师职业能力标准（试行）》指出：“幼儿园教师要能够满足幼儿的游戏需要、创设游戏环境、支持幼儿游戏。”由此可见，游戏在幼儿园教育中具有重要的地位。作为幼儿教育工作者也应重视幼儿游戏，并提升游戏组织与指导的能力。

本项目基于以上要求，让学生在掌握游戏相关理论的基础上，懂得识别、评析幼儿园游戏课程，在此基础上设计出适宜幼儿发展的幼儿园游戏课程方案，并模拟实施，同时对幼儿游戏进行适宜的指导。

学习目标

一、知识目标

1. 理解幼儿园游戏的内涵、特点及分类。
2. 理解幼儿园游戏课程的价值。
3. 掌握幼儿园游戏课程中环境创设与指导的要点。

二、能力目标

1. 能区分不同类型的幼儿园游戏课程，评价其优劣。
2. 能根据游戏的需要创设适宜的游戏环境及提供游戏材料。
3. 能设计不同类型的符合幼儿年龄特点的幼儿园游戏课程方案，并组织和实施该方案。
4. 能对游戏中的幼儿进行全面的观察与分析，并选用适宜的指导方法，做出科学指导。
5. 能科学评价与分析教师的游戏指导行为，并提出改进建议。

三、素养目标

1. 树立正确的游戏观及教育观，重视游戏对幼儿发展的价值。
2. 热爱幼儿园教育工作，对不同类型的游戏课程感到好奇，并愿意探究。
3. 自主学习并开展小组合作，能积极主动、认真地完成各项学习任务。

项目导学

本项目以任务情境作为驱动来组织课堂教学，以教学目标指引教学过程，以具体的游戏课程任务为主线，激发学生的主观能动性。学生在学习游戏相关理论知识的基础上，理解游戏课程的内涵、特点与价值，尝试设计幼儿园游戏课程方案并组织和实施，同时选用适宜的指导方法对幼儿进行科学指导，从而提升幼儿园游戏课程设计与组织的能力。

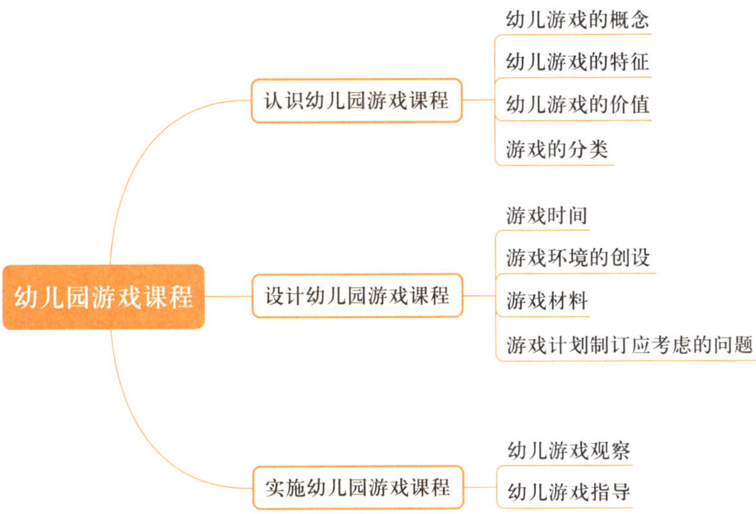

赛证要求

序号	文件	赛证要点	融合育人
1	《幼儿园教师专业标准（试行）》	提供符合幼儿兴趣需要、年龄特点和发展目标的游戏条件。 充分利用与合理设计游戏活动空间，提供丰富、适宜的游戏材料，支持、引发和促进幼儿的游戏。 鼓励幼儿自主选择游戏内容、伙伴和材料，支持幼儿主动地、创造性地开展游戏，充分体验游戏的快乐和满足。 引导幼儿在游戏活动中获得身体、认知、语言和社会性等多方面的发展	岗课贯通
2	《学前教育专业师范生教师职业能力标准（试行）》	能够创设安全，适宜，全面，有助于促进幼儿成长、学习、游戏的物质环境，合理利用资源，为幼儿提供和制作适合的玩教具与学习材料。 了解幼儿游戏的类型和主要功能，根据各年龄阶段幼儿的游戏特点，满足幼儿游戏的需要。 能够合理、有效地规划和利用户内外游戏活动空间，能够根据幼儿的发展和需要创设相应的活动区，提供丰富、适宜的游戏材料，引发和促进幼儿参与游戏。 能够提供充足的游戏时间，鼓励幼儿自主选择游戏内容、伙伴和材料，支持幼儿主动地、创造性地开展游戏，充分体验游戏的快乐和满足。 学会观察分析幼儿的游戏，支持幼儿在游戏活动中获得身体、认知、语言和社会性等多方面的发展	岗课贯通
3	中小学和幼儿园教师资格考试标准（试行）	理解幼儿游戏的意义与作用。 熟悉幼儿游戏的类型及各类游戏的特点和主要功能。 了解各年龄阶段幼儿的游戏特点，能根据需要提供支持与指导	课证融通

任务 9　认识幼儿园游戏课程

任务情境

王老师是中 2 班的新老师，第一天来到班级，就迫不及待地组织班级幼儿进行游戏。王老师觉得中班幼儿肯定对“桥”感兴趣，于是搬出自己提前准备的各种形状的积木，并将自己收集的“拱桥”“浮桥”“拉索桥”等图片贴在墙上，让幼儿统一按照图片上桥的造型进行搭建。游戏开始前，小朋友明明说：“老师，我不想搭桥，我现在想去娃娃家照顾宝宝，可以吗？”王老师皱了皱眉头说：“不行哦，今天我们要统一搭桥，老师材料都准备好了，而且娃娃家的宝宝今天有人在照顾了。”明明听后失落地低着头，但还是按王老师的安排来到积木前。明明看了看桥的图片，而后随意摆放了几个积木后，就心情低落地对着积木发起了呆。王老师见状，严厉地对明明说：“明明，今天你游戏玩得很不认真！”没过多久，旁边的康康突然举起手，说：“老师，我不想搭建桥，周末我刚和妈妈一起去三坊七巷参观了水榭戏台，我可以搭建水榭戏台吗？”王老师说：“今天我们要统一搭建桥，老师为你们准备了这么多桥的图片，你下次再搭建水榭戏台吧！”康康闷闷不乐地继续搭建着手中的积木，但是却迟迟没有搭建出桥的样子。

你觉得王老师开展的游戏存在什么问题？请在幼儿园中自行收集、记录 3 种不同类型的幼儿游戏活动，判断其是否符合幼儿游戏的概念与特征，分析其对幼儿发展的价值。

任务描述

此项任务将围绕游戏课程的概念、特征、类型和价值展开。在此项任务中，你需要深入理解幼儿游戏的概念与特征，并学会判断幼儿园中开展的游戏是否是真正的游戏。此外，通过收集幼儿园中不同类型游戏的案例，学会准确判断游戏类型，并分析游戏课程对幼儿发展的价值。

任务准备

一、幼儿游戏的概念

不同的研究者从不同的研究视角对游戏的概念做出不同的界定。

黄人颂认为，“游戏是幼儿喜爱的、主动的活动，是幼儿反映现实生活的活动”。虞永平认为，“游戏是一类行为的总称。从一般意义上说，是指行为主体在消遣性活动中得到生理、心理的满足，这种活动不具有直接的功利目的，但有潜在的功利性”。刘焱认为，“作为一种跨越文化和年龄的人类行为，游戏是自主自由、使个体获得愉快满足的非功利性行为的总称，所包含的行为非常广泛”。

综合以上观点，本书认为游戏是幼儿内在动机引发的，以对现实世界的认识为基础，结合想象，在假想的情境中自主、自由地模仿、感知与操作，从而获得快乐与满足的活动。

二、幼儿游戏的特征

游戏是幼儿的基本活动，也是幼儿最喜欢的学习方式。幼儿游戏具有以下特征。

（一）游戏具有主动性，是幼儿自主自愿的活动

游戏不是外在因素强制幼儿进行的，而是由幼儿自身的内部动机引起。幼儿出于自己的兴趣与愿望、自主自愿地主动进行活动。幼儿在游戏中玩什么、跟谁玩、怎么玩，均由幼儿自己决定。他们在游戏中可以自由地表达自己的情感，显露自己的潜力。在游戏中，幼儿总是积极主动地参与，表现出极强的主动性。

（二）游戏具有愉悦性，是让幼儿感到快乐的活动

游戏中的幼儿是愉悦的，在游戏中，他们可以感受到真正的快乐。游戏不同于竞赛，在游戏中幼儿没有任何的压力和心理负担，不用担心输赢，不用担心游戏之外的任何奖惩，他们能够以最无拘无束、最自由、最放松的状态，全身心地表现自

我，实现个人愿望。在游戏中，幼儿可以实现现实中不可能实现的愿望。例如，摘下天上的星星是幼儿在现实中不可能实现的愿望，但是在游戏中却可以实现。游戏是可以不断重复的，幼儿喜欢的有趣情节可以不断地重复中，快乐也得到复制，因此幼儿被不断地满足。

（三）游戏具有虚构性，是一种假装的活动

游戏中的情节、行为、游戏材料等，往往只是象征性的，具有明显的虚构性。例如，幼儿可以把小椅子当成骑行的马，可以把自己当成妈妈喂养小宝宝。游戏是假装的活动，幼儿在游戏中利用模仿、想象来创造性地整合和表现周围生活。幼儿可以充分借助自己的想象，而不受日常生活的约束。游戏的虚构性成为深深吸引幼儿的因素，让幼儿在神秘的气息中，随心所欲地玩耍。

（四）游戏是一种有规则的行为，具有有序性

幼儿在游戏中并非毫无约束和限制，任何游戏都有一定的规则，隐含了一定的秩序。这种规则涉及行为方面的规则和游戏本身的规则。每个幼儿都有一定的自我约束力，都要遵循一定的秩序，正是这种秩序的约束，把幼儿的游戏带入一种和谐、有序的状态。一旦规则被违背或破坏，就会影响游戏的有序开展。

三、幼儿游戏的价值

游戏不仅应幼儿身心发展的需要而产生，还对幼儿各方面的发展产生重要的价值。

（一）游戏可以促进幼儿身体的发展

游戏能满足幼儿身体活动的需要，促进其正常的生长发育。游戏使幼儿身体的各种生理器官和系统都得到活动，使新陈代谢加速，有利于内脏和神经系统的发育。在游戏中，幼儿可自由地变换各种身体动作，其基本动作和基本技能得到锻炼。例如，在爬、跑、跳、钻、攀登等游戏动作中，幼儿大肌肉得到锻炼，增强了对于肌肉运动的控制和协调能力，他们变得更加结实，体质不断增强。另外，如拼雪花片、拼图、搭积木、串珠子等游戏，能促进幼儿手眼协调能力的发展，同时幼儿手部的小肌肉也能得到锻炼。

（二）游戏可以促进幼儿认知的发展

游戏可以实现幼儿在玩中学，游戏是幼儿获得知识最有效的途径，可以增加幼

儿对周围事物的认识，增长知识。在游戏中，幼儿通过直接接触各种物体（玩具）或材料，了解物体的性质、特征、用途等，认识物体之间的联系和规律，以及动作与物体之间的相互作用和因果关系，并形成相应的初步概念，从而习得许多关于周围世界的基本知识和主要概念。例如，幼儿在玩水游戏中，通过与水之间的互动，感知并认识水的流动，可以了解沉与浮、干与湿等；在玩滑梯游戏中，通过爬上和滑下的身体运动，可以感知位置的高低变化，理解“高”“低”“上”“下”等方位概念；在积木游戏中，通过直接操作积木，可以认识不同的形状、大小、位置等。

游戏可以发展幼儿的智力。在游戏中，幼儿在与环境、玩具、材料、同伴等的互动中，不断进行移动、触摸、聆听与观察，这些感官刺激有助于幼儿注意力、观察力和判断力等的发展。想象在游戏中是必不可少的，没有想象，便无法进行游戏。反过来，游戏也可以激发幼儿想象力的发展。例如，在角色游戏中，幼儿可以通过充分发挥自己的想象以人代人、以物代物，他们可以把自己想象成医术高明的医生，顺着自己喜欢的情节，营造给病人治病的场景；可以把自己想象成学识渊博的教师，潜心教育着同学们。随着扮演的角色和游戏情节的发展变化，游戏内容越丰富，想象也就越活跃。游戏在促进想象力发展的同时，也会使幼儿的记忆力和思维力同步得到发展，从而更进一步促进智力的发展。

游戏可以发展幼儿的思维能力，任何一种游戏活动的进行都蕴含着锻炼和发展幼儿思维能力的条件。游戏会促使幼儿不断思考。例如，游戏情境中的幼儿，总要思考玩什么、怎么玩，也要思考他们遇到的各种各样的问题该如何解决。思考的过程也是促进思维不断发展的过程。此外，幼儿在游戏中获得的经验也蕴含着思维活动的内部操作经验，并能够迁移到解决问题的策略中去，从而有助于提高幼儿解决问题的能力。

（三）游戏可以促进幼儿语言的发展

游戏给幼儿提供了充分进行语言表达的机会。在游戏中，他们需要运用语言进行沟通和交流。他们通过语言进行协商、计划等，以完成对游戏内容、角色、玩具材料等的安排。例如，在积木游戏中，几个幼儿准备共同建构一个模型，稍大一些的幼儿会事先讲出自己的建构计划，年龄较小的幼儿也会表达自己的愿望。通过游戏，幼儿能扩大词汇量，加深对词义的理解。幼儿通过生动、具体的语言运用，调节自己的游戏行为，并以语言为中介建构对现实世界的认知与理解。

（四）游戏能够促进幼儿情绪情感的发展

游戏在幼儿情绪情感发展中有着重要作用，它不仅能满足幼儿情绪情感表达的需要，还能控制和矫正不良的情绪情感。游戏能使幼儿充分体验到快乐。幼儿喜欢游戏，游戏是由快乐原则所支配的。游戏时，幼儿按照自己的意愿自由自在地活动，在快乐的气氛中按自己的意愿发展游戏情节，从而产生成功的愉悦和满足。游戏使幼儿有机会表达自己的情绪情感。幼儿的喜、怒、哀、乐等，都能在游戏中完全、妥当地表达出来，而不需要去压抑。游戏能帮助幼儿克服恐惧。令幼儿感到恐惧的事物很多，而游戏能起到缓解幼儿的紧张心理、消除幼儿恐惧情绪的作用，从而减少幼儿的心理压力，使幼儿的心理处于健康状态。游戏能使幼儿的情绪情感得到宣泄。例如，在“医院”主题的游戏中，幼儿总喜欢玩打针的游戏，这是幼儿将自己在打针时的痛苦发泄到“打针”的活动中去。幼儿通过游戏把精力和情绪发泄之后，脸上会露出一种满足和快乐的表情。

（五）游戏能够促进幼儿社会性的发展

游戏可以促进幼儿社会交往能力的发展。游戏为幼儿提供了人际交往的机会，并帮助其形成社会性行为。在游戏中，幼儿通过与游戏同伴之间的交往互动，会逐渐熟悉、认识周围的人和事，逐渐掌握分享、谦让、合作、互助等人际交往技能。例如，在“小超市”的主题游戏中，幼儿通过协商分配角色，有的当顾客，有的当收银员，每个幼儿各司其职，而后以他们的意愿开展买卖的游戏情节。在这个过程中，他们形成了一个小集体，学会了协商与合作，在潜移默化中掌握人际交往技能。又如，在同一个游戏中，当同一个玩具数量有限时，幼儿之间便容易发生争抢，这就让幼儿学会运用交换玩具、学会等待等合理的方式来玩玩具，也让幼儿学会谦让与分享。

游戏有助于幼儿克服自我中心化。幼儿有自我中心化的特点，往往以自己的想法、体验、情感来理解周围现实的人和事，难以站在他人的角度思考问题。在游戏中，幼儿可以扮演各种角色，可以以各种不同的身份出现。当扮演不同角色的时候，他们需要站在不同角色立场上思考。这时，他既是“别人”，又是自己。他们逐渐意识到别人与自己的不同，学会理解别人，学会从别人的角度去看问题。例如，在主题为“医院”的游戏中，扮演“医生”的幼儿一方面清楚地知道自己不是“医生”，另一方面又基于游戏角色的需要，从医生的角度看问题。这样幼儿就比较自然地学会改变自己看问题的角度，逐渐克服自我中心的观点和思维的片面性。

游戏能加快幼儿对行为规范的掌握。幼儿对于各类行为规范的学习，仅靠成人的说教是难以奏效的。游戏是对现实生活的反映，各类游戏都蕴含着各式各样的行为规范。幼儿通过游戏，通过游戏中模仿社会生活中人们的文明行为，加深对道德行为规范的理解。可以潜移默化地明白什么是应该做的，什么是不应该做的，可以认识到是非、善恶、美丑、真假，从而加快对良好的行为规范的掌握。例如，在“我是小交警”的游戏中，幼儿可以学习到“红灯停、绿灯行”的交通规则；在“娃娃家”中，幼儿可以体会到妈妈照顾宝宝的辛苦，从而学会尊敬与感恩长辈；在“帮老奶奶过马路”的游戏中，幼儿可以学会乐于助人。当幼儿在游戏中拥有这些经历后，在日常生活中当遇到与游戏相似的情景时，就会按照游戏中的做法来支配自己的行为。可见，游戏中幼儿通过模仿学习到的社会行为规范，会迁移到幼儿的实际生活中，从而帮助他们在现实生活中对行为规范的理解和遵守。

四、游戏的分类

幼儿游戏是丰富多样的，人们出于研究的需要，人为地对游戏进行了分类。研究者基于不同的研究角度，对游戏本质的理解不同，所依据的分类标准也不同，于是便产生了各种各样的游戏分类方法。诸多的游戏分类中，典型的主要有下面几种。

（一）以幼儿在游戏中的体验形式为依据的分类

心理学家比勒按幼儿在游戏中身心体验形式的不同，把游戏分为四类：

1. 机能游戏

机能游戏是针对婴幼儿好动、好奇、爱听音乐等特点，以刺激婴幼儿各种感官、机能发展为主的游戏形式。这种游戏多出现于婴儿期和幼儿前期。

2. 想象游戏

想象游戏是以再现模仿成人的生活、劳动为主要内容的游戏，如过家家、看病等。这类游戏占优势的心理成分是模仿与想象。

3. 接受游戏

接受游戏又称为鉴赏游戏，是幼儿作为受众（观众、听众等）以理解为主的游戏，如幼儿听故事、看画册、欣赏卡通片等。

4. 制作游戏

利用积木、泥团、插塑、纸、沙等物品为制作材料主动地创造与建构，如绘画、折纸、搭积木等。

（二）以幼儿社会性发展为依据的分类

帕顿认为幼儿之间的社会性互动随着年龄的增长而增加。依据幼儿在游戏中社会性发展水平的不同，他把游戏分为以下六类。

1. 偶然的行为

幼儿无所事事，独自发呆，东走西逛，行为没有目标，不参与游戏，如注视碰巧引起兴趣的事情，玩弄身体，在桌子上爬上爬下、偶尔看着他人等，这些都不是游戏。

2. 游戏的旁观者

幼儿在近处观察其他幼儿的游戏，听他们谈话或向游戏的参加者提出问题和建议，但行为上并不加入他人的游戏。

3. 单独的游戏

幼儿专心地、独立地操作玩具，使用与旁边同伴不同的游戏材料，专注于自己的游戏，不注意伙伴做什么。

4. 平行的游戏

幼儿互相模仿，操作着和旁边同伴相同或相近的玩具或开展相类似的活动，但并不和其他幼儿共同活动，没有合作行为，仍是单独做游戏。

5. 联合的游戏

幼儿和其他幼儿一起玩，谈论共同的活动，但相互之间没有明确分工与合作，没有建立起集体的共同目标，也没有围绕目标进行组织，虽同处于一个集体之内，且时常发生许多借还玩具的行为，但每个幼儿还是根据自己的愿望和兴趣来进行游戏。例如，几个幼儿围坐在一起搭建积木，有的搭建小公园，有的搭建飞机，有的搭建戏台，他们之间没有共同的目标。

6. 合作游戏

幼儿有集体共同的目标，有达到目标的方法，有严格的组织，小组里有分工，常有较明显的组织者或领导者。幼儿在游戏中围绕一个共同的主题，在共同的目的下，采取分工合作的有组织的方式进行游戏。例如，几个幼儿组成一个小组，以搭建“美丽的公园”为共同目标，为了实现这个目标，他们分工合作，有的幼儿负责搭建公园大门，有的幼儿负责搭建公园内的喷泉，有的幼儿负责搭建公园内的花圃等。

（三）以认知发展为依据的分类

皮亚杰根据认知发展的阶段，把游戏分为以下四类。

1. 感觉运动游戏

感觉运动游戏又叫练习性游戏，是幼儿认知发展早期阶段的一种游戏形式。游戏形式为徒手或重复操作物体。幼儿通过感知和动作来认识环境，最初以自己的身体为游戏的中心，逐渐过渡到摆弄与操作具体物体，并不断反复练习已有动作，在练习中尝试探索、发现新的动作，使自己获得发展。幼儿做游戏的驱动力是“获得机能性快乐”，“动”即快乐。

2. 象征性游戏

象征性游戏是幼儿园典型的游戏。象征即用具体的事物表示某种特殊的意义，游戏中出现象征性替代物，即把一个东西当作另一个东西来使用的“以物代物”，把自己当成别人或分别扮演不同角色的“以人代人”。通过象征性游戏，幼儿可以脱离对当前事物的知觉，以象征性替代物或语言符号进行思维，这提高了幼儿的认知发展水平。角色游戏是象征性游戏最主要的表现形式。

3. 结构游戏

结构游戏也称建构游戏，是幼儿利用各种不同的结构材料（如积木、雪花片等）来建构、反映现实社会生活的游戏形式。高楼、桥、城堡等都是幼儿常见的建构主题。

4. 规则游戏

规则游戏是指幼儿按照一定的规则进行的、带有竞赛性质的游戏。参加游戏的幼儿人数必须在两人或以上。

（四）以游戏的教育作用为依据的分类

按游戏的教育作用来分类，幼儿游戏可以分为创造性游戏（角色游戏、结构游戏、表演游戏）、体育游戏、智力游戏、音乐游戏和娱乐游戏。这种分类是我国普遍采用的一种分类方法。

1. 角色游戏

角色游戏是指幼儿运用模仿和想象，通过扮演角色创造性地反映周围现实生活的一种游戏，又称想象性游戏。幼儿园常见的角色游戏主题有“娃娃家”“医院”“小超市”等。

2. 结构游戏

结构游戏是幼儿利用积木、积塑、泥、沙等结构材料进行建造的游戏。

3. 表演游戏

表演游戏是幼儿根据故事、童话的内容，运用动作、表情、语言、扮演角色等方法，进行创造性表演的游戏。

4. 体育游戏

体育游戏是以身体练习为主要内容，以发展基本动作（走、跑、跳等）为目的的游戏活动。

5. 智力游戏

智力游戏是以生动、新颖、有趣的游戏形式，使幼儿在轻松愉快的活动中增进知识、发展智力的游戏。

6. 音乐游戏

音乐游戏是在歌曲或乐曲伴奏下进行的游戏。

7. 娱乐游戏

娱乐游戏是以娱乐为主的游戏，如玩“不倒翁”等。

（五）学前教育机构常见游戏的分类

为了便于教师在学前教育机构运用游戏进行教学和指导，根据学前教育机构游戏的特点，将游戏分为两大类。

1. 创造性游戏

创造性游戏强调幼儿的主动性和创造性，大都由幼儿自由地玩。包括角色游戏、结构游戏和表演游戏。

2. 规则游戏

规则游戏是成人在幼儿自发游戏的基础上，为一定的教育目的而编制的游戏，大都由教师组织幼儿进行，有时也可以由幼儿组织进行。包括体育游戏、智力游戏、音乐游戏等。

这两类游戏有时是相互联系的。因为各种游戏包含的范围很广泛。有些规则游戏其中也包含着创造性的成分，而创造性游戏也包含一些规则，在幼儿还不会玩时，需要教师的组织和指导。

任务实施

任务分析：通过分析案例中教师存在的问题、自行搜集幼儿园游戏活动案例，学会判断不同游戏的类型，理解并掌握幼儿游戏的概念、特征及其价值。

1. 结合幼儿游戏概念与特征的相关理论，分析案例中教师开展的游戏活动存在什么问题。
（1）   （2）   （3）

续表

<table>
<tr><th colspan="2">2. 请在幼儿园中自行收集 3 种不同类型的幼儿游戏活动，并进行记录与分析。</th></tr>
<tr><td colspan="2">游戏活动 1
游戏名称： 年龄段： 游戏类型：
游戏活动过程记录：</td></tr>
<tr><td>是否符合幼儿游戏的特征，并说明理由</td><td></td></tr>
<tr><td>对幼儿发展的价值</td><td></td></tr>
<tr><td colspan="2">游戏活动 2
游戏名称： 年龄段： 游戏类型：
游戏活动过程记录：</td></tr>
<tr><td>是否符合幼儿游戏的特征，并说明理由</td><td></td></tr>
<tr><td>对幼儿发展的价值</td><td></td></tr>
<tr><td colspan="2">游戏活动 3
游戏名称： 年龄段： 游戏类型：
游戏活动过程记录：</td></tr>
<tr><td>是否符合幼儿游戏的特征，并说明理由</td><td></td></tr>
<tr><td>对幼儿发展的价值</td><td></td></tr>
</table>

任务评价

1. 请你对任务 9 的完成情况进行自我评价。

学习任务	优	良	中	差
认识幼儿园游戏课程	能准确理解游戏的内涵与特点； 能根据游戏的内涵与特点，准确识别真正的游戏； 能收集幼儿园实践中的游戏案例，并准确记录与描述； 能精准判断游戏的类型； 非常认可并正确理解游戏对幼儿发展的价值	能较为准确理解游戏的内涵与特点； 能根据游戏的内涵与特点，较为准确识别真正的游戏； 能收集幼儿园实践中的游戏案例，并较为准确记录与描述； 能较为精准判断游戏的类型； 较为认可并较正确理解游戏对幼儿发展的价值	能初步理解游戏的内涵与特点； 能根据游戏的内涵与特点，初步识别真正的游戏； 能收集幼儿园实践中的游戏案例，并简要记录与描述； 能初步判断游戏的类型；认可，但是不能正确理解游戏对幼儿发展的价值	不理解游戏的内涵与特点； 不能根据游戏的内涵与特点，识别真正的游戏； 能收集幼儿园实践中的游戏案例，但不能进行简单记录与描述； 不能判断游戏的类型； 不认可、不理解游戏对幼儿发展的价值

2. 针对任务 9，你觉得还有哪些需要改进的地方？

存在的问题：

产生的原因：

改进的措施：

任务 10　设计幼儿园游戏课程

任务情境

幼儿园门口新开了一家甜品店，店里有很多漂亮的甜品，如奶油蛋糕、饼干、巧克力、蛋挞等。小朋友们路过的时候总爱进去逛一逛。这几天，大一班的小朋友在教室里都爱讨论这家甜品店，他们相互交流着自己在这家甜品店看到的场景，以及自己品尝的美味甜品。

如果你是这个班的老师，就此现象，你会为班级幼儿设计一个什么样的游戏？

任务描述

本任务将围绕设计幼儿园游戏课程展开。在本任务中，你需要掌握游戏环境与条件的创设，并对已创设的环境与条件进行反思评价。

任务准备

一、游戏时间

1. 充足的时间是幼儿游戏的前提

时间是开展游戏活动的重要保证，教师要在幼儿的一日活动中安排出游戏的时间，还要保证游戏得以顺利进行而不至于被其他活动所侵占。因此，教师应注意：

巧妙利用各种时间进行游戏；每次游戏有较为充足的时间；室内游戏时间与室外游戏时间基本均衡；合理安排集体游戏、小组游戏和个人游戏的时间。

2. 减少过渡环节，提高单位时间内幼儿游戏的有效时间

幼儿园活动室布置要合理，要创设相对固定的游戏场地，以提高单位时间内幼儿游戏的有效时间。避免幼儿将本该属于游戏的时间浪费在搬桌子、挪椅子、铺地等准备环节上。

二、游戏环境的创设

《幼儿园教育指导纲要（试行）》明确提出："幼儿园的空间、设施、活动材料和常规要求等应有利于引发、支持幼儿的游戏和各种探索活动，有利于引发、支持幼儿与周围环境之间积极的相互作用。"游戏环境是开展幼儿园游戏的物质前提和基本条件，幼儿园应该在满足幼儿基本活动需要的前提下，尽可能创设有利于幼儿发展的游戏环境，使幼儿在游戏中自主、快乐、健康地发展。

幼儿园游戏环境是指幼儿园为幼儿游戏活动的顺利开展所提供的各种条件。这里的环境包括物质环境和心理环境两个方面。物质环境主要是指幼儿园各种人工或非人工的游戏空间、游戏场地、游戏材料玩具、游戏时间等；心理环境是指幼儿园里的人际关系及心理氛围，包括师幼关系、幼儿之间的同伴关系、宽松自由的游戏氛围等。

（一）物质环境的创设

幼儿园游戏环境中的物质环境可以分为室内游戏环境和户外游戏环境。室内游戏环境除了可以满足幼儿集体活动及生活活动的需要，还可以满足幼儿自主学习、探索发现及分享交流的需要；户外游戏环境主要满足幼儿每天户外体育运动和游戏的需要。

1. 室内游戏环境的创设

在幼儿园的历史发展过程中，形成了以游戏为基本活动、以活动区为空间基本结构的室内游戏环境。创设室内游戏环境也就是按照活动区的形式建构和组织教室的室内环境。人们通常把一个有着合理结构、内容丰富的活动区看作一个良好的室内游戏环境的表现形式。

（1）活动区的组成及创设

幼儿园班级常设的基本活动区有角色（表演）游戏区、积木区、美工区、益智玩具区。此外，教师可以根据班级幼儿的人数、幼儿的喜好、空间、办园的实际条件等，为幼儿创设其他活动区，如沙水区、阅读区、木工区、音乐舞蹈区、计算机

区等。

① 角色（表演）游戏区。角色游戏和表演游戏是幼儿很重要的两种游戏，也是他们非常喜欢的游戏。这两种游戏都需要进行角色扮演，因此可以让幼儿在同一区域内开展。“娃娃家”是幼儿最常玩、最熟悉、最基本的角色游戏，它以幼儿的家庭生活为基础，反映了幼儿熟悉的家庭生活日常。“娃娃家”游戏，不仅能为幼儿提供像家一样温馨、熟悉的环境，给幼儿带来亲切感，还能让幼儿在游戏中发挥充分的想象进行自我创造，从而学习各种生活技能。在空间设置上，完全开放式的结构容易使幼儿的游戏受到干扰，需要注意适当的私密性，可以采用半封闭式。例如，可以利用低矮的屏风、玩具柜、与幼儿身高差不多的“冰箱”“衣柜”等做自然隔断。在环境布置上，强调环境的温馨感，建议在桌子上铺上色彩鲜艳的桌布，或摆放漂亮的花作为装饰。在材料投放上，可以投放各种家用电器和真实的家庭生活用品，如烤箱、微波炉、洗衣机、切菜板、打蛋器、土豆削皮器、量具、晾衣架等，以便于幼儿模仿从事各种真实的家庭活动，同时在各种用品上贴上标签，有助于幼儿建立物品与文字符号的联系。所投放的家庭生活用品要模拟家庭存放这些用品的方式，如锅与碗洗完放碗柜里，衣服叠好放衣柜里等，以使幼儿日常生活技能的学习融合渗透于游戏中。此外，可以在“娃娃家”里摆放一面镜子，让幼儿随时在镜子中看到自己穿上不同角色衣服的样子，在增强幼儿角色意识的同时，也能提高幼儿的游戏兴趣。

大中小班的角色游戏区都可以结合班级幼儿的兴趣和需要，改造成为表演游戏区。随着游戏经验的不断丰富，幼儿积累了大量的生活经验，这时便可以在“娃娃家”的基础上，使角色游戏和表演游戏的主题与内容逐步扩展，或围绕多个主题设置多个角色游戏区以激发幼儿进行更高水平的角色游戏的兴趣。

② 积木区。积木区有安静、吵闹两种不同的性质。例如，幼儿在积木区中玩赛车等游戏就属于比较吵闹的性质。为使两种性质的积木区不会相互干扰，在空间充足的条件下，可以在教室里设置两个积木区，或在室内和室外分别设置积木区。

在空间大小上，要考虑空间是否足够积木材料的摆放及幼儿建构较大的作品。积木游戏需要较大的空间，因此留给积木区的空间要足够大。

在空间设置上，积木区应当远离通道，以使幼儿能专心进行建构活动，而不受通道来往人群的干扰，也避免幼儿的建构物品被来来往往的其他幼儿碰倒。可以把积木区设置在角色（表演）游戏区的旁边或对面，因为积木区的建构活动往往可能演变为象征性游戏，角色（表演）游戏区的幼儿也可能需要用积木，这样可以让幼儿同时使用两个区域而不影响其他区域幼儿的活动。

在材料投放上，在室内建构的积木以原色的中型单元积木为宜。可以为积木添加木板等材料，以为幼儿的建构提供支持。积木可以摆放在低矮的架子上，积木架可以作为积木区的自然边界。可以把小的、有多种颜色的积木放在配有图片、照片的篮子或桶里。积木区应当铺设地毯，以减少噪声，也有助于把积木区和其他活动区分开来。

③ 美工区。美工区是幼儿进行绘画、涂鸦、折纸等活动的区域，该区域可以让幼儿自由创作，自主表达自己对周围世界的理解与想象。在空间设置上，需要足够的光线，应当把其设置在光线条件良好的位置，如窗户边。由于一些美工活动需要混合和清洗颜料等，对用水有要求，所以应当把美工区设置在水源附近，以方便取水。此外，由于美工区容易留下许多制作材料的残余，所以应当铺设容易清扫的地面。在材料投放上，美工区需放置画架、可以放美工材料的开放式柜子、供幼儿绘画和做手工的桌子等。美工区应当为幼儿提供多样化的制作材料，让幼儿自主决定用什么材料来做什么，体验和发现各种材料与工具的性质及功能，如各种纸、颜料，以及绘画、粘贴、切割、装订工具等。为方便幼儿作品的展示，还要提供展示作品的空间和晾干物品的空间与设备。另外，各种包装盒、一次性纸杯、纸、礼品袋等也是美工区的制作材料，教师可以和家长合作，增强废旧物的回收意识，回收各种可用的材料并分类存放。

④ 益智玩具区。幼儿园通常有一些益智类的玩具，如各种拼图等。这些益智类玩具含有特定问题或任务，需要幼儿在游戏的过程中解决问题、完成任务，以培养幼儿解决问题的能力。可以把这类玩具或游戏材料集中放置，专门设置一个益智玩具区。在空间设置上，益智玩具区需要为幼儿提供较大的空间及相对安静的环境，便于幼儿思考和探索。因此，建议远离角色（表演）游戏区和积木区，以避免干扰。益智玩具区应设置在摆放益智玩具的玩具柜旁，方便幼儿取放玩具。摆放益智玩具的玩具柜应是开放式的，以便幼儿能够很容易地看到都有哪些玩具。玩具应当放在开放式的或透明的容器中，并用实物或图片作标签贴在容器上。可以在该区域内为幼儿提供桌椅，也可以直接铺上地毯，幼儿直接坐在地毯上玩。

⑤ 沙水区。在空间设置上，沙水区应处在离水源比较近的地方，以方便幼儿取水使用。沙水桌建议摆放在离墙较远的地方，以方便多名幼儿同时游戏。幼儿总是面对着沙水桌玩，因此沙水桌周围不需要设置隔断。在材料投放上，可以投放洁净的沙水；可以投放装、倒、舀、灌、刷的容器、工具；可以投放让幼儿学习沉浮、溶解、传动等概念的材料和玩具；可以投放防水用品（如围裙、护袖）和清扫工具。在材料存放上，游戏材料和玩具可以归类放入带标签的桶里。

⑥ 阅读区。阅读区是培养幼儿阅读兴趣、帮助幼儿掌握前阅读技能的重要区域。幼儿园应当重视阅读区的创设，以发挥阅读区对幼儿发展的作用。在空间设置上，阅读区应当设置在安静的地方，远离嘈杂环境，为幼儿营造安静的阅读环境。阅读区对自然光线要求较高，应设置在自然采光条件良好的地方。阅读区可设置在

美工区附近，以便幼儿在阅读图书的过程中，萌发自己创作图书的想法时可以利用美工区的材料。在材料投放上，教师可以根据班级幼儿的年龄特点、喜好投放多样化的读物，并定期更新；也可以进行家园合作，让幼儿们把自己家里的书带来和同伴们分享。阅读区还要提供桌椅或地毯、靠垫等，为幼儿营造舒适、温馨的阅读环境，激发幼儿兴趣，让幼儿爱上阅读。阅读区要放置开放式的书架，书架的高度要方便幼儿取放，书的封面要对着幼儿，以便让幼儿很清楚地看到有什么书。

⑦ 木工区。在木工区，幼儿可以尝试使用各种工具，掌握使用各类工具的技能，增加生活技能，获得有益的学习经验，这对幼儿的身心发展有积极的意义。幼儿对木工区有着强烈的兴趣，但出于安全考虑，我国幼儿园却不常设置该区域。木工区应当设置在户外远离人群的地方，并且对幼儿的进入要有着严格、规范的管理。例如，当幼儿进入木工区开展活动时，一定要有教师在场组织、指导。教师要经常提醒幼儿使用木工区材料的注意事项，同时，在幼儿使用前，教师要向幼儿详细讲解各种工具的正确使用方法及安全防护技巧。教师可以和幼儿一起制定木工区活动的规则，并把规则用绘图的方式贴于墙面上，以便幼儿牢记。木工区材料的存放有一定讲究，如不要把工具锋利的边缘朝上或对着外边摆放、最好把工具放在工具箱中或挂在墙上，以提高安全性。对于材料的存放，教师要做到定期检查、整理。

⑧ 音乐舞蹈区。音乐舞蹈区是幼儿尽情展示音乐与舞蹈才能的地方，深受幼儿的喜爱。该区域比较吵闹，应远离阅读区、美工区等安静的活动区。该区域应设置在离电源插座较近的地方，便于放音乐。电源插头应放在幼儿够不着的地方，以免发生危险。该区域可以为幼儿提供打击乐器、蓝牙音箱、麦克风、多媒体屏幕、舞蹈服装及表演和舞蹈所用的道具等；也可以在墙面上安装全身镜，让幼儿随时看到自己的表现。

⑨ 计算机区。计算机已经成为现代幼儿的学习工具和玩具。在教室里设置计算机区，有助于幼儿的社会性交往和经验的分享。计算机区可视班级人数的多少和教室空间的大小，提供可容纳 1 ～ 3 台计算机的空间。每台计算机要配有大小、高矮适合幼儿身材的桌椅和符合幼儿身心发展特点的软件材料。有条件的幼儿园可为幼儿配置彩色打印机。

（2）室内游戏环境创设的一般要求

① 给游戏环境以清晰的边界和路线标注。将室内游戏活动区域之间的过道清晰、明确地划分出来，使其大小适宜，提供视觉清晰的过道能促进幼儿投入活动。可以利用柜子、屏风、分隔物等将各空间分隔开来，也可以在游戏活动室里画出清楚的线路。当各活动区之间有清楚的边界和路线时，幼儿能更加专心于自己的游戏，并保护他们互动的空间。游戏区角之间形成有机的联系，能让幼儿更好地维持和延续游戏活动。如果活动区划分得不清晰、不明确，幼儿就难以辨别活动的明确界线，

容易产生较多的破坏性行为。

② 扩大空间利用率。有的幼儿园，尤其是城市中心的幼儿园，占地面积小，但幼儿人数较多，充分利用现有的空间显得尤为重要。例如，可以利用走廊或过道的墙面展示幼儿的作品；可以将吃饭的餐桌加以折叠或以小书桌的方式放置，既可以用于吃饭也可以用于游戏；可以在活动室内利用各个角落设立各种游戏角，如角色游戏角、结构游戏角等；可以对活动室的设备加以改造，以灵活使用。有的幼儿园卧室利用率低，每日仅供幼儿午睡一段时间，则可以把幼儿的床改建成活动床（折叠式、抽屉式、壁挂式）以腾出卧室，改成幼儿园的大型游戏活动室，让幼儿轮流开展游戏活动。

③ 划分不同的区域。不同的游戏反映出的内容是不同的，有些反映动态的人际社会，将无形的人际交往通过言行表现出来；有些反映静态的物质世界，将有形的东西用无形的材料反映出来。在设置游戏环境时，要把功能、性质相同的主题放在一起，这样能更好地促进游戏情节的发展，减少幼儿在经验方面的冲突。

幼儿园游戏活动的空间安排形式通常分为中心式和区隔式，这两种不同的空间安排形式对幼儿的游戏发展有着不同的影响。具体而言，中心式的空间安排方便幼儿开展集体性规则游戏、平行游戏和大动作游戏；区隔式的空间安排将游戏区分隔为若干不同的区域，方便幼儿开展合作性游戏和探索性游戏。

在相对安静的区域，如阅读区、美工区等，为幼儿提供单独游戏或与一两个幼儿一起游戏的独处空间；在相对喧闹的区域，如角色（表演）游戏区等，幼儿能进行较多的社会性交往游戏、互动小组游戏。针对这两类区域，在设置时要将有冲突的区域分开，以减少幼儿在游戏中各种矛盾的发生。例如，可以把美工区、阅读区等相对安静的区域设置在一起，把角色（表演）游戏区、音乐舞蹈区等相对喧闹的区域设置在一起。

④ 规划通道和空置空间。明确的通道能引导幼儿在教室的各区域间走动，不要让游戏设备侵占通道，避免幼儿在途中分心。有效的环境规划需具备充足的通道和空置空间，这些通道及空间应该让幼儿容易辨认，并能使他们在空间里往来无阻。房间或庭院 1/3 到 1/2 的表面不应该被覆盖，以增进空间的效能。

⑤ 给幼儿留出自由支配的空间。幼儿是游戏真正的主人，不同的幼儿具有不同的游戏喜好和游戏发展需求。教师为幼儿在教室中规划、创设的游戏区域无法完全符合、满足每个幼儿的兴趣和需要。因此，要给幼儿留出一定的自由支配的空间和材料，划出一定的区域作为备用区，供幼儿自主选用，这也是充分尊重幼儿游戏权利的体现。

2. 户外游戏环境的创设

户外游戏场地是幼儿进行户外游戏的空间，场地的大小和结构特征等对幼儿游戏有一定的影响。户外游戏场地是幼儿园必不可少的一部分，没有户外游戏场地的幼儿园是不合规的。

（1）户外游戏环境创设应考虑的因素

第一，事先考虑幼儿和空间的比例、地面表层、下水道及场地的形成。在规划时应注意小心保存此场地原有的自然风貌，如树、小溪流、台阶等。

第二，户外游戏场地中要放置的设备、器械的数量要与场地面积保持合理的比例，数量要适宜，不能影响幼儿奔跑、活动。好的户外游戏场地不仅仅要有设备，更要有良好的结构。户外游戏场地的结构指户外游戏场地中的各个部分、各种材料与器械构成一个有机整体。这样的游戏场地不但能发展幼儿的动作与运动能力，而且能发展幼儿的想象力和创造能力，满足幼儿的不同需要。

第三，在向场地中放置游戏器具之前，可先将永久性固定的器具安放好，如沙池、围栏、戏水池、自行车道、小石头路、场坪等。还应该事先适当建立些阴凉的遮阳处及人造的建筑物，如储藏室等。

第四，设计时要注意安全与卫生。出于安全考虑，地面以坚实的土地或沙地为宜，这种地面不仅适宜做跑、跳等运动，还可以减少跑跳活动对脑部造成的震荡。场内的设备或器械要与幼儿的身高和运动能力相适宜。

第五，场地的结构设计要尽量利用地形地貌的自然特点，减少不必要的人工装饰，让幼儿处于类似大自然的环境中。

（2）户外游戏场地的基本构成

户外游戏场地主要是供幼儿在户外运动玩耍的，应当方便幼儿同时使用安静的和剧烈的、个人的和小组的活动设施。户外游戏场地一般包括大型组合运动玩具区和小型单功能玩具区（玩沙区、玩水区、自然区、跑道或车道、休闲区等）。

① 大型组合运动玩具区。大型组合运动玩具区主要用以放置大型组合玩具。大型组合玩具可以帮助幼儿不断练习攀登、平衡、走、跑、跳、爬等动作。在这些组合器械中，攀登架的高度应有变化，一般由高度不同的木制平台、旋转台阶、网状绳梯组成，它们不仅能增强幼儿上臂及腿部肌肉的力量，使手的抓握与腿的运动协调，还能促进幼儿感觉综合能力的发展。出于安全考虑，该区地面应由柔软的材料铺设而成，如草、沙、塑胶、土等。

② 玩沙区。对幼儿而言，沙是很好的操作材料。沙的质地、重量、黏度等较为特殊，有利于幼儿进行多样化的操作，在操作中，幼儿可以获得对沙各种特性的认识。幼儿还可以借助各种工具和器皿（如铲子、筛子、挖锄、小桶等）对沙进行自主操作，从而习得铲、舀、挖、装、塑模、雕刻、堆、叠等各种动作技能。在空间设置上，幼儿园的玩沙区一般设在墙边或树荫下，居于幼儿园活动场地的边缘地带，可以是沙坑，也可以是沙池，高度以达到幼儿的腰部或膝盖部位为宜，幼儿可以站

或蹲在旁边玩。

有的幼儿园会直接购买现成的沙箱、沙池，供幼儿玩。由于是在户外，沙箱一般是带盖的或者是有帆布盖的，以保证沙的清洁。

③ 玩水区。幼儿园要设置玩水区，用于幼儿在天热时戏水或游泳。玩水区不仅有适合不同年龄段幼儿的涉水区，还有瀑布、喷泉、戏水槽等，便于幼儿玩水。出于安全、健康等的考虑，在玩水区幼儿一般只能用手或脚感知水，学习“干—湿”“沉—浮”“固体—液体”等概念，了解水的流动，并尝试控制水流量大小。在玩水区，由于更多的是用手和脚去感知，因此，有些幼儿园就把戏水池变成了“小河”“湖”“池塘”等，上面架有小桥或水中有小路直通中心，幼儿可以蹲在路边玩水。水里养有小鱼、蝌蚪或荷花等动植物，既可供幼儿玩耍，又能起到观赏的作用。

④ 自然区。户外游戏场地应有一个包括树木和各种植物的绿地或自然区。自然区可以让幼儿在游戏中体验自然景色的美，感受四季更替中各种植物、花草的变化，让幼儿热爱自然、亲近自然。

⑤ 跑道或车道。跑道可以让幼儿在户外游玩时尽情奔跑，可以练习幼儿的腿部肌肉，使其学习掌控奔跑的速度，感知不同道路需要的速度和力度的差异。幼儿园的跑道可以是平坦的，也可以设置一定的坡度。车道可以是和跑道合二为一的，也可以是专门的，因为车道要求的坡度可能比跑道小。幼儿通过在不同的车道上骑车，既能学习协调自己身体动作的技能，还能掌握如何控制方向与速度。在不同车道上骑车的难度不同，不仅能锻炼身体，还能增强胆量。

⑥ 休闲区。幼儿园户外游戏场地有许多闲置的空间，如操场（含风雨操场）、长廊、树荫、花棚等，放置有自然装饰而成的桌子、凳子等，它们虽然没有特定的功能，但它们是必不可少的。它们可以满足幼儿的各种需要，是他们尽情玩耍、休闲的区域。例如，长廊下的石板可以是他们玩游戏的“桌子”“床”“椅子”等，也可以是他们玩泥巴的“操作台”，还可以是他们户外看书的“小凳子”。他们拍球、跳绳、捉迷藏、交朋友等所有的活动，都可以在这里进行。

（二）心理环境的创设

游戏的开展除需要为幼儿创设优质的物质环境外，还需要创设心理环境。教师在开展游戏的过程中，要为幼儿创设宽松、自由、民主、和谐的心理环境，只有在这样的游戏环境中，幼儿才能快乐、自主、自在地玩耍。

（1）要建立民主、亲切、平等、和谐的师幼关系

民主、亲切、平等、和谐的师幼关系能使幼儿更积极地在游戏中表现自己，更积极主动并愉快地投入到游戏之中。要建立这种关系，教师要做到三点：一要有一颗爱心，爱一切幼儿，爱幼儿的一切；二要树立正确的儿童观，尊重幼儿的兴趣、

爱好，重视幼儿的需要，不把成人的主观意志强加给幼儿；三要给予游戏中的幼儿高度的自主空间，让幼儿自主思考，不过多干预，做幼儿的亲密伙伴，不给幼儿制造压力。

（2）要帮助幼儿建立互助、友爱的同伴关系

同伴关系会对幼儿心理发展产生重要影响。在游戏中，要让幼儿学会相互关爱、相互帮助，并懂得分享与谦让；要让幼儿掌握一定的人际交往技能，如学会运用协商、交换等友好方式进行角色的分配及玩具的交换。互助、友爱同伴关系的建立，能为游戏营造温馨的游戏氛围，优化幼儿参与游戏的体验，为游戏的继续深入增加了可能性。此外，教师要加强幼儿的情感教育和集体教育，使幼儿生活在一个轻松、愉快的环境中，在集体中获得全面的发展。

（3）教师之间要真诚相待、友好合作，为幼儿树立榜样

教师之间要真诚相待、友好合作，这样一方面能为幼儿做良好的示范，为幼儿建立同伴关系树立良好的榜样；另一方面能为幼儿游戏建立宽松、愉快的氛围。为此，教师要做到三点：其一，教师之间要相互关心、相互帮助，给班级营造一种温情的气氛；其二，教师之间的交往要做到言行举止大方、语言文明、态度和蔼可亲、行为规范，为幼儿树立良好的榜样；其三，教师之间要友好合作，为幼儿的发展共同努力，共同承担责任。

三、游戏材料

游戏材料是幼儿游戏所用玩具和物品的总称，是幼儿顺利开展游戏的物质支撑，没有游戏材料，幼儿的游戏就难以展开。因此，教师对游戏材料的适宜性投放对游戏的开展具有重要作用。

1. 要为幼儿提供足够的游戏材料

幼儿是通过使用玩具材料在游戏中学习的。一方面，教师要为幼儿提供数量充足的材料，以保证幼儿游戏的顺利进行，但这并不是说材料越多越好，关键是要让材料真正地发挥作用，提高其利用率；另一方面，教师要为幼儿提供类型多样的材料，避免材料的单一，这有利于防止游戏情节发展受限。

2. 要根据幼儿的年龄特点提供适宜的游戏材料

教师应根据不同年龄班幼儿游戏活动发展的特点，提供适宜的游戏材料。这里的适宜包含材料种类的适宜与材料数量的适宜。幼儿的年龄不同，进行游戏所需材料的种类与数量不同。具体而言，小班幼儿大多处于平行游戏或独自游戏的阶段，在游戏时需要更多同种类型的游戏材料，教师就应多提供相同类型的玩具和其他材料；中、大班幼儿在游戏时需要更多不同种类的游戏材料，教师则应更多地为他们

提供适宜发展合作性游戏的活动材料。

3. 要提供与阶段教育目标和内容相匹配的游戏材料

不同年龄的幼儿发展水平不同，其阶段教育目标和内容也不同。教师要基于幼儿不同的年龄特点，制定适合本班幼儿整体发展水平的阶段教育目标和内容，并根据不同的阶段教育目标和教育内容的要求，在不同的活动区，有计划、有目的地投放与之相适应、相匹配的游戏材料，以最大限度地支持幼儿在游戏中的发展。

4. 尽量提供无固定功能的游戏材料

游戏材料特征不同（模拟物和多功能物），产生的幼儿游戏经验不同。如果游戏材料功能固定，则其所引发的幼儿游戏行为也会比较单一，从而使得幼儿游戏的发展受到限制。如果游戏材料无固定功能，则幼儿思维可以获得更大程度的拓展，可以更自由地按自己的想象探索更多游戏玩法，也可以接受更为丰富的感官刺激，利用不同的材料去替代和想象，从而获得更多的游戏经验。

5. 多提供中等熟悉和中等复杂程度的游戏材料

游戏材料的复杂程度、幼儿对游戏材料的熟悉程度都对幼儿的游戏有一定影响。根据幼儿的年龄特点，可以多为其提供中等熟悉和中等复杂程度的游戏材料。当幼儿对游戏材料完全陌生、游戏材料比较复杂时，容易引发他们的探究性行为；当幼儿对游戏材料中等熟悉、游戏材料中等复杂时，容易引发他们的象征性游戏和练习性游戏。

6. 将游戏材料放在可见位置

游戏材料所放置的位置也会对幼儿游戏产生影响。材料放置的位置是否可见，会对幼儿使用游戏材料发生影响。中央位置或幼儿能直接看到的位置应投放最佳的、最容易引起幼儿兴趣的游戏材料。

四、游戏计划制订应考虑的问题

第一，确定游戏目标并使之具体化。游戏目标的确定是游戏计划制订的首要任务，科学的目标是计划可行性的保证。首先，游戏目标要符合本班幼儿的年龄特点；其次，需结合对各类型游戏的教育功能特点的分析，确定侧重点不同的游戏目标；再次，游戏目标要有实际针对性，切忌过泛、过于笼统；最后，游戏目标应体现出渐进发展性。

第二，依游戏目标设置环境，有计划地投放材料，同时考虑相应的指导方式。

第三，注意自选游戏与其他教育活动及生活活动的联系，加强与家庭教育的配合。

第四，对计划与目标的实施情况做出反馈。游戏的计划与目标是教育指导的出发点和归宿。教师需注意对计划与目标的实施情况进行检验，了解效果如何，进而为下一轮教育工作提供客观依据。

任务实施

1. 自选幼儿园开展的一次游戏活动，对游戏设计进行记录、评价与反思，并完成表 10–1。

表 10–1　游戏设计记录、评价与反思

<table>
<tr><td>游戏设计记录</td><td colspan="2">游戏主题：
游戏目标：
游戏准备：
游戏过程：</td></tr>
<tr><td colspan="3">游戏设计的评价与反思</td></tr>
<tr><td>游戏设计</td><td>评价</td><td>改进建议</td></tr>
<tr><td>游戏主题</td><td></td><td></td></tr>
<tr><td>游戏目标</td><td></td><td></td></tr>
<tr><td>游戏内容</td><td></td><td></td></tr>
<tr><td>游戏环境</td><td></td><td></td></tr>
<tr><td>游戏材料</td><td></td><td></td></tr>
<tr><td>游戏过程</td><td></td><td></td></tr>
<tr><td>其他</td><td></td><td></td></tr>
</table>

2. 根据实习所在班级的游戏活动区规划情况，绘制班级游戏活动区规划图，分析该班级活动区规划的优缺点，并提出改进建议，完成表 10–2。

表 10–2　班级游戏活动区规划

班级游戏活动区规划图	
该班游戏活动区规划的优点	
该班游戏活动区规划的缺点	
改进建议	

3. 根据“任务情境”中的案例，请你设计一个该班幼儿的游戏。要求：① 自主确定游戏类型；② 明晰主题来源、游戏目标、游戏准备；③ 预设幼儿游戏水平的阶段性提升。

任务评价

1. 请你对任务 10 的完成情况进行自我评价。

学习任务	优	良	中	差
设计幼儿园游戏课程	能对游戏的设计进行客观评价，并进行全面反思； 能提出促进幼儿游戏发展的3条及以上的改进建议； 能结合幼儿的年龄、兴趣、需要，设计出非常适合幼儿发展的游戏	能对游戏的设计进行较为客观评价，并进行全面的反思； 能提出促进幼儿游戏发展的2条改进建议； 能根据幼儿的年龄、兴趣、需要，设计出较为适合幼儿发展的游戏	能对游戏的设计进行较为客观评价，并对部分内容进行反思； 能提出促进幼儿游戏发展的1条改进建议； 能根据幼儿的年龄，设计出基本适合幼儿发展的游戏	不能对所开展的游戏设计进行评价与反思； 不能提出促进幼儿游戏发展的改进建议； 不能根据幼儿的年龄、兴趣、需要，设计出适合幼儿发展的游戏

2. 针对任务 10，你觉得自己还有哪些需要改进的地方？

存在的问题：

产生原因：

解决办法：

任务 11 实施幼儿园游戏课程

任务情境

今天小 1 班第一次玩“开汽车”的游戏，小朋友们个个都兴致勃勃。玲玲今天做“司机”，她非常开心地开着小车，来来往往。突然，鹏鹏飞快地冲了过来，把玲玲狠狠地撞了一下，玲玲摔倒在地上哭了起来。

林老师看到这一幕，立刻跑到他们跟前，并严厉对鹏鹏说：“你怎么能开这么快呢！你看，都把玲玲撞到了！赶紧把她扶起来，并向她道歉！”鹏鹏听到后，害怕地立刻把玲玲扶起来，并向她道歉，但同时，他也非常委屈地哭了起来。林老师说：“好了，不哭了，下不为例就好！你们继续玩吧！”鹏鹏点头回应，但是心情沮丧的他在小椅子上坐了下来，玩游戏的兴致已经没有了……

陈老师看到这一幕，装作不知道刚才发生的事情，扮演成交警，并问他们：“你们怎么了？”玲玲边哭边说：“警察叔叔，鹏鹏把我撞倒了。”“这是出车祸了呀！那可不得了，你一定受伤了，很痛吧？快让我送你到医院里去检查一下。鹏鹏快来帮忙。”陈老师表现出一副非常紧张的样子，说完，他与鹏鹏一起扶着玲玲来到了“贝贝医院”，扮演医生的小朋友拿起医院的器械帮他检查起来，并说：“玲玲的腿伤得很重，要住院治疗。”陈老师立刻说：“以后开车可要慢一点，记住了吗？”鹏鹏在旁边不住地点头，说：“我下次一定注意，慢一点开。”鹏鹏内疚地在旁边向玲玲道歉，还搀扶着玲玲，在医院里面照顾她……

在“开汽车”的游戏过程中，两位老师谁的介入指导效果更好？幼儿获得了哪方面的发展？

任务描述

本任务将围绕实施幼儿园游戏课程展开。在本任务中，你需要掌握不同的游戏观察的方法，并学会选用适宜的方法对幼儿的游戏行为进行观察与分析；还需要掌握常见的游戏指导方法，并对教师的指导行为进行评析，同时选用适宜的指导方法促进幼儿游戏的发展。

任务准备

一、幼儿游戏观察

1. 幼儿游戏观察的作用

游戏是幼儿自主自愿的活动，在游戏中，幼儿可以最真实、最自在地表现自我。因此，游戏成为教师了解幼儿兴趣需要、认知水平、个性特点、能力差异等的重要途径。教师对幼儿游戏的观察具有重要作用，一方面，通过观察，教师可以充分了解幼儿，从而根据幼儿的需要及时满足、丰富幼儿的生活经验，为预设游戏奠定基础，为幼儿游戏的开展提供充分的条件；另一方面，教师对幼儿游戏的观察是客观解读幼儿游戏行为的关键，也是实施指导的前提。教师只有充分、全面观察幼儿的游戏，才能有效地指导游戏。

2. 幼儿游戏观察的主要内容

幼儿游戏观察主要围绕“人”和“物”两个方面进行，具体而言，游戏观察的内容主要涉及游戏主题、游戏材料、行为习惯等。具体表现为：游戏中幼儿与幼儿之间的关系；游戏中角色与材料之间的关系。

（1）游戏主题

游戏主题包括幼儿已有的游戏主题（涵盖相应的语言、表情、动作、对交往能力的提升作用等）及新出现的主题，如果出现与近阶段教学内容相联系的主题，则将其作为观察的内容。

（2）游戏材料

游戏材料包括已有的材料、新投放的材料、创设的环境等。观察幼儿与材料的互动，了解幼儿之间怎样通过材料进行交往，以及环境的创设对幼儿游戏的影响。

（3）行为习惯

行为习惯包括幼儿的日常生活常规、幼儿之间交往的规则。

3. 各年龄段幼儿游戏观察的重点

不同年龄段的幼儿游戏水平不同，其游戏观察的重点也不同，具体内容如下。

（1）小班幼儿游戏观察的重点

小班幼儿游戏观察的重点是幼儿对玩具材料的使用。原因：小班幼儿处于平行游戏阶段，该阶段的幼儿满足于操纵、摆弄玩具材料，并且对相同玩具材料要求多，矛盾的焦点主要集中于幼儿与玩具材料的冲突上。

（2）中班幼儿游戏观察的重点

中班幼儿游戏观察的重点是幼儿与同伴之间的冲突，这种冲突可能涉及规则、交往技能、玩具材料使用等。原因：与小班幼儿相比，中班幼儿认知能力有所提升、生活经验不断积累，因此其游戏情节不断丰富；另外，中班幼儿处于角色归属感阶段，他们虽然选择了一个角色，但想做多个角色的事情，虽然想与同伴交往，但尚未掌握成熟的交往技能，导致容易出现交往冲突。

（3）大班幼儿游戏观察的重点

大班幼儿游戏观察的重点有两个方面：一方面是幼儿如何运用已有经验在现有的基础上去创新，这主要是因为大班幼儿生活范围进一步扩大、能力不断增强，幼儿游戏会不断产生新主题，但新主题与原有经验之间的不和谐容易导致冲突；另一方面是幼儿之间的相互交往、合作、分享、解决矛盾。

4. 幼儿游戏观察的方法

（1）扫描观察法

扫描观察法也叫时段定人法，即观察者在相等的时间段里（对班级里的全体幼儿平均分配时间），对观察对象依次轮流进行观察。该方法一般在游戏开始和结束的时候运用较多，比较适用于粗线条地了解全班幼儿的游戏情况。例如，该方法可以用于了解幼儿选了哪些主题、扮演了什么角色等。

（2）定点观察法

定点观察法也叫定点不定人法，即观察者固定在游戏中的某一区域定点进行观察，见到什么就观察什么，到此区域的幼儿都是可以观察的对象。该方法一般多在游戏过程中使用，适用于了解某主题或区域幼儿的游戏情况，了解学前幼儿的现有经验及兴趣点、学前幼儿之间的交往、游戏情节的发展等动态信息，并且让教师较为系统地了解某一事件发生的前因后果，避免指导的盲目性。

（3）追踪观察法

追踪观察法也叫定人不定点法，即观察者在观察前先确定 1 ～ 2 个幼儿作为观察对象，观察他们在游戏活动中的各种情况。观察对象走到哪里，观察者就跟到哪里进行观察。教师可以对游戏的全过程进行观察，也可以就某一时段或某一情节进行观察。该方法适用于观察了解个别幼儿在整个游戏过程中的表现情况及发展水平，可以获得关于观察对象的全面的信息。

5. 幼儿游戏观察的流程

幼儿游戏观察的流程也就是教师运用不同观察方法观察幼儿游戏时所选择的不同路径。每次观察游戏时，观察的主题和重点不同，其路径也就不同，具体有以下几种方式。

（1）“钟摆式”流程

“钟摆式”流程指教师以对相关主题的观察为重点，对既定的两个区域实施定点或追踪观察，而对其他区域仅实施远距离的扫描观察。在这种流程中，教师可以较为详细地了解幼儿在相近经验游戏中的互动情况，能为助力幼儿提升、分享游戏经验做准备。

（2）“伞状式”流程

“伞状式”流程指教师以一个中心带动周围其他区域的路径来实施观察，教师观察的中心或重点是新出现的主题或矛盾较多的区域。教师主要是在这个中心或重点区域内进行定点观察，同时对其他区域进行扫描观察，这样能有效减少顾此失彼的现象发生。

（3）“卷地毯式”流程

“卷地毯式”流程指教师在幼儿游戏时，关注每个游戏区域，对每个游戏区域都进行巡回扫描或追踪观察。这种流程的特点是顾及全部，但蜻蜓点水，观察结果无法深入，流于表面，适合在没有观察重点的时候使用。

（4）“自由式”流程

“自由式”流程指观察没有任何的重点，不受线路的限制，教师想看哪里就看哪里，想看哪个区域就看哪个区域，想用什么方法就用什么方法，观察范围不一定面面俱到。这种流程的特点是可能顾此失彼，但也有可能发现一些特别的事情。

二、幼儿游戏指导

（一）幼儿游戏指导的功能

游戏是幼儿自主自由的活动，但并不意味着成人或教育者对游戏中的幼儿放任自流。游戏作为幼儿的基本活动，被纳入教育的活动当中，就意味着其成为教育幼儿、发展幼儿的手段或形式。只有教师与幼儿在游戏中相互作用，游戏促进幼儿学习与发展的功能才能充分地体现出来。幼儿个性特征能够在游戏中充分而自由地展现，教师通过探索能够发现游戏中观察、了解和有针对性教育幼儿的最佳时机。教师参与学前幼儿的游戏进行指导具有以下三个方面的功能。

1. 支持幼儿游戏的态度功能

教师直接参与到幼儿游戏过程中，其行为本身就向幼儿传递了一种非言语的信息，即游戏是有价值的、重要的活动，表达了教师对幼儿游戏的态度，它可以影响幼儿对于游戏活动的看法、幼儿游戏的兴趣、游戏持续的时间及游戏的水平与质量。若教师漠然或忽视幼儿游戏，则会让幼儿感到“那件事情没意思，不重要”或“玩就是瞎玩”。

2. 密切师幼关系的情感功能

教师参与游戏如同教师蹲下身与幼儿说话一样，具有密切师生情感、建立民主平等的师幼关系的功能。它可以使幼儿体验到教师的亲切与关注，把教师看作一个可以亲近的而不是高高在上的人。

3. 促进幼儿发展的教育功能

教师参与游戏是教师与幼儿互动的过程，也是教师向幼儿施加影响的过程，教师与幼儿的互动或相互作用具有幼儿与伙伴互动不能替代的发展功能。教师作为成人所具有的丰富知识经验和作为教育者的教育意图在游戏中可以潜移默化地传递给幼儿，使其在游戏轻松的气氛中接受教育的影响。教师在学前幼儿游戏中的指导，不仅可以促进幼儿游戏本身的发展，还有助于全面发展教育目标的实现，但是这种指导的时机、方式方法等必须是恰当适宜的，否则将成为对游戏的一种干扰，指导的实际效果与其初衷也就背道而驰。

因此，在学前游戏的活动过程中，既要避免对幼儿游戏的自由放任和不作为态度，又要避免对幼儿游戏过度干预。教师在幼儿游戏中的作为应以尊重幼儿的主体性为前提。只有辩证地认识、处理教师作为教育主体的作用及幼儿作为学习和游戏主体的作用，才能保证教师在幼儿游戏中正确、合理地发挥作用。

（二）幼儿游戏指导的方法

教师在对幼儿游戏进行全面观察，并确定有介入指导必要的时候，要考虑用什么样的方法去指导幼儿。教师可采用的幼儿游戏指导方法大致可以分为以下三种。

1. 以自身为媒介

当教师以自身为媒介指导幼儿游戏时，通常可以两种身份介入幼儿游戏：游戏者和旁观者。

（1）以游戏者身份介入

以游戏者身份介入指教师以与幼儿同样的游戏者的身份介入游戏，主要通过运用游戏的语言和行为对游戏中的幼儿施加影响，可采取平行游戏和共同游戏两种方式。

① 平行游戏。这种方式指教师在幼儿附近，和幼儿玩游戏，目的在于引导幼儿模仿，教师起暗示指导的作用，通过模仿学前幼儿的游戏对学前幼儿游戏施加影响。采用平行游戏的指导方式，可以最大限度地减少指导对游戏的干扰。这种方式传递了成人对幼儿游戏关注的态度，增进幼儿游戏的兴趣，同时成人的行为本身成为幼儿可以参照的范例或榜样，便于幼儿在模仿中掌握游戏技能。

案例描述

丽丽在用积木搭高楼，但她把小积木放在下面，大积木放在上面，因此高楼总也搭不高，一会儿就倒了，她非常灰心，于是坐着发呆，没有动力玩了……

思考

如果你是教师，那么你会如何运用平行游戏的指导方式进行指导?

指导范例

教师发现这种情况后坐到丽丽身边，但没有直接干预她，而是像丽丽一样拿一堆积木来搭高楼，一边搭一边说："我把大积木放在下面，小积木在上面，这样我的高楼就搭得高了。"丽丽看到、听到后，学着教师的做法搭，终于成功搭出了高楼。

② 共同游戏。这种方式指幼儿邀请教师作为游戏中的某一角色或教师自己扮演一个角色进入游戏，教师直接参与到幼儿的游戏中，与幼儿共同游戏，通过互动，充分了解幼儿想法，调动和激发幼儿的主动性和创造性，帮助他们发现和解决问题或推进游戏情节，丰富幼儿游戏的内容，提高幼儿游戏的能力和水平。在角色游戏的指导中，可以使用这种方式。例如，教师扮演阿姨，来到"娃娃家"做客，假装发现娃娃生病了，并提醒娃娃妈妈要带娃娃去医院看医生，使幼儿原本的重复游戏情节得以丰富；教师扮演外卖员，来到"小吃店"，让扮演店家的幼儿知道还可以通过外卖平台出售食品，满足外卖的订单。

案例描述

角色游戏开始了，今天幼儿们玩"开汽车"的游戏，小朋友们个个都兴致勃勃。玲玲今天做"司机"，她非常开心地开着小车，来来往往。突然，鹏鹏飞快地冲了过来，把玲玲狠狠地撞了一下，玲玲摔倒在地上哭了起来。

思考

如果你是教师，那么你会如何运用共同游戏的指导方式进行指导?

指导范例

教师看到这一幕，装作不知道刚才发生的事情，扮演成交警，并问他们："你们怎么了？"玲玲边哭边说："警察叔叔，鹏鹏把我撞倒了。""这是出车祸了呀！那可不得了，你一定受伤了，很痛吧？快让我送你到医院里去检查一下。鹏鹏快来帮忙。"教师表现出一副非常紧张的样子，说完，与鹏鹏一起扶着玲玲来到"贝贝医院"，扮演医生的小朋友拿起医院的器械帮他检查起来，并说："玲玲的腿伤得很重，要住院治疗。"教师立刻说："以后开车可要慢一点，记住了吗？"鹏鹏在旁边不住地点头，说："我下次一定注意，慢一点开。"鹏鹏内疚地在旁边向玲玲道歉，还搀扶着玲玲，在医院里面照顾她……

案例描述

"医院"游戏开始了，医院里有很多病人，大家吵吵闹闹的，影响了其他幼儿游戏，教师看到以后，大声训斥道："你们听听你们的声音，别人还能游戏吗？"接着幼儿纷纷离开了游戏。

思考

如果你是教师，那么你会如何运用共同游戏的指导方式进行指导?

指导范例

1. 教师可以扮演护士进行介入指导

教师扮演护士，对幼儿们说："来看病的患者需要先来我这里挂号，排队取号哦！"说完，扮演患者的幼儿都跑到教师面前，排好队，想尽快取号。教师又说："这么多病人要挂号，又这么吵，如果大家能够保持安静，我就可以更快地为大家挂好号，大家也可以更快地看病了。"说完，全部幼儿都非常安静地排好队等挂号。

2. 教师可以扮演病人进行介入指导

教师扮演病人，对幼儿们说："我病情很重，需要安静的环境，来看病的人可以安静些吗？如果大家安静排队看病，医生就能够更快地给我们看病。"说完，幼儿们纷纷安静下来。

3. 教师可以扮演患者进行介入指导

教师独自扮演患者，问护士："要去哪里挂号呢？"护士说："桌子旁的那间诊室。"于是扮演患者的教师安静地到挂号区取号，又安静地到等候区等待医生叫号。旁边的幼儿看到了，也学着教师安静地排队挂号。

案例描述

“水果超市”游戏开始了，可是只有卖水果的老板一直站着，看不到有顾客来买……

思考

如果你是教师，那么你会如何运用共同游戏的指导方式进行指导?

指导范例

观察了会儿，教师便走到老板跟前说：“这边的超市都没有人关顾，好冷清哦。我看看你这边都卖什么。”教师一边说，一边伸手翻了翻箱子里的水果，问扮演老板的幼儿：“老板，梨怎么卖呢？”幼儿：“10 块钱。”教师：“是 1 个 10 块钱还是 1 斤 10 块钱呢？”幼儿：“1 个 10 块钱。”教师：“1 个 10 块钱，这么贵哦。我买不起，老板能够便宜点吗？”幼儿：“那行吧，那就 3 个 10 块钱给你吧。”教师：“这样还算便宜，那老板就卖给我 3 个梨吧。”说完教师便把钱递给了幼儿。这时候，旁边出现了许多扮演顾客的幼儿围观，于是教师拿着手上的梨说：“大家快来这家店买点梨吧，我刚刚买了几个，很便宜哦，机会难得。”说完，幼儿们都过去买，刚刚还冷清的水果超市一下子热闹起来。

（2）以旁观者身份介入

以旁观者身份介入指教师站在幼儿的游戏之外，以现实的教师（权威者）的身份介入幼儿游戏进行指导。相较以游戏者身份介入，以旁观者身份介入更能明确、直接地向幼儿传递教育的意图，而且便于一个教师同时影响更多的幼儿。但是成人控制游戏的程度难以把握，容易导致对游戏的支配和过多干预，从而不利于幼儿自主性、独立性的实现。因此，需要特别注意尊重幼儿的游戏兴趣和愿望，切忌以成人意志代替幼儿意愿。在游戏指导中，教师与幼儿的关系是平等、民主的，而不是领导与被领导、支配与被支配的关系。

教师以旁观者身份影响幼儿的游戏，可采取多种方式，包括语言方式、非语言方式。

① 语言方式。语言是教师作用于幼儿的重要影响手段。作为游戏者，教师的语言往往是游戏中角色的语言，体现角色的语气、语调；而作为旁观者，教师的语言则是成人或教育者的语言，具有比前者更明显的教育意图和成人期待。作为旁观者的语言指导方式可分为两种。一种是直接方式，它表现为教师对幼儿的明确指示、直接教授、具体指挥等。这种方式一般在出现特殊情况时采用，如游戏中出现了较严重的危险因素或违反常规的现象，或者游戏只有通过教师教授幼儿才会玩且为初次玩（如下棋）等。另外，在游戏的开始和结束也经常运用直接方式。教师采用这种方式需要暂时中止或打断游戏，因此，在幼儿正常的自由游戏进行中，一般不宜采用。另一种是间接方式，重在

启发、诱导，暗示幼儿如何做，它有普遍的适用性，主要包括建议、评论、描述、询问、重述、提问等具体策略。无论运用什么具体策略，教师都要意识到，与幼儿交谈的过程就是在发展幼儿的语言，同时教师的语言还具有鼓励、肯定、启发、引导等作用。

案例描述

“小吃店”游戏开始了，几个扮演顾客的幼儿围在小吃店的置物架旁取筷子，可是没一会儿的时间，几个幼儿开始争抢筷子，还动手打起来。

思考

如果你是教师，那么你会选用哪种方法进行介入指导?

指导范例

教师见状立刻喊道：“喂，你们在干什么呢？！拿筷子要排队！不能争抢！”幼儿仍然争抢。于是，教师伸手拿起了筷子盒，说：“好了！你们谁都不要再抢了！现在你们一个个排队，由老师来给你们发筷子。”说完，幼儿停止了争取，并排好队，由老师一个个发筷子。

在该案例中，几名幼儿出现争抢筷子的行为及类似打架的攻击性行为，幼儿面临危险，教师及时以旁观者的身份介入游戏，也就是以教师权威者的身份进行介入指导。在教师这一权威角色的介入下，幼儿的争抢行为得到了及时的制止，教师的指导有效维持了游戏的秩序，避免了幼儿攻击性行为造成的伤害，保障了幼儿的安全。随后教师又采取亲自分发筷子的措施，让幼儿懂得当有多名小朋友都要拿取某样东西的时候，要通过排队的方式来有序拿取。

建议：教师通过语言试探性地、协商性地要求或暗示幼儿去做什么和如何做，重在对幼儿游戏行为进行引导。例如：“你们想玩过节的游戏吗？”“小明，小牛的角是长在头上的，你该向上戴呀！”“‘娃娃家’的娃娃是不是饿了？做饭了吗？”建议可以帮助幼儿确立游戏的主题、明确自己的角色，同时扩展游戏的内容，开拓幼儿的思路，等等。

案例描述

在“超市”游戏中，思思和成成都想推着推车去超市里面购物，可是推车只剩下一辆了，两个小朋友争抢起来。思思：“老师，这是我想拿的。”成成：“老师，我也很想要。”两个小朋友争执起来。教师了解情况后对成成说：“老师这里还有一个篮子，用篮子也能够装很多商品，你提这个篮子去超市购物好吗？”成成点了点头，提着篮子去超市，两个小朋友的争抢问题解决了。

案例分析

在该案例中，当两个小朋友因争抢推车而发生争执时，教师通过建议成成用篮子代替推车的方式成功解决了幼儿的争抢。教师的指导方式属于建议式的语言指导方式，较为平和委婉。教师并没有将使用篮子的想法强加给幼儿，而是通过建议的方式征求幼儿的想法，没有引起幼儿的抵触情绪，成功解决了问题。

评论：教师（或与幼儿一起）通过语言评论游戏中的幼儿及行为，表扬和肯定正确的，也可以指出不足或提出建议。这是影响幼儿游戏的一种重要方法。评论以鼓励、表扬为主，要调动幼儿游戏的积极性。在班级集体中，教师可对正在游戏的幼儿进行个别式的评论，也可在游戏结束时进行总结性的评论。例如：“这个房子是你建的吗？真漂亮。”“今天亮亮扮演的国王趾高气扬，演得非常好！”。评论不能面面俱到，宜点到为止。

描述：教师用语言描述幼儿的行为，使幼儿对自己的行为及行为的意义有更明确的认识，同时，教师的语言也为幼儿描述自己的行为提供了范例。描述可以传递教师对于幼儿活动的关注与理解，起到肯定与鼓励的作用。

询问：教师鼓励幼儿用语言描述自己的行为或所发生的事情。例如：“你能给我讲讲你画的是什么吗？”“你在做什么？”“怎么回事？”“发生了什么事？”询问可以帮助教师了解幼儿的想法，同时鼓励幼儿用言语整理、表达自己的想法与做法。

案例描述

在“娃娃家”的小厨房里，教师看到丽丽一直坐在椅子上不动，教师观察了好一会儿，以为丽丽此刻是无所事事的，于是便上前询问：“丽丽，你在干吗呢？为什么坐着发呆呀？”丽丽：“老师，我不是在发呆，我煮好菜了，要等妈妈回来一起吃。”教师：“原来如此呀，你真是一个乖宝宝！”

案例分析

在该案例中，教师发现丽丽坐着不动，误以为其无所事事，而后通过询问的语言指导方式了解到了丽丽坐着的目的，从而纠正了对于该行为的错误判断，避免了不适当的指导。

重述：教师在与幼儿的交谈中，采用有变化的句子结构，重述幼儿刚才所讲的话，为幼儿提供正确的句子结构或不同的句型，使幼儿了解到可以用不同的“话”说同一件事。重述具有纠正、示范的作用，但又不会伤害幼儿说话的积极性。例如：男孩在“娃娃家”玩，教师走过去问他：“你在做什么呢？”男孩回答说：“我煮它吃过去了。”教师重述：“哦，你把饭煮好了，还喂娃娃吃过了。”

提问：教师采用问问题的形式，鼓励和引导幼儿探索、思考、表达。所提问题以开放性问题为宜，尽量少提幼儿只需简单回答的问题。例如：“你是怎样得到这么好看的橙红色的？”“我们怎样才能知道这里有多少块积木呢？”

② 非语言方式。除语言方式外，教师还要充分利用自己的表情、眼神、手势、动作、身体运动的方向等非语言方式，支持和帮助幼儿在游戏中的学习。

案例描述

教师在“娃娃家”里投放了假发这一新材料。“娃娃家”的游戏开始后，恩慈显然对这一新材料很新奇，拿起假发放在自己头上试了好一会儿还是戴不上，便走到教师跟前。教师：“好漂亮的假发哦，是需要老师帮忙戴吗？”恩慈点了点头。教师便伸手接过假发，动手将假发牢固地戴到了恩慈的头上。

案例分析

在该案例中，恩慈由于戴假发遇到困难，便找教师帮忙。教师通过动手帮忙戴假发的动作指导成功解决了恩慈的问题。在这一过程中，教师所用的是帮助式的动作指导方式。

可见，“教”不一定要用“说”的方式。在游戏过程中，教师无论是以游戏者身份介入，还是以旁观者身份介入，都应当根据实际情况，灵活、综合地运用语言和非语言的方式进行指导。

2. 以材料为媒介

除以自身为媒介指导幼儿游戏外，教师还可以通过提供材料的方法影响幼儿，支持和引导幼儿在游戏中的学习与发展。例如，给幼儿提供只有多人合作才能玩的综合型玩具，让幼儿寻找同伴一起玩，促进其游戏的社会性行为水平的提高，或者提供可以一物代替多物的材料，培养和发展幼儿的想象力等。

案例描述

今天是中5班的幼儿第3次玩“理发店”的游戏了。游戏开始的几分钟，扮演理发师的幼儿非常积极地招揽客人，理发店里陆续进来了几位客人，不过理发师们都是拿着剪刀简单给顾客们理了头发，顾客就走了，游戏也就很快结束。没过多久，理发店空了下来，理发师们开始犯愁，同时幼儿游戏的兴致也开始下降，有的坐在椅子上发呆，有的手里拿着剪刀不停摆弄着……教师见状，思考片刻，便从收纳箱里拿出了吹风机、卷发棒、拉直头发棒、各种类型的头梳、啫喱等放到理发店的桌子上。理发师们看到好玩的新型材料，兴致又起来了。他们有的跑到门口招揽客人，有的在研究卷发棒怎么用，有的给客人洗头发并用吹风机吹干，有的用卷发棒、拉直头发棒给客人做发型，有的给客人理完头发后还为其喷上啫喱定型……理发店的生意越来越好了，理发师们也越来越忙碌。

案例分析

在该案例中，当幼儿多次游戏后，游戏材料的单一性导致幼儿游戏兴趣下降，同时限制幼儿游戏情节的发展。在材料单一的情况下，理发师在游戏中局限于剪发的情节。教师精准发现问题，并通过以材料为媒介的方式对游戏进行介入，新增吹风机、卷发棒、拉直头发棒、各种类型的头梳、啫喱等材料，让材料发挥无声的指导，支持幼儿游戏情节的拓展，从而成功推进幼儿游戏向更高水平迈进。

3. 以幼儿伙伴为媒介

幼儿与成人的互动固然重要，但是它不能代替或取代幼儿伙伴之间的互动。游戏是幼儿学习与伙伴交流互动的很好的机会，教师要充分利用幼儿伙伴互动这一因素，支持和引导幼儿游戏的发展。例如，建议幼儿结成小组，共同探索解决问题的方法，或者让能力强弱不同的幼儿合作参与某游戏区里的活动，达到以强带弱的活动效果，也可培养能力强的幼儿帮助其他幼儿的优良品质。

文档：中班游戏活动：美味集市诞生记

案例描述

在玩“医院”的游戏时，星星扮演病人去医院看病。扮演医生的丹丹拿起听诊器一本正经地给星星看病。放下听诊器后，丹丹马上对星星说：“你去打针吧！”星星不同意，她坚持让丹丹再详细看看。丹丹无奈地拿起听诊器继续听诊，然后又要求星星去打针。星星忍不住对丹丹说：“不是这样的，你应该先问问我的症状，然后记录下来，还要告诉我得了什么病，才能决定要不要打针，有时候生病是不用打针的！”在星星的指导下，丹丹了解了医生看病的基本程序。

文档：幼儿园大班游戏案例：我们的恐龙故事

案例分析

在该案例中，扮演医生的丹丹对于医生看病的程序了解不到位。在同伴星星的互动引导下，丹丹加深了对医生看病程序的了解，这充分体现了幼儿伙伴互动对幼儿游戏发展的积极作用。

文档：幼儿园中班游戏案例：高一点，再高一点，再再高一点

扫码阅读学习幼儿园游戏案例 1：“中班游戏活动：美味集市诞生记”。

扫码阅读学习幼儿园游戏案例 2：“我们的恐龙故事”。

扫码阅读学习幼儿园游戏案例 3：“高一点，再高一点，再再高一点”。

任务实施

1. 在本任务“任务情境”的案例中，两位老师谁的介入指导效果更好？为什么？幼儿获得了哪方面的发展？

2. 选择适宜的观察方法，分别对幼儿园中的角色游戏、建构游戏、表演游戏进行观察，并对活动中幼儿的游戏行为、教师的指导行为进行记录与分析，并完成表 11-1 ～表 11-3。

表 11-1　幼儿园角色游戏的观察记录与评析

游戏主题		班级	
观察时间		观察地点	
幼儿游戏行为观察与分析	幼儿游戏行为描述	（自选一位幼儿进行观察）	
	幼儿游戏行为分析		
	支持策略		

续表

<table>
<tr><td rowspan="3">教师指导行为观察与评析</td><td>教师指导行为的观察记录</td><td></td></tr>
<tr><td>教师指导行为的评价与分析</td><td></td></tr>
<tr><td>改进建议</td><td>（写明具体选用何种指导方法进行游戏指导）</td></tr>
</table>

表 11-2　幼儿园建构游戏的观察记录与评析

<table>
<tr><td>游戏主题</td><td></td><td>班级</td><td></td></tr>
<tr><td>观察时间</td><td></td><td>观察地点</td><td></td></tr>
<tr><td rowspan="3">幼儿游戏行为观察与分析</td><td>幼儿游戏行为描述</td><td colspan="2">（自选一位幼儿进行观察）</td></tr>
<tr><td>幼儿游戏行为分析</td><td colspan="2"></td></tr>
<tr><td>支持策略</td><td colspan="2"></td></tr>
<tr><td rowspan="3">教师指导行为观察与评析</td><td>教师指导行为的观察记录</td><td colspan="2"></td></tr>
<tr><td>教师指导行为的评价与分析</td><td colspan="2"></td></tr>
<tr><td>改进建议</td><td colspan="2">（写明具体选用何种指导方法进行游戏指导）</td></tr>
</table>

表 11-3　幼儿园表演游戏的观察记录与评析

<table>
<tr><td>游戏主题</td><td></td><td>班级</td><td></td></tr>
<tr><td>观察时间</td><td></td><td>观察地点</td><td></td></tr>
<tr><td rowspan="3">幼儿游戏行为观察与分析</td><td>幼儿游戏行为描述</td><td colspan="2">（自选一位幼儿进行观察）</td></tr>
<tr><td>幼儿游戏行为分析</td><td colspan="2"></td></tr>
<tr><td>支持策略</td><td colspan="2"></td></tr>
</table>

续表

教师指导行为观察与评析	教师指导行为的观察记录	
	教师指导行为的评价与分析	
	改进建议	（写明具体选用何种指导方法进行游戏指导）

任务评价

1. 请你对任务 11 的完成情况进行自我评价。

学习任务	优	良	中	差
实施幼儿园游戏课程	能在游戏实施过程中，选用非常适宜的方法观察幼儿的游戏行为，并能完整描述与记录； 能对幼儿游戏行为进行全面分析，并提出 3 条及以上的促进幼儿发展的支持策略； 能对游戏中教师的指导行为进行客观地评价，并进行全分析； 能选用适宜的方法对游戏进行指导	能在游戏实施过程中，选用比较适宜的方法观察幼儿的游戏行为，并能较为完整描述与记录； 能对幼儿游戏行为进行较为全面分析，并提出 2 条促进幼儿发展的支持策略； 能对游戏中教师的指导行为进行较为客观地评价，并进行较为全面分析； 能选用较为适宜的方法对游戏进行指导	能在游戏实施过程中，选用基本适宜的方法观察幼儿的游戏行为，并进行简要描述与记录； 能对幼儿游戏行为进行简要分析，并提出 1 种促进幼儿发展的支持策略； 能对游戏中教师的指导行为进行较为客观评价，并进行简要分析； 能选用基本适宜的方法对游戏进行指导	不能在游戏实施过程中，选用适宜的方法观察幼儿的游戏行为，不能进行描述与记录； 不能对幼儿游戏行为进行分析，不能提出促进幼儿发展的支持策略； 不能对游戏中教师的指导行为进行评价与分析； 不能选用适宜的方法对游戏进行指导

2. 针对任务 11，你觉得自己还有哪些需要改进的地方？

存在的问题：

产生原因：

解决办法：

赛证直通

1.（材料分析题）在中班角色游戏中，有幼儿提出要玩“打仗”游戏。他们在材料柜里翻出好久不玩的玩具，把吹风机当“手枪”，把仿真型灯箱当“大炮”，“哒哒哒”地“打”起来，玩得不亦乐乎。李老师看到此情景非常着急，连忙阻止：“这是理发店的玩具，不能这样玩。”

问题：李老师的阻止行为是否合适？请说明理由。如果你是李老师，那么你会如何做？（2020 年下半年中小学教师资格考试）

参考答案：

（1）材料中李老师的行为不合适，理由如下。

① 游戏是幼儿自主自愿的活动，是非强制性的，被迫的游戏就不再是游戏了。幼儿之所以玩游戏，是因为游戏带给他们欢乐，他们在游戏中可以自由选择游戏的内容、玩法、材料及同伴等。在材料中，幼儿自主自愿玩“打仗”游戏，而李老师进行了阻止，不符合幼儿游戏的特征，故其行为不合适。

② 游戏在假想的情境中反映周围生活。在游戏中，幼儿不受实际环境的具体条件及时间的限制，通过想象，创造新情境。在材料中，幼儿把吹风机当“手枪”，把仿真型灯箱当“大炮”，符合幼儿游戏的特征，但李老师进行了阻止，故其行为不合适。

③ 在游戏中，教师指导以观察为依据。教师应在幼儿游戏出现困难或游戏秩序受到威胁的时候介入。在材料中，幼儿游戏的兴趣很高，也没有出现游戏秩序混乱，李老师没有仔细观察就阻止幼儿游戏，故其行为不合适。

④ 教师对游戏介入时机的选择主要取决于两个因素：一是幼儿的客观需要；二是教师的主观心态和状况。在材料中，幼儿在玩游戏时，李老师在幼儿没有客观需要的情况下介入，

时机不合适，故其行为不合适。

（2）如果我是李老师，那么我会从以下几个方面去做。

① 满足幼儿的物质需求，不急于介入游戏。我会分层次指导，满足幼儿对游戏材料的需求，在投放游戏材料时做到丰富、充足且富于变化。当幼儿对“打仗”游戏产生兴趣时，应积极满足其物质需求。

② 共同探索游戏奥秘，和幼儿一起玩游戏。当幼儿碰到困难向我求助时，我不会马上给予答案，而是在游戏中与幼儿共同探索，用同伴的口吻与幼儿讨论，而不是直接阻止。

③ 满足幼儿充分游戏的心理需求。我会满足幼儿充分游戏的心理需求，使幼儿的游戏达到一个理想的境界——充分地表现，尽情地体验，心满意足地离开游戏区。

④ 关心幼儿的游戏意愿。我会关心幼儿的游戏意愿，察言观色，通过幼儿的语言、表情、动作揣摩幼儿的游戏心态，为他们顺利开展游戏铺平道路。

⑤ 关注游戏的发展进程，及时退出幼儿游戏。我会随着幼儿游戏的发展不断地给予支持，站在幼儿的立场上思考游戏的进程，及时向幼儿提出合理化的建议，以刺激游戏活动进一步展开。当不需要教师角色时我会及时退出。

2.（材料分析题）几个幼儿正在玩游戏，他们把竹片连接起来，想让乒乓球从一头开始沿竹槽滚动，然后落在一定距离外的竹筒里。在游戏过程中他们遇到了很多困难，如乒乓球从竹片间掉落，竹片连成的“桥”太陡，乒乓球怎么也落不到竹筒里……最后，他们通过不断努力，终于让乒乓球落到了竹筒里（图1，图2）。

图1

图2

问题：幼儿可以从上述活动中获得哪些经验？请结合材料分析说明。（2019年下半年中小学教师资格考试幼儿园“保教知识与能力”真题）

参考答案：

材料中的幼儿有共同的游戏目的，在游戏过程中采取分工合作的形式，说明进行的是合作游戏。在此游戏中幼儿可获得如下经验。

（1）合作经验。幼儿游戏中社会性交往水平最高的就是合作游戏，合作游戏可以增强幼儿的合作意识和交往能力。在材料中，有的幼儿抬竹片，有的幼儿放乒乓球，通过分工合作，使游戏得以继续，说明幼儿可以获得合作经验。

（2）身体平衡与控制经验。在游戏的过程中，幼儿的身体协调能力和控制能力得到了提升。在材料中，最初乒乓球总会从竹片间掉落，说明幼儿的动作协调和控制能力比较弱，而通过游戏中的反复尝试，幼儿最终能够很好地控制竹片间的距离和坡度，使乒乓球在翻滚过程中不掉落，说明幼儿可以获得身体平衡与控制经验。

（3）认知经验。幼儿认知能力的发展包括想象、思维等方面的发展。在材料中，竹片的坡度太陡，导致乒乓球落不到竹筒里，而经过不断尝试与探索，最终乒乓球落到了竹筒中。这丰富了幼儿对斜坡与速度关系的认知经验。同时，材料中幼儿所玩的游戏需要将竹片连接起来，在实施过程中需要考虑物体拼接的状况，从而可以使幼儿获得物品拼接经验。这两点说明幼儿可以获得认知经验。

幼儿的成就感和自信心可以从成功完成某件事情中获得。材料中的幼儿就是通过不断努力，克服了重重困难，最终取得了游戏的成功，感受到了成功的喜悦。这说明幼儿可以通过成功获得积极的情感经验。

幼儿期是坚持性行为发展的关键时期，通过有难度的体育游戏可以促进幼儿坚持性的发展。尽管在游戏过程中遇到了很多困难，但幼儿还是通过不断努力成功把球滚到了竹筒里，这培养了他们的坚持性。对于幼儿来说，游戏不仅是一种消遣，还是一种主要的学习方式，幼儿可以从游戏中获得多方面的发展，作为教师，一定要重视幼儿的游戏教育。

文档：安吉游戏怎么理解

项目拓展：扫码阅读“安吉游戏怎么理解”。

项目五 5

幼儿园区域课程

岗位要求

在某幼儿园大班的建构区的活动中，幼儿对区域中的新材料——积木非常感兴趣。有的用积木搭建奥特曼，有的用积木拼搭自己最喜欢的恐龙巨兽，有的在探索关于积木的新玩法。幼儿非常积极努力地达成自己心目中的愿景，搭建出不少让人眼前一亮的作品。但也有不少让人头疼的情景——有的幼儿不能正确地运用积木的凹凸处牢固地插拼积木，还像以往搭积木一样，把不同的积木虚搭在一起，自己不小心轻轻一碰就都散架了。有的幼儿对不会搭建的幼儿说："你怎么能这样搭呢？看我的多牢固。"说着就用自己的"恐龙"碰了一下其他幼儿的"大楼"，于是全倒了，引起一片哀怨。还有的幼儿觉得自己的想法最有趣，要求同伴按照自己的想法搭建，双方无法很好地合作。

区域课程是当前幼儿园课程体系中的重要一环，具有独特的教育价值。关于区域活动的理论和实践研究也一直是学术界的研究热点。区域活动也是践行学前教育领域相关政策文件精神的重要途径。《幼儿园教育指导纲要（试行）》总则部分明确指出："幼儿园应为幼儿提供健康、丰富的生活和活动环境，满足他们多方面发展的需要，使他们在快乐的童年生活中获得有益于身心发展的经验。"《3～6岁儿童学习与发展指南》指出，实施该指南要做到以下几点：关注幼儿学习与发展的整体性；尊重幼儿发展的个体差异；理解幼儿的学习方式和特点；重视幼儿的学习品质。《幼儿园教师专业标准（试行）》指出："鼓励幼儿自主选择游戏内容、伙伴和材料，支持幼儿主动地、创造性地开展游戏，充分体验游戏的快乐和满足。”显然，在幼儿园区域课程中，蕴藏着大量的实现幼儿学习导向性要求的教育机会。幼儿可以通过自主选择区域，在区域活动中运用动手操作尝试、观察学习、合作学习等学习方式，获得使用肢体大动作或精细动作等有益幼儿身心发展的经验。另外，幼儿通过自己的尝试和努力克服困难，获得成功的体验，能够提升幼儿的内驱力和自我效能感，从而帮助幼儿形成不怕困难、敢于探究和尝试等良好学习品质。

学生应当关注有关幼儿园区域课程的岗位要求。具体来说，学生应该在认识和理解幼儿园区域课程有关理论知识的基础上，独立或与他人合作设计幼儿园区域课程，并在此基础上模拟实施幼儿园区域课程，其中既包含解释说明幼儿园区域课程组织和实施思路的环节，也包含处理幼儿园区域课程实施过程中常见问题的模拟教学。

学习目标

一、知识目标

1. 结合案例，认识幼儿园区域课程的内涵、特点、类型、教育价值和功能。
2. 结合案例，理解并运用幼儿园区域课程设计指导实施要点。

二、能力目标

1. 能根据一定的条件搜集和描述幼儿园区域课程的特点、类型和功能。
2. 能按照一定的知识框架，观摩、分析和评价幼儿园区域课程的优缺点。
3. 能设计和规划幼儿园区域课程，并模拟实施。
4. 能借鉴和利用相关知识反思和完善幼儿园区域课程。

三、素养目标

1. 热爱学前教育工作，愿意学习并实践幼儿园区域课程的相关内容。
2. 自主与合作相结合，愿意协作和交流，乐于在小组协作中承担相应责任。
3. 感受优秀传统文化和区域课程的融合，发展中国化区域课程，形成文化自信。

项目导学

本项目的学习内容包括认识幼儿园区域课程、设计幼儿园区域课程和实施幼儿园区域课程三个任务。每个任务中包括任务情境、任务描述、任务准备、任务实施、任务评价等学习内容。

- 幼儿园区域课程
  - 认识幼儿园区域课程
    - 幼儿园区域课程的内涵
    - 幼儿园区域课程的特点
    - 幼儿园区域课程的类型
    - 幼儿园区域课程的教育价值和功能
  - 设计幼儿园区域课程
    - 确定区域活动和空间位置应考虑的因素
    - 幼儿园区域课程环境创设和材料投放应考虑的因素
    - 幼儿园区域课程规则制定的要点
    - 幼儿园区域课程计划的设计
  - 实施幼儿园区域课程
    - 实施幼儿园区域课程的指导原则
    - 实施幼儿园区域课程的指导方法
    - 实施幼儿园区域课程的指导内容

赛证要求

序号	文件	赛证要点	融合育人
1	《幼儿园教师专业标准（试行）》	提供更多的操作探索、交流合作、表达表现的机会，支持和促进幼儿主动学习。 重视环境和游戏对幼儿发展的独特作用，创设富有教育意义的环境氛围，将游戏作为幼儿的主要活动。 重视丰富幼儿多方面的直接经验，将探索、交往等实践活动作为幼儿最重要的学习方式	岗课贯通
2	《学前教育专业师范生教师职业能力标准（试行）》	能够提供充足的游戏时间，鼓励幼儿自主选择游戏内容、伙伴和材料，支持幼儿主动地、创造性地开展游戏，充分体验游戏的快乐和满足。 学会观察、分析幼儿的游戏，支持幼儿在游戏活动中获得身体、认知、语言和社会性等方面的发展	
3	《中小学和幼儿园教师资格考试标准（试行）》	熟悉幼儿游戏的类型及各类游戏的特点和主要功能。 了解各年龄阶段幼儿的游戏特点，能根据需要提供支持与指导	课证融通
4	《福建省职业院校技能大赛（高职组）“学前教育专业教育技能”赛项规程》	幼儿园教育活动设计评分标准	赛课融合

任务 12　认识幼儿园区域课程

任务情境

实习生小王第一天到幼儿园小二班实习，眼前的景象让她感到十分意外。在木工区，她发现了很多她认为不应该出现在幼儿园的物品——各种钉子、锋利的锯子、铸铁做的沉重锤子、各种木板、泡沫板、钻头等。她担心这些工具可能会伤到幼儿：钉子和锯齿可能会划破皮肤，锤子可能会砸破幼儿娇弱的手指。如果家长得知，则可能会责怪幼儿园和老师。然而，当区域活动开始时，选择木工区的幼儿却很多。他们有的在钉钉子，有的用钻头钻木板或者泡沫板，还有的在使用锯子，每个人都玩得专注且有序。小王观察了很久，并没发现任何幼儿在使用工具的过程中受伤。面对这样的情况，实习生小王结合自己在学校里学到的理论知识，开始反思自己对区域活动的理解和认识。

面对这样的情境，幼儿教师只有理解幼儿园区域课程的内涵、特点、类型、教育价值和功能等内容，才能从教育问题中看到教育机会，从而在活动中促进幼儿之间的合作与交流，帮助他们学会分享、倾听和尊重他人的观点，实现相关的教育目标。

任务描述

本任务将围绕认识幼儿园区域课程展开。在本任务中，你需要理解和掌握幼儿园区域课程的内涵、特点、类型、教育价值和功能等理论知识，在此基础上，结合相关实习或见习等实践活动运用相关理论知识，完成相关任务，学以致用。

任务准备

一、幼儿园区域课程的内涵

幼儿园区域课程也叫活动区课程、区角课程，是指在幼儿园教育环境中，综合考虑幼儿的兴趣和需要、各年龄段幼儿的学习和发展特点、幼儿园教育目标、其他教育活动等因素，将教室或场地划分为不同的区域，每个区域有特定的主题或学习内容，并配备相应的教具、材料和玩具，供幼儿自主选择与游戏的课程。幼儿应自主选择区域，并在其中进行有目的的探索、学习和游戏。

幼儿园区域课程旨在鼓励幼儿自主选择区域，创设问题或者任务情境，引导幼儿主动参与问题的解决，培养他们的认知、语言、社交、情感、运动等方面的能力，是一种促进幼儿全面发展的重要教育形式。区域活动可以激发幼儿的主动性和好奇心，让他们在自主探索和玩耍的过程中获得愉悦感受。同时，幼儿园教师在区域活动中扮演观察者、支持者和引导者的角色，通过观察及时了解幼儿的表现，针对性地做出回应，支持、引导幼儿的有效学习。

二、幼儿园区域课程的特点

幼儿园区域课程具有以下几个比较明显的特点。

（一）综合性

幼儿园区域课程的综合性体现在其教育目标的多维达成上。简单来说，每个特定的幼儿园区域课程都蕴含着实现全面教育目标的潜力。例如，在“理发角”游戏中，幼儿通过扮演理发师等角色，在情感态度维度上，可以培养服务意识和礼貌待人的良好习惯；在知识经验维度上，可以了解理发的步骤、理发工具的名称和使用方法；在技能维度上，可以通过使用剪刀等理发用具，发展幼儿的粗大或精细动作技能。

幼儿园区域课程覆盖的教学内容和幼儿学习经验是综合的，涉及认知、语言、社交、情感、运动和艺术等领域的内容。在幼儿园区域课程中，教师往往采用多样化的教学方法，如游戏、探索、艺术创作、角色扮演等。这些方法能够激发幼儿的兴趣，符合幼儿的学习特点和规律，帮助他们全面发展。

（二）渗透和延伸性

幼儿园区域课程的渗透和延伸性可以从以下两个方面论述。

一方面，其他类型的幼儿园教育，如生活活动、集中教学活动、主题活动等，可能影响甚至决定幼儿园区域课程一段时间内的具体内容。例如，中二班本月的主题活动是“有趣的汽车”，那么该班的建构区的活动任务可能是使用积木搭建小汽车，手工区的活动任务可能是制作彩纸贴画小汽车，阅读区的活动任务可能是阅读和小汽车相关的图文材料等。又如，在开展生活活动“户外散步”的过程中，某幼儿发现雨后的幼儿园草地上出现了小蜗牛，其他幼儿也对这个可爱的自然生灵产生了浓厚的兴趣，大家都凑过去仔细观察，这时，教师把小蜗牛放到透明容器中，把观察记录小蜗牛作为生物区的一项学习内容。也就是说，其他类型的幼儿园教育内容常常渗透和延伸到幼儿园区域课程中。

另一方面，幼儿园区域课程也常常影响或决定其他类型的幼儿园教育活动的主题内容。例如，在大班区域课程“大小物品分类”活动中，某幼儿为了快速地将混合在一起的树叶、花生、黄豆、绿豆、小米等物品进行分离，发现了一个好方法。他让小组成员手持大、中、小号网眼筛，从上到下依次排列，将混合物倒入，于是就实现了大小物品的快速分离。幼儿都觉得这个方法很好，很有趣，但是一直举着网眼筛很不方便。于是，制作“自动分料机”就转化成了科学领域集中教学活动“我会分类”中的子任务。也就是说，幼儿园区域课程常常渗透和延伸到其他类型的幼儿园教育形式当中。

（三）游戏性

有人把幼儿园区域课程称为一种游戏课程。这是有一定道理的，因为幼儿园区域课程具备游戏的很多特性。

首先，幼儿在区域课程中往往是压力较小、轻松愉快的。而幼儿的活动目的往往也只存在于活动本身，并不单纯地寻求外界的认可和奖励。例如，某幼儿在“娃娃家”帮娃娃系扣子，他费力尝试了很多次，手指都捏红了，仍然无法将扣子穿过小小的扣眼，但小小的失败不影响他接下来完成帮娃娃梳头、洗脸等任务。第二天，该幼儿已经能够在经过一番努力之后把扣子成功穿入扣眼了。该幼儿并没有立即寻求外界的表扬和奖励，而是自己咧嘴笑一下，继续穿下一个扣子。其次，幼儿园区域课程是幼儿的一种自主自愿的活动，众所周知，原则上幼儿应该主要根据自己的需要和兴趣自由选择自己感兴趣的区域及其材料与玩法。也就是说，在区域活动中，所有的活动材料和经验都是幼儿自主选择和生成的，教师一般不会干涉。最后，幼儿园区域课程具有假想性和社会性。例如，幼儿在“娃娃家”照看“生病的”娃娃时，并不是真的给娃娃喂水喂药，但也学习或练习了照顾他人的知识经验和技能，发展了关心他人处境与感受的社会性情感。

综上所述，幼儿园区域课程具有压力较小、轻松愉快、自主自愿、假想性和社会性等游戏的特点。

（四）学习情境性和问题导向性

在幼儿园区域课程中，幼儿往往是在具体和特定的学习情境中，发现亟待解决、对自己有价值的问题。因此幼儿会积极地动手动脑、探究问题。无论是“理发角”游戏中为顾客理发的任务，大班“科学区”“大小物品分类”活动中将特定的物品按大小分类的任务，还是“娃娃家”帮娃娃系扣子，照看“生病的”娃娃的任务，它们都有清晰的生活化的问题情境。幼儿对于问题的清晰理解、幼儿感受到这些问题的价值和愿意解决这些问题的冲动，都会自然而然地引导幼儿做出解决这些问题的努力和尝试的行为。从建构主义学习理论的视角来看，这样的问题十分有利于学习者的学习和自主建构。

三、幼儿园区域课程的类型

幼儿园区域课程按照不同的分类标准可以分为不同的类型。

（一）开放的幼儿园区域课程与封闭的幼儿园区域课程

根据承载幼儿园区域课程的活动区内的幼儿活动具体内容的性质，可以把幼儿园区域课程分为开放的幼儿园区域课程与封闭的幼儿园区域课程。

某些具有特定活动内容的区域需要与外界相对地隔绝，具有一定的封闭性。例如，在建构区，幼儿搭建的过程和产生的劳动成果需要一定的保护；在阅读区，幼儿需要较为安静、避免外界干扰的阅读空间；在手工区，幼儿在进行串珠子、打绳结等精细动作相关的操作练习时，需要一定程度上避免外界干扰。

另一些具有特定活动内容的区域需要向外界开放，进行必要的互动，具有一定的开放性。例如，美工区、角色扮演区等属于比较典型的具有开放性的幼儿园活动区域。在这些区域中，幼儿的作品或创作表演过程若能够受到区域外环境的及时关注和反馈，则会产生更好的学习效果。

（二）静态的幼儿园区域课程与动态的幼儿园区域课程

根据幼儿园区域课程的活动区内的幼儿活动具体内容是否需要频繁地使用语言交流或发出声音，可以把幼儿园区域课程分为静态的幼儿园区域课程和动态的幼儿园区域课程。

图书区、益智区、手工区是比较典型的静态区域。在此区域中，幼儿一般需要相对独立地完成相关的活动任务，语言交流频率较低。例如，在图书区，幼儿独自阅读绘本；在益智区，幼儿完成拼图等挑战任务；在手工区，幼儿完成串珠子、捏泥塑等任务。

建构区、角色扮演区是比较典型的动态区域。在此区域中，幼儿一般需要通过小组协作或不同幼儿之间频繁的语言交流来完成相关的活动。例如，在角色扮演区，幼儿需要频繁对话来推动故事情节的发展。

（三）规则的幼儿园区域课程与创造的幼儿园区域课程

根据幼儿园区域课程的活动区内的幼儿活动具体内容规则性的强弱，可以把幼儿园区域课程分为规则的幼儿园区域课程与创造的幼儿园区域课程。

益智区、户外游戏区是比较典型的规则区域。在此区域进行的活动都具有较强的活动规则。幼儿一般需要理解游戏规则，严格按照游戏规则活动。例如，在益智区，幼儿只能按照特定的规则移动滑块，获得华容道游戏的胜利；在户外游戏区，幼儿玩老鹰捉小鸡等游戏必须遵守相应的规则。

表演区、建构区是比较典型的创造性区域。在此区域进行的活动一般不存在特定的活动规则，相反，还应鼓励幼儿大胆想象和创造。例如，在表演区，教师应鼓励幼儿大胆改编表演故事脚本；在建构区，把房子建成什么形状、用哪些积木建造并无特定要求，幼儿可以根据自己的想法不断尝试和创造。

（四）侧重知识技能的幼儿园区域课程与侧重情感态度的幼儿园区域课程

根据幼儿园区域课程的活动区内的幼儿活动具体内容心理维度倾向性，可以把幼儿园区域课程分为侧重知识技能的幼儿园区域课程和侧重情感态度的幼儿园区域课程。

常见的侧重知识技能学习的活动区域包括建构区、益智区、美工区、科学区。常见的侧重情感态度发展的活动区域包括角色扮演区、表演区。需要强调的是，上述划分并非绝对的。在侧重知识技能学习的活动区域中，也可以促进幼儿情感态度的发展，教师可以有意识地引导。例如，在益智区、建构区等侧重知识技能学习的区域开展活动后，教师可以引导幼儿说说他人成果的优势，以帮助幼儿形成耐心倾听、尊重他人的情感态度。

四、幼儿园区域课程的教育价值和功能

由于各个活动区的材料、操作方式、使用规则不同，幼儿在各个活动区进行活动所获得的经验也是不同的，所以不同的幼儿园区域课程有不同的教育价值和功能。学会理解和分析各个幼儿园区域课程的教育价值和功能，是设计实施和指导幼儿园区域课程的前置知识。下面以幼儿园常见的科学区、美工区、阅读区、沙水区、为例，分别从认知、动作技能、情感社会性发展三个方面分析它们的教育价值和功能。

（一）科学区

1. 认知发展

科学区的活动能够激发幼儿的好奇心，培养他们对世界的探索兴趣。在科学区，幼儿可以进行各种观察、实验、探究活动，感知自然界的现象，丰富自己对于世界的认知经验，建构、梳理自身对世界的理解和认知。通过这些活动，幼儿可以发展自己的观察、比较、分类、推理和解决问题的能力，提高科学素养和思维能力。

《3—6 岁儿童学习与发展指南》强调，儿童的认知发展需要积极探索、观察和实践。科学区提供了丰富的学习机会，帮助幼儿理解自然现象、激发好奇心，培养科学思维和观察能力。这符合《3—6 岁儿童学习与发展指南》中提到的“注重引导幼儿通过直接感知、亲身体验和实际操作进行科学学习”的要求。

2. 动作技能发展

科学区的活动往往需要幼儿动手操作，如进行实验、搭建模型、使用相关的科学工具或仪器进行科学探索等。这些活动促进了幼儿的精细动作和手眼协调能力的发展。同时，幼儿在活动中需要观察、记录、整理实验材料等，这培养了他们的信息处理和组织能力。

3. 情感社会性发展

首先，在科学区的活动中，幼儿能感知到很多新奇的科学现象，获得有关科学的感性经验，这有助于激发幼儿的好奇心、求知欲等积极的情感态度。其次，科学区的活动还提供了合作和交流的机会，幼儿在探索科学问题的过程中，可以与同伴分享发现、讨论观点，培养团队合作和交往能力。再次，科学区的活动中涉及自然界的现象，可以培养幼儿爱护环境的意识、积极向上的情感和社会责任感。

（二）美工区

1. 认知发展

美工区的活动鼓励幼儿观察、思考、创作。通过绘画、做手工、贴纸等艺术活动，幼儿可以发展观察力、形象思维和空间感知能力。他们通过学习和丰富有关颜

色、材料、图案、形状的经验，锻炼了分类、比较、推理等认知技能。这些活动激发了幼儿的想象力和创造力，有助于提升他们的艺术素养，培养审美意识，有助于幼儿在实践中提升其认知发展水平。

2. 动作技能发展

美工区的活动涉及丰富的手工制作和艺术表达，这促进了幼儿的动手能力和手眼协调能力的发展。剪纸、拼贴、绘画等需要精细的手指动作，锻炼了幼儿的精细动作技能。同时，幼儿在美工活动中需要自主操作，这培养了他们的独立性和解决问题的能力，为动作技能的发展提供了良好的机会。

3. 情感社会性发展

根据《幼儿园教育指导纲要（试行）》的精神，通过区域内的绘画和手工制作等活动，幼儿可以直接地感知周围环境和生活中美好的人、事、物，从而丰富他们的感性经验和审美情趣，激发他们表现美、创造美的兴趣。同时，美工区也为幼儿表达自己的情感、愿望和观点提供了一个开放包容的环境。美工活动常常是集体进行的，幼儿需要和同伴分享资源、合作完成任务。这有助于培养他们的合作意识、沟通能力和团队合作精神，也促进了情感的交流和社会性技能的培养。

（三）阅读区

1. 认知发展

阅读区为幼儿提供了丰富的阅读材料，鼓励幼儿浏览图书、看/听故事。通过阅读，可以丰富幼儿的语料和认知范围，了解不同的主题、角色和情节，提高语言表达能力。此外，在阅读区，鼓励幼儿提问、讨论，促进思维发展。在此过程中，幼儿可以理解问题、分析情节，培养逻辑思维和解决问题的能力。

2. 动作技能发展

虽然阅读区的活动主要是关于认知和语言的，但实际上也涉及动作技能的发展。幼儿翻阅书籍、选择图书时需要手眼协调，同时保持正确的阅读姿势等，锻炼了腰腹部和手臂的大肌肉动作和手指精细动作。一些图书角的互动活动，如角色扮演、讲故事，要求幼儿动手操作、展示动作技能，促进了整体动作能力的成长。

3. 情感社会性发展

阅读区培养了幼儿的情感表达能力，发展了幼儿积极正向的社会性情感。通过看/听故事、参与讨论等生活化的情境和阅读活动，幼儿能够自然而然地产生对文字的兴趣，从而进一步发展出想说、敢说、喜欢说的情感态度。在阅读区，幼儿可以表达自己的情感，体验作品中不同角色的情感。此外，阅读区是一个共同参与的场所，幼儿可以与同伴分享故事、一起讨论，培养合作和沟通能力。同时，阅读区能够加强幼儿与教师之间的互动，建立亲近感，促进幼儿亲社会性情感的发展。

（四）沙水区

1. 认知发展

沙水区提供了丰富的感官体验和探索机会，鼓励幼儿用手触摸、感受、观察沙和水。沙和水的质感能够很好地刺激幼儿的感官，带来丰富细腻的感性体验，这有助于幼儿发展观察力、探究欲望，丰富对自然界的认知。他们可以观察水的流动、沙的颗粒，感知物质的属性和基本的自然现象。湿沙有一定的塑形性，通过对其进行塑形，幼儿不仅可以认识多种多样的几何形状，还可以发展想象力和创造力。

2. 动作技能发展

沙水区的活动需要幼儿进行精细的手部动作和手眼协调。幼儿挖、倒、抓、塑等动作锻炼了他们的精细动作能力。在水中玩耍时，幼儿还可能体验到水的阻力和浮力，促进肌肉发展和动作技能的增强。此外，玩沙玩水区的互动活动，如与同伴一起筑沙堡、合作倒水，也促进了整体动作能力的发展。

3. 情感社会性发展

沙水区能消耗幼儿多余的精力，使其保持身心良好的体验和愉悦感，为幼儿提供了健康积极的情感体验。在玩沙玩水过程中观察到的有趣现象能够激发幼儿的好奇心和探究欲。此外，这个区域通常是多人参与的，幼儿可以与同伴互动、合作，分享玩具、合作构建，培养合作、分享和社交技能。这有助于幼儿建立友谊、理解集体合作的重要性，促进积极的社会情感的发展。

任务实施

本模块的任务是观察、搜集和识别分析幼儿园区域课程的典型案例，其依据是“任务准备”模块幼儿园区域课程的内涵、特点、类型、教育价值和功能等理论知识。完成任务的途径是先分析提供的案例，再通过教育实习等途径观摩、搜集一个幼儿园区域课程案例。在此基础上，运用理论知识对案例进行描述和分析。具体来说，需要学生在教师的说明和引导下，完成下列任务的表格，并完成后续的交流分享和点评环节。

案例

中班建构区活动：我会搭汽车

一、活动背景

本学期中二班的班级主题活动是“小汽车本领大”。幼儿已经通过集中教学活动、阅读有关汽车的图书、参观汽车 4S 店等活动了解了汽车的外形特征、组成结构、各部分的名称等知识经验。同时，教师根据《幼儿园教育指导纲要（试行）》幼儿科学教育“要尽量创造条件让幼儿实际参加探究活动，使他们感受科学探究的过程和方法，体验发现的乐趣”的精神，在建构区投放积木、方向盘、圆形纸筒等材料，保证幼儿自由活动的时间和空间。在区域活动时，两位小朋友选择在建构区搭建自己的小汽车。

二、活动过程

小明：我们今天一起来搭积木吧！我想搭一个大大的汽车。

小强：我妈妈下午开车来幼儿园接我。我也想搭一个漂亮的汽车给她看。我们用什么搭建汽车呢？

小明：用木块和木箱吧，因为木块和木箱很多，而且我们还有一个大大的方向盘！

小强：我明白了。

小强和小明开始行动，很快，一个硕大的长方体就搭建起来了。这时，小明发现有些不对劲。

小明：轮子在哪里呢？我们往哪里放轮子呢？

小强：应该放在下面，可是下面没有地方放啊。

小明：那我们应该重新，把上面这些木块拿开，下面的拉开。

于是他们两个一起，费了一番工夫，把上面的木块拿开。

小明：我们这次要先放轮子啊。

小强：对。

小强一边说一边把纸管做的轮子放好。

他们很快就搭好了汽车的主体部分，然后又把方向盘插到了木块当中。

小强：汽车差不多做好了，我们去找老师拍照。

老师来了，帮他们用手机拍照，说：“搭得不错，一会儿向大家展示。照片照完了，要把搭小汽车用到的积木归位哦。”

于是他们两个开始把积木靠在墙边收纳。一开始，他们把一列积木垒得很高，然后从地板上的最低处开始垒另外一列，很高的那一列已经摇摇晃晃了，这样的摆放方式容易导致积木倒下，甚至砸到其他幼儿。老师看到后说：“不要把积木垒得太高，要多垒几列，这样才不会倒下，不然会砸到人的。”

于是小明和小强把最高处的几块积木拿下来，在旁边重新垒了一列。这次，他们没有再垒得那么高，积木稳稳地被摞了起来。

三、活动结果和延伸

在总结交流环节，教师在大屏幕上展示了小明和小强的搭建成果，表扬了他们主动收拾材料的行为，并请他们上台介绍自己的搭建过程和想法。小明开心地分享了搭建过程，并且表示还想再搭建一个更厉害的小车。

幼儿园区域课程识别分析表如表 12–1 所示。

表 12–1　幼儿园区域课程识别分析表

<table>
<tr><td colspan="3">1. 结合案例回答下列问题。
（1）是否符合幼儿园区域课程的内涵？为什么？

（2）体现了幼儿园区域课程的哪些特点？并分析。

（3）属于何种类型的幼儿园区域课程？体现了哪些教育价值和功能？并分析。</td></tr>
<tr><td colspan="3">2. 请你通过下园实习等途径搜集“幼儿园区域课程”方案，并进行分析与判断。
区域活动名称：
（具体方案另行附页，可仿照案例记录。）</td></tr>
<tr><td>是否符合幼儿园区域课程的内涵？并分析</td><td>是否具备幼儿园区域课程的特点？并分析</td><td>是否体现幼儿园区域课程的教育价值和功能？并分析</td></tr>
<tr><td></td><td></td><td></td></tr>
</table>

任务评价

学习任务	优	良	中	差
认识幼儿园区域课程	能依据幼儿园区域课程的内涵、特点、教育价值等准确分析课程方案，并能有条理地描述	能依据幼儿园区域课程的内涵、特点、教育价值等较准确分析课程方案，并简要描述	能初步依据幼儿园区域课程的内涵、特点、教育价值等分析课程方案，分析不够完整，描述的条理性不强	不能依据幼儿园区域课程的内涵、特点、教育价值等分析课程方案，描述无条理性，甚至有错误

任务 13　设计幼儿园区域课程

任务情境

小王老师是幼儿园中三班的实习教师，最近她被本班区域活动中出现的一些问题搞得头昏脑胀。有些幼儿不会玩区域内的材料，跑去了其他区域；有的幼儿玩了一会儿就呆呆地愣在原地；一些区域则没有幼儿选择。此外，还有些幼儿找不到所需要的材料，不停地向老师索要。有的区域间出现了互相影响的现象。例如，建构区的幼儿在讨论时声音太大，影响了需要安静阅读的图书区幼儿。还有一些区域十分受欢迎，很多幼儿在里面玩，但因材料不够而导致幼儿之间争抢，产生冲突。有的幼儿因自己的作品被别人碰坏而伤心不已，来找老师评理。

如果你是小王老师，你会怎么办呢？上述问题与设计幼儿园区域课程时相关因素没有考虑周全有关。请带着这些问题进入本任务的学习，这些问题都可以在一定程度上得到解答。

任务描述

本任务将围绕设计幼儿园区域课程展开。在本任务中，你需要综合考虑确定区域活动空间位置、幼儿园区域课程环境创设和材料投放应考虑的因素，以及幼儿园区域课程规则制定的要点，设计幼儿园区域课程计划。在此基础上，结合幼儿园实习的观摩活动完成相关任务，自评，以及与教师、小组成员的讨论。

任务准备

一、确定区域活动和空间位置应考虑的因素

（一）确定区域活动应考虑的因素

1. 要考虑幼儿的年龄和发展阶段

不同年龄段的幼儿有不同的发展需求。所选区域活动应该符合幼儿的年龄特点，适合他们的认知和动作能力，以及情感社会性的发展水平。具体来说，教师可参考《3—6岁儿童学习与发展指南》中对应领域的对应年龄阶段的典型表现。当然，教师更需要关注幼儿实际的发展水平和表现。

2. 要关注幼儿的兴趣和好奇心

了解幼儿的兴趣和好奇心是重要的。兴趣和好奇心是激发幼儿学习的内部动机，是区域课程有效性的重要保障。教师对幼儿的兴趣和好奇心的把握，来源于教师平时对幼儿一日生活和学习行为的观察、分析、思考。

3. 要考虑教育目标的达成

确定区域活动需考虑教育目标，以发挥教育目标引领幼儿全面发展的指向性作用。教师应考虑区域活动对幼儿认知、动作技能、情感社会性的促进作用。

4. 要考虑教学资源

选择合适的区域活动还需考虑教学资源的可用性，包括人力、材料、场地等。应考虑传统文化在其中的融入，以激发幼儿对传统文化的兴趣，培养民族认同感，传承中华优秀传统文化。例如，可以设立中国传统手工艺区，让幼儿参与剪纸、折纸、中国结等活动，促使他们了解传统手工艺的魅力。此外，可以设置传统音乐、民间故事区，用音乐、故事来丰富幼儿的情感体验，传递中国传统文化的价值观。

（二）确定区域空间位置应考虑的因素

幼儿园活动室空间有限，除去中间留出的空白区域，室内与走廊等可以布置活动区域的面积一般为40～60平方米。一个活动室内一般需要设置6～7个活动区域，合理设置区域空间位置将确保幼儿活动的安全、有效，这很大程度上能够影响幼儿区域课程的实施效果。

1. 幼儿园活动区域一般呈回字形

回字形布局即中间留有一定的空间，将各个活动区排列于预留空间的四周。这样做好处有四点。第一，方便教师和各区域的幼儿利用中间的空间在区域间穿梭，进行适当的互动交流或指导，避免了只有穿过某区域才能到达另一区域的现象的发生，减少了人员走动对区域活动的干扰。第二，这样的布局有利于教师处于居中位置对各个区角的观察和巡视，能最大限度地减少教师的视线死角；有利于教师发现活动中幼儿的不安全行为，及时做出反应，更好地保障幼儿的安全；也方便教师第一时间回应幼儿的需求，支持、推进幼儿的游戏。第三，这样的布局有利于拉开距离，减少动静区域间的相互干扰。例如，在回字形区域布置的基础上，教师可以将比较吵闹的表演区和需要安静的阅读区分别设置于回字形活动空间对角线的两个角落。第四，当区域活动结束、需要集中交流讨论时和展示成果时，方便幼儿比较快速地集中在中央部分的预留空间，进行集中交流和成果展示，减少了过渡环节的混乱，缩短了等待时间。

2. 注意满足区域活动所必需的特定条件

有些区域活动的正常进行需要特定的环境条件，要注意满足这些必要的条件。例如，阅读区、科学区、美工区都需要充足的光线保证阅读、观察、手眼协调的精细动作的进行，因此必须保证良好的采光。而绘画区需要离水源较近，同时考虑到颜料污渍容易落到地面，因此该区域地面需要铺设容易清洗的材料。

3. 注意利用功能性设备做好区域间的分隔

教师要善于利用区域的矮柜、书架、置物架、开放式栅栏、地毯等功能性设备，做好不同区域间的自然分隔。分隔的程度可以参考区域活动内容的性质和因素。建构区的搭建过程和成果都需要较高程度的隔离与保护，因此该区域被围住的部分应该更多，出入口应该较小，必要时出入口应该分开设计，并且制定清晰可行的区角规则，引导幼儿自觉遵守。角色扮演区等开放性和互动性较高的区域则不必设置过于封闭的物理空间。分隔的程度应该考虑幼儿的年龄和身心发展特点。小班幼儿有意注意发展程度还不够，活动区应更封闭一些；大班的活动区则可以适当加大开放性。

二、幼儿园区域课程环境创设和材料投放应考虑的因素

（一）幼儿园区域课程环境创设应考虑的因素

1. 环境设施的安全性

安全是幼儿园各项活动的前提条件，必须确保区域活动环境无潜在的安全隐患。

例如，避免放置未妥善收纳的小零件，确保家具边角钝化，地面干燥、平整、无异物，能提供足够的抓地力。定期检查各种设施的稳固性，确保无松动部分。

2. 取用的便捷性

除使用鲜明的色彩、布置整齐有序的环境外，取用的便捷性也应当重点考虑。具体来说，各种物品应该方便幼儿取用和归还。例如，置物架应该高度适宜，不应过高或过低，高度不超过幼儿眼睛，不低于幼儿蹲下时膝盖的高度。置物筐应该透明或无色，物品放置位置应该固定，以方便幼儿观察取用。

3. 空间的灵活变通性

布局应灵活，支持不同类型的活动。例如，可以设置可移动的隔断，使空间可以快速调整大小。提供多功能的区域，如设计既适合阅读又适合绘画的角落。某些区域经过简单的调整后，可以转化为具备其他功能的活动区域，如阅读区经过简单的调整后转化为绘画区。

4. 规则的暗示性

区域活动需要发挥幼儿的自主性，区域活动中直接影响幼儿学习和活动的是区域环境，环境就是幼儿的老师。因此，在创设环境时应该考虑区域规则的渗透。例如，建构区门口印有五对小脚丫贴纸，就暗示建构区最多容纳 5 名幼儿，幼儿进区域之前需要脱掉鞋，把鞋放到贴纸上。这样的环境创设能潜移默化地引导幼儿自觉遵守规则，形成规则意识。

（二）幼儿园区域课程材料投放应考虑的因素

1. 材料投放的安全性

《幼儿园教育指导纲要（试行）》指出，幼儿园必须把保护幼儿的生命和促进幼儿的健康放在工作的首位。材料投放的安全性应当是首要考虑的因素。首先，教师在投放纽扣、珠子等小件物品进入区域前，应当通过示范正确操作等有效方法，引导幼儿有效学习，确保幼儿安全地使用相关材料。其次，教师要做好一些低结构废旧材料的清洁消毒工作。而投放的结构性较高的教具和玩具应具有合格的质量，符合相关国家标准，材质坚固、不易断裂等。最后，教师要加强观察，及时发现活动中幼儿容易引发危险的操作，必要时干预制止。

2. 材料投放的目的性

材料作为幼儿在区域活动中的隐形的教师，应与教学目标一致。材料投放应能鼓励幼儿积极参与学习，有利于实现区域活动的目标。例如，为了激发幼儿对自然现象的好奇心，可以在科学探索区域提供能产生磁力现象的材料，如磁铁、铁质或非铁质物品等，也要提供便于幼儿观察这种现象的设备，如放大镜、显微镜等。

3. 材料投放的动态调整性

要注意幼儿活动的反馈，并及时根据幼儿活动进程更新相关材料。教师要定期收集幼儿和教育者的反馈，了解环境的使用情况。根据反馈和需要，进行适当的更新和调整，保持环境的新鲜和有趣。确保环境内有足够的教具、图书、玩具。例如，在美术区提供丰富的颜料、纸张、画笔，鼓励创作。

4. 材料来源的多元性

《幼儿园教育指导纲要（试行）》指出，家庭是幼儿园重要的合作伙伴。幼儿园应本着尊重、平等、合作的原则，争取家长的理解、支持和主动参与。在选择充实幼儿园区域材料的过程中，教师并不是唯一的途径，要发挥家长参与的积极性和充分利用社区资源，保证区域活动材料来源与形式的多元性。这样一来，不仅能够在一定程度上减轻教师的工作压力，还能够提升区域材料生活化的程度，以家园共育的方式提升幼儿学习的效果。

案例与思考

案例

在手工区，大部分中班幼儿已经制作好了轮子可以转动的小车，并且发现了轮子可以转动的小车的特点。那就是都用差不多的力气推一下，轮子可以转动的小车比轮子不能转动的小车走得更远。幼儿们一开始都兴趣盎然地推自己的小车，观察小车的行走过程，还和其他幼儿的小车比赛。随着时间的推移，幼儿渐渐地失去了对区域中轮子可以转动的小车的兴趣。你作为老师，认为轮子可以转动的小车还有更多更好玩的玩法，幼儿也可以在新的玩法中获得更多的经验和思考。关键在于材料的增添……

思考

（1）请你通过增添相关材料的方式，引导活动进一步深入开展。（2）在实习过程中，搜集或设计一个通过增添材料支持引导区域活动进一步深入开展的案例。

案例与思考

案例

在幼儿园的科学区，有一个典型的活动是“沉浮实验”，这涉及放置不同材料在水中观察它们的沉浮现象。在设计幼儿园科学区的“沉浮实验”时，教师通常会为幼儿提供一些常见的小物件，如塑料玩具、木块等，让幼儿观察它们在水中的沉浮状态。但王老师觉得，这么做限制了幼儿的自主选择，因为教师提供材料实际上就是在暗示幼儿要先尝试教师提供的这些材料在水中的浮沉情况。等幼儿尝试并记录完，游戏时间基本也结束了。这时幼儿常常会说："老师，我还想试试 ××× 在水里会不会沉下去。"这时老师往往会说："等你到家再试试或者下次你再试试……"因此这次王老师决定通过缺失相关材料的方式，引导活动进一步深入开展。王老师请幼儿选择一些自己认为会浮起来和沉下去的材料，并去沙水区验证，获得了很好的活动效果。

思考

在实习过程中，搜集或设计一个通过材料缺失支持引导区域活动进一步深入开展的案例。

三、幼儿园区域课程规则制定的要点

区域活动为幼儿自主自愿的选择和有意识的计划提供了大量机会，但为了促进幼儿规则意识的发展和确保区域活动有效有序地开展，必要的规则是必不可少的。

（一）灵活把握幼儿园区域课程规则制定和完善的时机

1. 活动开始前的规则介绍

对于一些新开放的区域，幼儿对区域的玩法和规则还不太清楚。为了保障区域活动安全、有序和有效地进行，教师有必要在活动开始前向幼儿进行规则的介绍。注意不能只以口头语言的方式进行介绍，最好能结合遵守规则的实际情境，以模拟活动和游戏等幼儿容易理解与接受的方式进行规则的解释。要简单而清晰地说明幼儿应该做和不可以做的行为。例如，在玩沙玩水区，应说明不能泼水或扬沙；在手工区，应向幼儿展示正确地使用剪刀的流程和细节（轻轻握住剪刀的塑料握把，剪刀的刀刃不能冲向人或自己的手）；进入某些特定区域时，要把自己的鞋子脱下来，并把鞋子放到区域外指定的脚丫贴纸上。

在区域活动开始前就需要介绍的基本规则。教师可以用短视频的方式和幼儿一起拍摄，运用多媒体设备进行播放，鼓励幼儿观察、模仿，提升幼儿的参与感，引发幼儿遵守规则的主动意愿。

2. 活动进行中的规则形成

虽然在活动开始前，教师已经和幼儿一起制定了必须遵守的区域基本规则，但是在具体的区域活动过程中，幼儿仍有可能产生大量的具体问题。这时也可以引导幼儿自己形成相应的规则，解决和协调问题。

在建构区，常常有幼儿不小心碰到了其他幼儿搭建的建构成果，那么教师就可以引导幼儿自主思考并解决这个问题，从而以幼儿为主体形成新的规则。如在建构区走动的时候，需要面朝其他幼儿的建筑成果，然后侧身行走。或者扩大幼儿之间的距离，必须距离两步以上。

在户外体育区，幼儿在走平衡木时经常出现第一个幼儿还没有从平衡木上下来，第二个幼儿就登上了平衡木的情形，造成互相干扰。于是幼儿就自主形成了新的规则，即第一个幼儿从平衡木上下来之后，第二个幼儿才能上去。

3. 活动结束后的规则反思

即使教师引导幼儿自主发现并解决在活动中遇到的问题，并形成相应的活动规则，仍然会有一些问题不能被幼儿所发现，这些问题会影响活动的进行，但在活动进行中该问题并未被解决。这时，教师就要做好相应的观察和记录，并在活动后引导幼儿发现问题，讨论新的规则。

例如，在户外骑行区，幼儿在骑行结束后，随意将车停在草地上，导致后来骑行的幼儿不能很快拿到自己的小车，并造成了交通拥堵的现象。由于活动即将结束，幼儿不易集中，教师就用手机将此情况拍成小视频，并在班级集中观看讨论。幼儿通过观看视频发现了自己的错误，认识到应当及时将自己的小车放到停车区。于是，教师引导幼儿通过活动后的反思形成了相关规则。

（二）合理使用幼儿园区域课程规则制定的方法

1. 图示法

图示法在制定幼儿园区域课程规则时可以起到非常直观和有效的作用。这种方法通过图示、图片和图表等可视化工具，帮助幼儿理解和记住活动规则。例如，绘制活动流程图，可以通过简单的文字加图片的方式，清楚地展示幼儿的活动顺序；绘制游戏区步骤图——选择游戏、分配角色、集体活动、整理玩具等，每个步骤都对应幼儿要做的行为的图示；制作图片规则牌——即为每个区域准备一张图片规则牌，上面用简单明了的图示和少量文字表达相关规则，在玩具区，可以用图片展示“玩具放回原位”“轮流玩”等规则，帮助幼儿理解和遵守；制作角色扮演图示——即用图示展示不同角色的行为，让幼儿通过模仿图示中的示范行为，做出正确的行为规范。如展示理发师给顾客理发的图示，引导幼儿理解使用理发工具的规则。

2. 暗示法

在制定幼儿园区域课程规则时，可以通过环境设计隐性地引导幼儿遵守规则，创造一个有秩序的区域环境。这种方法利用环境的潜在暗示，使幼儿自觉地遵守规则，而无须过多的口头教育。

教师可以做到合理布局区域，将活动材料、玩具、工具有序地摆放。在环境中可以展示一些范例，如整齐摆放的玩具、干净整洁的用具，这种范例会潜移默化地影响幼儿的行为。教师可以根据不同区域的功能、适龄等因素安排环境暗示，让幼儿自然而然地找到适合自己年龄和兴趣的内容，避免混乱和不安全。教师还应根据不同阶段幼儿进行游戏时的特点，适当增减区域内游戏材料的数量，确保每个区域有足够的资源供幼儿使用，避免因资源不足而产生争抢和冲突。还应在环境中加入引导幼儿按照规则进行活动的途径。例如，在空间比较拥挤区域的过道上铺设颜色标记，引导幼儿沿着标记走，避免拥挤和磕碰。

3. 互动讨论法

互动讨论法在制定幼儿园区域课程规则时可以增加幼儿的参与感和理解度，让他们参与到规则制定的过程中，更容易理解并自觉遵守这些规则。在区域活动前、中、后都可以引导幼儿积极参与。互动讨论法在制定幼儿园区域课程规则中的应用如下。

角色扮演：通过角色扮演来展示规则的重要性和应用，可以请幼儿分别扮演教育者、游戏伙伴、负责整理的“小清洁工”。通过互动的方式演示在游戏区域中如何遵守规则，鼓励幼儿提出建议。问题情境引导：提出一些问题，让幼儿一起思考和讨论。如“如果大家都不按顺序排队，那么会发生什么？”“为什么要轮流玩？”“如果某个小朋友正在玩玩具，另一个小朋友也想玩，应该怎么办？”让幼儿一起探讨合理的解决办法，让他们自己发现规则的合理性和重要性。

四、幼儿区园区域课程计划的设计

幼儿园区域课程虽然是幼儿的自主活动，属于幼儿游戏的范畴，但环境的创设和材料的投放并不是任意的，应体现教师在区域活动中的教学目标和计划。因此，教师应当具有设计、制定幼儿园区域课程教学计划的能力，确保核心经验学习的有效性，引导幼儿朝正确的方向发展。

幼儿园区域课程计划的设计要点如下：

1. 确定幼儿园区域课程的教育目标及其类别

由于幼儿园区域课程可能在较长的时间内进行，且特定的区域课程属于具体活动，所以区域课程的教育目标应包含多个表述简短且清楚的子目标。布鲁姆等人以儿童身心发展的整体结构为框架，把教育目标分为认知、情感、动作技能三大类。将幼儿园区域课程计划中的子目标分别按照认知、情感、动作技能进行分类，能够更好地使教师把握幼儿园区域课程促进幼儿发展的价值，也能提示教师把握目标制定的全面性。一般来说，时间较长的幼儿园区域课程的教育目标能够覆盖认知、情感、动作技能三个方面。

2. 列出实现具体教育目标的活动材料和功能

注意分活动材料和功能两点叙述。活动材料的名称直接列出即可，功能可以结合活动材料简要概括地说明。具体写法请参考案例“大班幼儿手工区制作活动：轮子可以转动的小车”。

3. 划分区域活动阶段、促进与其他区域的联动及调整各阶段材料

区域活动持续时间较长，各个区域之间也容易产生联动。教师应该根据活动进行的侧重点合理划分出不同的阶段，适时调整区域内的材料，推动活动深入进行。教师也应该注意各个阶段幼儿的表现，根据幼儿的表现灵活调整各个阶段，若幼儿在前几个阶段表现出新的创意或想法，则可择机延续活动。

以“大班幼儿手工区制作活动：轮子可以转动的小车”为例，展示一个比较完整的幼儿园区域课程计划的设计案例，具体内容如下。

案例

大班幼儿手工区制作活动：轮子可以转动的小车

一、活动目标和类别

1. 能说出各种汽车的外形特征、组成部分和功能（认知）。
2. 运用绘画、粘贴等方式装饰车体（动作技能）。
3. 能在集体面前介绍自己的作品（认知）。
4. 观察并说出汽车车轮的形状，感知汽车车轮滚动的特性（认知）。
5. 能用手指轻拨，使得车轮滚动（动作技能）。
6. 能使用剪刀，将胶带、吸管裁剪出合适的长度（动作技能）。
7. 能将竹签插进车轮（动作技能）。
8. 掌握捏、撕、插等精细动作（动作技能）。
9. 能熟练使用双面胶粘接车体、吸管、气球、小风扇等物体（动作技能）。
10. 能组装车轴、车轮，让自己小车的轮子动起来（动作技能）。
11. 愿意在集体面前介绍自己小车的新功能（情感）。
12. 感受制作过程的乐趣和成功的喜悦（情感）。
13. 利用建构区木板搭建斜面（动作技能）。
14. 会在小车停下的地方做记号（认知、动作技能）。
15. 利用细线等材料测量小车在水平面行驶的距离（认知、动作技能）。
16. 比较同一小车从不同高度滑行的距离（认知、动作技能）。
17. 做出哪个小车滑行更远的预测并动手验证（认知）。

二、活动材料和功能

1. 各类盒子，如牙膏盒、包装盒、牛奶盒等（用于制作车体）。

2. 白纸（用于画车标），竹签、雪糕棒、吸管（用于制作车轴），打好孔的瓶盖（用于制作车轮），锡箔纸（用于制作倒车镜），薄塑料板（用于制作底盘、号码牌）。

3. 双面胶带、固体胶、橡皮泥（用于固定粘接）。

4. 彩纸、眼镜、小红旗、水彩笔、纽扣、回形针、彩带（用于作图装饰）。

5. 气球、小风扇等（为小车提供动力），皮尺、软绳等（测量小车滑行距离）。

三、活动阶段和材料调整

第一阶段：车体制作与美化阶段。本阶段的主要任务是制作小车的车体，并对其进行美化。本阶段用到的材料有各类盒子、白纸、彩纸、眼镜、小红旗、水彩笔、纽扣、回形针、彩带。可以与本阶段联动的区域是美工区，教师可以引导幼儿合理借用美工区的材料。

第二阶段：车轴、车轮组装阶段。本阶段的主要任务是制作安装轮子可以滚动的车轴，并用双面胶、透明胶等材料将其固定在车的底盘下，赋予小车轮子可以自由转动的功能，并搭建斜面使小车沿斜面滑动。本阶段用到的材料有竹签、塑料吸管、双面胶带、固体胶、橡皮泥、打好孔的瓶盖。可以与本阶段联动的区域是建构区、科学区，教师可以引导幼儿借用建构区的木板、木块等材料搭建斜面，合理联合建构区搭建桥梁、公路等游戏；也可以引导幼儿使用科学区的皮尺等测量工具，测量、比较小车滑行的距离，引导幼儿思考、归纳影响小车滑行距离的因素。

第三阶段：加装动力装置阶段。本阶段的主要任务是在小车上加装充气的气球或小风扇，赋予小车自主行走的功能。可以与本阶段联动的区域是建构区、科学区，教师同样可以引导幼儿借用建构区的木板、木块等材料搭建斜面，合理联合建构区搭建桥梁、公路等游戏；也可以引导幼儿使用科学区的电池、气球、导线开关等材料。在本阶段，教师可以适时引导幼儿开展小车竞速赛等游戏。

任务实施

完成表 13-1 ～表 13-4。

表 13-1　幼儿园区域课程活动和空间位置分析表

要求：结合本任务理论知识分析实习幼儿园区域课程的课程活动和空间位置
是否符合幼儿年龄和发展水平？并举例分析
是否激发幼儿兴趣和好奇心？并举例分析
区域空间位置设计是否合理？并举例分析

表 13-2　幼儿园区域课程环境创设和材料投放分析表

要求：结合本任务理论知识分析实习幼儿园区域课程的环境创设和材料投放
活动空间的规划设计是否安全且科学合理
幼儿园区域环境设计是否方便幼儿的活动？是否有助于材料拿取和规则养成
简要分析该幼儿园区域材料投放的安全性、目的性、动态调整性、多元性

表 13-3　幼儿园区域课程规则制定分析表

要求：结合本任务理论知识分析实习幼儿园区域课程的规则制定
简要分析该幼儿园区域课程规则制定的时机
简要分析该幼儿园区域课程规则制定采用的方法

表 13-4　设计一个幼儿园区域课程方案

要求：模仿案例“大班幼儿手工区制作活动：轮子可以转动的小车”设计一个包括活动目标和类别、活动材料和功能、活动阶段和材料调整的幼儿园区域课程方案
活动目标和类别：

续表

活动材料和功能：
活动阶段和材料调整：

任务评价

1. 请你对本任务的完成情况进行自我评价。

学习任务	优	良	中	差
分析幼儿园区域课程的种类	能依据幼儿年龄和发展水平、激发兴趣和好奇心等指标进行分析幼儿园的区域课程种类。论述充分，表述有条理，举例分析恰当	能依据幼儿年龄和发展水平、激发兴趣和好奇心等指标进行分析幼儿园的区域课程种类。论述比较充分，表述比较条理，举例分析比较恰当	能依据幼儿年龄和发展水平、激发兴趣和好奇心等指标进行分析幼儿园的区域课程种类。但论述不太充分，表述条理性一般，举例分析一般	不能依据幼儿年龄和发展水平、激发兴趣和好奇心等指标进行分析幼儿园的区域课程种类。表述无条理，无举例或举例分析不恰当

续表

学习任务	优	良	中	差
分析幼儿园区域课程的环境创设和材料投放	能依据安全且科学合理，方便幼儿的活动材料拿取和规则养成，动态调整等方面分析。论述充分，表述有条理，举例分析恰当	能依据安全且科学合理，方便幼儿的活动材料拿取和规则养成，动态调整等方面分析。论述比较充分，举例分析比较恰当	能依据安全且科学合理，方便幼儿的活动材料拿取和规则养成，动态调整等方面分析。但论述不太充分，表述条理性一般，举例分析一般	不能依据安全且科学合理，方便幼儿的活动材料拿取和规则养成，动态调整等方面分析。表述无条理，无举例或举例分析不恰当
分析幼儿园区域课程规则制定	能依据区域课程规则制定要素，规则表述简单易懂，符合幼儿年龄特点，举例分析恰当	能依据区域课程规则制定要素，规则表述简单易懂，基本符合幼儿年龄特点，举例分析基本恰当	能依据区域课程规则制定要素，规则表述简单易懂，基本符合幼儿年龄特点，举例分析尚且恰当	不能依据区域课程规则制定要素，规则表述不符合幼儿年龄特点，举例不恰当
设计一个幼儿园区域课程方案	包括活动目标和类别、活动材料和功能、活动阶段和材料调整。目标科学，阶段划分合理，材料合适，表述有条理	包括活动目标和类别、活动材料和功能、活动阶段和材料调整。目标基本科学，阶段划分基本合理，材料基本合适，表述基本条理	包括活动目标和类别、活动材料和功能、活动阶段和材料调整。目标科学，阶段划分，材料提供，表述条理性方面存在若干明显问题	缺失活动目标和类别、活动材料和功能、活动阶段和材料调整。目标设定不科学，阶段划分不合理，材料不合适，表述无条理

2. 针对本任务，你觉得自己还有哪些需要改进的地方？

存在的问题：

产生原因：

解决办法：

任务 14　实施幼儿园区域课程

任务情境

建构区的积木活动正在火热进行中。有个幼儿发现自己所在小组分配的积木中，没有搭建所需形状的积木。于是去找其他幼儿借，但他发现其他幼儿已经把那块他想借的积木拼搭到了自己的作品里。他又去找老师帮忙。老师瞟了一眼他的作品，说道："你搭建得不对，拆了重新搭吧！我上节课不是教你们如何建大桥吗，建大桥并不需要那块积木！"随着游戏的深入，幼儿的想法也越来越多。有的幼儿从旁边的美工区借到了一些贴纸，贴到自己的作品上；还有的幼儿拿起水彩笔，为自己搭建的奥特曼画上了眼睛、鼻子等细节；还有的幼儿把水彩笔当作炮管，插进了积木的孔洞里……

越来越多的幼儿完成了自己的作品，纷纷来找老师展示。"老师，你来看看我们组搭建的奥特曼！""老师，你来看看我搭建的变形金刚，还会发射炮弹呢！""老师，老师……"起初，老师很有兴致，逐一点评幼儿的作品，并用手机为他们的作品拍照留念。后来，老师有点不耐烦了，说："只有拼得最快的前三个才可以得到点评和拍照！"后面来的几个幼儿有些失望地走开了。游戏时间快结束时，老师要求不论作品是否完成，都要把自己的作品拆掉，并把拆下的积木放入收纳筐中。

上述情形是幼儿园区域活动中比较常见的情况。你认同案例中老师的言行吗？如果你是老师，那么你会如何应对？面对这样的工作情境，我们可以思考如何对幼儿的活动过程和作品成果进行积极回应和鼓励，如何在必要时引导幼儿解决问题，如何既鼓励幼儿的创意与想象又维持必要的活动秩序，如何记录和保存幼儿的活动成果等。学习实施幼儿园区域课程的相关内容，将有助于解决这些问题。

任务描述

本任务将围绕实施幼儿园区域课程展开。在本任务中，你需要明确在幼儿学习的过程中自身的定位，做好幼儿学习活动的支持者、合作者、引导者。具体包括实施幼儿园区域课程的指导原则、指导方法、指导内容，在此基础上，结合去幼儿园实习的观摩活动完成相关、自评，以及与教师、小组成员的讨论。

任务准备

一、实施幼儿园区域课程的指导原则

（一）间接性原则

间接性原则强调教师的引导和创设条件，让幼儿在充满探索和积极互动的环境中自主学习，引导幼儿获得全面均衡的发展。一般来说，教师通过创设丰富的环境、提供适宜的资源、激发兴趣与好奇心、鼓励幼儿与环境和人的互动、鼓励幼儿间的合作、提供情感支持和安全舒适的心理环境等间接的教育方式来促进幼儿在区域中充分地活动。除出现安全问题等少数比较极端的问题外，教师较少直接介入干预幼儿的区域活动。

（二）及时性原则

及时性原则强调教师需要在适当的时机提供指导、鼓励和反馈，以促进幼儿的学习和发展。这种原则强调教师应该密切关注幼儿的表现，及时给予指导和支持，以满足幼儿的需求并提升他们的学习效果。为践行及时性原则，教师应该在幼儿活动过程中仔细观察幼儿表现，根据幼儿的表现和需求及时介入，提供反馈、鼓励和赞赏，调整指导策略等。及时指导并不等于直接干预。教师可以通过提出问题、给予提示、调整材料等间接方式进行及时和必要的指导。

（三）示范性原则

示范性原则强调教师通过自身的行为和示范，引导幼儿学习和参与活动。教师充当学习的榜样，通过自己的示范，鼓励幼儿模仿、学习、参与，从而促进幼儿的发展和学习。为践行示范性原则，教师应该通过身体示范、语言示范、解决问题示范、合作示范、积极情绪示范等方式灵活地在区域活动前、活动中、活动后向幼儿展示正确的操作方式和积极正面处理问题的态度。通过示范引导幼儿的观察和模仿，符合幼儿学习的规律。同时，示范引导而非直接干预符合区域活动指导的间接性原则，有利于培养幼儿的积极性、创造力。

（四）正面鼓励原则

正面鼓励原则强调通过积极的言语、肯定的态度、及时的反馈促进幼儿的积极参与和努力。这种原则注重强化幼儿的自尊心、自信心，鼓励他们展示优点、发展能力，从而形成积极的学习和发展氛围。为践行正面鼓励原则，教师应该通过肯定幼儿的努力、强调过程和进步、开展个性化评价、进行积极的言语鼓励等方式间接地引导幼儿区域活动的行为。坚持正面鼓励原则，教师可以为幼儿创造一个积极的学习环境，增强他们的自信心、自尊心，鼓励他们主动参与各项活动，促进全面发展。

二、实施幼儿园区域课程的指导方法

实施幼儿园区域课程的指导方法按照进行指导的介质不同，可以分为通过材料进行指导和教师个人的介入指导。两种指导方法没有优劣之分，教师应该适时、灵活、综合地使用指导方法。

（一）通过材料进行指导

根据调整幼儿园区域课程材料的方式，可以将通过材料进行指导分为增添、缺失、综合三种。

1. 增添

增添即根据幼儿在区域中的活动情况适时地添加一些材料。其意义在于通过添加新材料的方式，使新材料和旧材料发生新的意义联结，从而为幼儿提供新的活动经验，激发幼儿新的活动兴趣，引发幼儿新的活动方式，推动幼儿的区域活动更加深入、连续地进行。例如，在“大班幼儿手工区制作活动：轮子可以转动的小车”中，其第二和第三阶段增添了竹签、塑料吸管、双面胶带、固体胶、橡皮泥、打好孔的瓶盖、皮尺、气球或小风扇、木板、木块等材料，分别赋予了原有材料集合新的功能——行走功能和动力功能。

2. 缺失

缺失即根据幼儿在区域中的活动情况适时地删减一些材料，其意义在于通过删减原有材料的方式，人为地创造出具体的问题情境，从而引发幼儿新的尝试和探索等学习行为的材料控制方法。灵活地使用材料缺失的方法，同样能够激发幼儿新的活动兴趣，引发幼儿新的活动方式，为幼儿提供新的活动经验。例如，在“大班幼儿手工区制作活动：轮子可以转动的小车”中。教师对幼儿说：“用来做车轮的塑料瓶盖已经用完了，怎么办呢？有什么办法吗？”有些幼儿想了想说：“可以用硬纸板剪出一个圆形。”教师又说：“怎样才能保证剪得圆呢？”有的幼儿说用瓶盖比着画，还有的幼儿说用有圆规画……又如，在班级的生态区中，教师说：“金鱼宝宝的鱼食没有了，大家想不想知道除了从商店买的鱼食，金鱼宝宝还会吃哪些东西？请大家说一说，试一试吧！”

3. 综合

综合与增添相似，都是在区域活动中增加新的材料，不同之处在于，综合新增加的材料原本是在其他区角中支持某类游戏的材料。综合即由不同活动区域的各个活动所对应的各组材料组合，用于新的活动中。合理、灵活地使用综合的方式，同样能够激发幼儿新的活动兴趣，引发幼儿新的活动方式，为幼儿提供新的活动经验等。例如，教师有意将“幼儿手工区制作活动：轮子可以转动的小车”“幼儿美工区活动：画画我的小汽车”“幼儿建构区活动：搭建斜面、建造桥梁和公路”有机地综合在了一起，综合利用三个区域的活动材料，为幼儿提供了新的游戏方式和经验，激发了幼儿的兴趣，推动了游戏的深入进行。

（二）教师个人的介入指导

根据教师在幼儿园区域课程中介入方式的不同，可以将教师个人的介入指导分为示范性指导、参与式指导、命令式指导三种。

1. 示范性指导

示范性指导指教师通过自己的行为、言语和表现来为幼儿树立榜样，引导幼儿参与各项活动，以促进幼儿的综合发展和积极参与。这种指导方式重点强调教师的示范作用，幼儿通过模仿、参与和互动，从教师的示范中学到知识、技能及积极的态度。

示范性指导多发生于幼儿园区域课程正式开始之前，幼儿对各活动区的材料性质、玩法、使用方式等还不了解，或还未掌握正确的操作方法和技能时。例如，在绘画区，教师可以示范如何正确使用颜料、画笔，如何混合颜料，以及如何表达自己的创意；在积木区，教师可以展示如何搭建不同的结构，如何解决搭建过程中的问题；在角色扮演区域，教师可以与幼儿一起进行角色扮演，示范不同角色的行为、语言和互动方式。通过与教师的互动，幼儿可以学会如何在角色扮演中表现不同角色的特点。另外，区域活动中的包括肢体动作的游戏或操作方式，如正确使用剪刀等工具，也适合使用示范性指导。

2. 参与式指导

参与式指导指教师参与到幼儿的区域活动中去，真实地发挥一定的游戏功能，扮演相应的角色，与幼儿共同探索、合作，以促进幼儿的学习和发展。这种指导方式强调教师作为学习的合作伙伴，与幼儿共同参与活动，以共同探索知识、解决问题，并建立积极的互动关系。这种指导方式要求教师自然地介入幼儿游戏，不打断幼儿原有的思考和探索的进程，不简单地将答案告诉幼儿，尊重幼儿游戏的自主性，引导幼儿自主探索发现问题的解决方式。

参与式指导多发生于幼儿园区域课程进行的过程之中，当幼儿的区域活动因为各种各样的问题而遇到瓶颈，游戏停滞或幼儿按照旧的活动经验游戏难以拓展新的经验之时。参与式指导的介入方式包括幼儿邀请、教师主动提问、对话等。

例如，在建构区，教师观察发现幼儿还是像之前那样，使用积木搭建单车道，教师就主动询问：“你好，我是司机，现在我想要返回出发地，我可以沿你搭建的这个车道返回吗？”幼儿说：“不能，这个车道的车都是往这边走的，返回会撞车。”“那怎么办呢？”“我在旁边再修一条返回的车道吧！”又如，在自然探索区，教师与幼儿一起观察昆虫、植物、天空等，可以一同探讨生态系统、季节变化等，共同寻找答案，激发幼儿的科学兴趣；在角色扮演区，教师可以与幼儿一同参与角色扮演，共同创造故事情节，让幼儿参与编写故事的过程，还可以引导幼儿思考故事的发展，一起探讨不同的结局。

3. 命令式指导

命令式指导指教师通过直接指令，指导幼儿进行特定活动，强调教师的主导和指导作用。这种指导方式的缺点是显而易见的，由于教师以权威者和命令者的姿态介入幼儿的游戏，这与区域游戏自主自愿的游戏特性背道而驰。所以一般只在区域活动中出现危及幼儿人身安全或严重违反游戏规则的极端情况下才采用这种指导方式。

例如，某区域内出现了某幼儿突然之间拿着剪刀在区域内手舞足蹈等现象，或者区域内出现了比较明显的欺凌或争执行为。教师应立即以命令式指导的方式介入。因为，这些行为将严重影响幼儿自身和其他幼儿的人身安全或严重妨碍区域内活动的正常进行。一般来说，教师应当及时制止此类行为，并及时教育。

三、实施幼儿园区域课程的指导内容

（一）活动前区域的熟悉

在幼儿进入区域活动之前，教师可以灵活运用以下途径或方法来帮助幼儿熟悉活动区域。

引导参观和示范展示：教师可以带领幼儿参观各个活动区域，介绍区域内的材料、工具及各个角落的功能。通过观察和了解，幼儿可以更好地适应和利用这个活动区域。在参观的同时，教师可以在活动区域内进行示范展示，如展示如何使用绘画工具、如何玩玩具、如何摆弄积木等。通过示范，幼儿可以掌握正确使用材料和工具的方法。

传达规则与安全说明和开展预活动：教师应该用游戏、故事、角色扮演等幼儿易于理解和学习的方式，向幼儿传达活动区域的规则和安全注意事项，引导幼儿正确使用材料，确保活动过程中的秩序和安全。教师可以在正式活动开始前安排一两次预活动。预活动可适当简化活动流程和材料数量，引导幼儿演练、熟悉活动的各个环节和活动材料的取用方式，明确区域规则。教师也可以鼓励幼儿在活动前主动探索区域，观察材料、玩具，尝试一些简单的操作。

通过以上方法，教师可以帮助幼儿更好地熟悉活动区域，提前了解活动的内容，减轻他们的紧张感，促进形成更有意义的参与和学习体验。

（二）活动前目标的明确和计划的制订

教师在开展区域活动之前，应该设计区域课程计划方案。活动前制定的目标和计划，并非要求教师机械地执行，而是为教师灵活、合理地指导提供一定的参考依据。实际上，教师可以根据幼儿活动的实际情况，灵活地调整甚至生成区域课程计划的目标和方案。具体可参考“设计幼儿园区域课程”部分的理论内容和实操案例。

（三）活动中的支持与指导

教师在幼儿区域活动中的支持与指导，是教师区域活动指导内容的关键环节。主要包括通过材料进行指导和教师个人的介入指导两种指导方法，教师可以在教学中根据实际情况选用。

在实践中，普遍存在区域活动中教师支持与指导意识不足的问题。例如，在幼儿进行区域活动时，教师由于各种原因没有关注幼儿游戏活动的进程，或者教师关注了游戏进程，但没有发现其中明显存在的问题，也没有做出合理的回应。教师应具有积极的指导意识，积极关注并回应活动中的重大事件，培养幼儿遵守活动规则的意识，给予幼儿情感支持。没有相应的行动意识，再多的行动方法也是空谈。

（四）活动后的整理和打扫

在实践中，有的教师出于整洁、干净等因素的考虑，一味地让保育员或其他教师整理幼儿活动过的区域，这值得反思。区域活动后的整理和打扫不仅仅可以维持活动区整洁、干净，更可以引导幼儿全面发展——这是劳动教育的契机，是培养幼儿分类能力、规则意识和责任心等良好学习品质的好机会。因此，应当引导、鼓励幼儿在区域活动后主动进行整理和打扫。

引导幼儿自主整理和打扫的要点归纳如下。① 教师可以提前提示幼儿活动即将结束，并适当地预留出进行打扫和整理的时间。② 教师可以分步指导幼儿整理和打扫。例如，首先让幼儿将使用的材料和工具放回原位，然后将桌面上的垃圾收拢或者扫到地板上，最后统一清理活动区域地板上的垃圾。③ 对于没有打扫经验、不知如何打扫的幼儿，教师可以示范如何整理和打扫，让幼儿看到正确的做法。例如，教师可以演示如何叠好纸张、摆放玩具、清理地面等。④ 鼓励幼儿合作也是必要的，让幼儿明白整理和打扫是大家的共同责任。例如，让每个小组负责一个区域的整理和打扫，或者让幼儿互相帮助。⑤ 当幼儿自觉地进行整理和打扫时，无论实际效果如何，教师都应该针对幼儿的努力行为给予积极的赞扬和肯定。⑥ 教师应使用有趣的、幼儿能够理解与接受的方法引导幼儿进行整理和打扫，养成良好的习惯。例如，教师可以通过角色扮演等方式，让幼儿扮演“整理小能手”，激发他们的兴趣和责任感，形成习惯，更主动地参与整理和打扫。

（五）活动后的回顾与总结

活动后的回顾与总结是区域活动的必要环节，具有锻炼幼儿的语言表达能力，梳理、总结和提升幼儿活动经验等教育价值。

引导幼儿对区域活动进行回顾与总结的要点梳理如下。① 采用多种方式展示和交流。例如，幼儿不仅要使用语言描述他们的活动过程，还要用活动过程的图片或实物再现实验过程和结果。② 在幼儿发言前，教师可以根据幼儿的实际情况，引导幼儿使用计划板提示梳理发言内容，如活动前我想做的是什么？活动中我做了什么？我看到了哪些好玩的现象等。③ 教师要积极回应和鼓励幼儿个性化的发言。回应要具体、有针对性，尽量避免泛泛的表扬。例如，教师可以说：“这组的小朋友通过把大、中、小网眼筛从上到下依次排列，做出了一个自动分类装置，大家来说一说这么做有什么好处呀……对，这样做可以快速地对混合物进行分类，这是非常有创意的，让我们为这组的小朋友鼓鼓掌。”④ 教师要善于使用反思提问的方式鼓励幼儿反思自己在活动中的表现，使幼儿活动的经验条理化，获得一定的总结和提升，推动幼儿进一步的活动。例如，教师可以说："网眼筛需要多个小朋友用手端着，我们可不可以想办法做一个架子之类的装置解放我们的双手呢？"

任务实施

学会实施幼儿园区域课程是一个循序渐进、不断提升的过程，既需要一定的理论知识，也需要在实践中不断积累经验、反思成长。为了更好地完成此项任务，我们首先通过阅读几个较为典型的实施幼儿园区域课程的案例，积累实施幼儿园区域课程的感性经验和直观认知，提升自身的组织与实施区域课程的能力。其次根据自己搜集或者选择的典型的实施幼儿园区域课程的案例，参照"任务准备"模块的理论知识进行分析。最后以小组或集体形式开展幼儿园区域课程的"说课"活动，并进行评价。

案例 1

大班科学区课程：混合与分离

一、课程来源

《幼儿园教育指导纲要（试行）》指出，幼儿科学领域的学习要引导幼儿对身边常见事物和现象的特点、变化规律产生兴趣与探究的欲望；要为幼儿的学习提供丰富的可操作的材料，为每个幼儿都能运用多种感官、多种方式进行探索提供活动的条件。在日常生活中，幼儿常常会有意无意地把几种不一样的东西混在一起，然后再尝试将混合在一起的东西分开。幼儿对这些活动是十分有兴趣的。在这个过程中，幼儿用眼睛看、用头脑思考、动手尝试和验证，尝试多种不同的解决方案。幼儿用到的材料具有生活化、可操作性强的特点。这样的活动符合幼儿的活动兴趣和发展的需要，也呼应了《幼儿园教育指导纲要（试行）》的精神。因此，当活动材料投放到区域中后，立刻受到了幼儿的欢迎。

二、活动过程

在第一次操作时，教师投放的材料包括杯子、树叶、沙子、盘子、筛子、铁夹子、磁铁。其中，盘子盛着树叶、沙子、铁夹子混合形成的混合物。教师希望幼儿利用筛子和磁铁将树叶、沙子、铁夹子从混合物中分离出来。刚开始，小宇和小若用筛子把沙子过滤，然后用手捡出铁夹子和树叶混合物中的树叶，就只剩下铁夹子了。这时候教师说：

“今天老师提供的材料还有磁铁，你们看看是否能用得上？磁铁可以让我们更快地把这些材料分离开吗？”小若说：“老师，我知道了。”他拿起磁铁在混合着铁夹子和树叶的盘中来回绕几下，就把铁夹子吸起来了。他开心地说：“分好了，但是树叶和铁夹子上还有点灰尘。”

在第二次操作时，教师将沙子替换成大米，因此在操作中不会出现灰尘。但是树叶用了几次以后出现破损。小若说要把破损的树叶过滤掉，就把盘子注满水，说树叶浮起后就可以捞出来了。教师表扬了他，并支持了他的做法，他很快就将树叶分开了。小菲和小琴也在科学区玩，小琴先用磁铁把铁夹子吸走，再把大米和树叶拿去用筛子过滤，很快就把材料分开了。小菲说她先用筛子过滤大米，这样速度会比较快。教师回应说：“怎么样才能知道你做得比较快呢？”小菲起身从钢琴上拿来一个闹钟，说可以计时，之后就和小琴开始比赛了。子谦路过科学区说：“老师，我觉得红豆也可以加进来玩。”教师回应道：“对，我们可以尝试一下其他的新材料。”

在第三次操作时，科学区换了新材料（花生、红豆、大米、订书钉）。教师请幼儿说谁的方法多、谁的方法好的时候，有个幼儿说可以做好记录，还可以和其他小朋友比一比看谁先分离好材料。小羽在操作前把材料拿起来和筛子的孔进行对比，然后才开始尝试。她发现订书钉会经常勾住筛子下不去，就尝试用磁铁把订书钉先分离，再用筛子过滤分离剩下的花生和红豆。

三、活动结果和延伸

在活动中，某幼儿把网眼最大的筛子放在最上面，第二层放中网眼的筛子。如此一来，花生、红豆、大米的混合物在通过第一层时，大米和红豆都漏了下去，花生留在了第一层；大米和红豆在通过第二层时，大米漏了下去，红豆留在了第二层。这样就快捷地完成了对花生、红豆、大米的分类。教师表扬和肯定了幼儿的创造性思维，并进一步引导幼儿拓展与思考：这样是更加方便了，但需要多只手扶筛子，有没有更好的办法可以解放双手呢？于是教师为了支持幼儿的创意，在科学区添加了硬纸板、尺子、剪刀、铅笔等工具，对本活动进行延伸，形成制作分料机的活动。

案例 2

小班手工区课程：超轻黏土制作的“美食”

一、课程来源

《3—6 岁儿童学习与发展指南》指出，幼儿园要创造条件和机会，促进幼儿手的动作灵活协调。例如，提供画笔、剪刀、纸张、泥团等工具和材料，让幼儿进行画、剪、折、粘等美工活动。幼儿园也要帮助幼儿养成良好的饮食习惯，帮助幼儿了解食物的营养价值，引导他们不偏食、不挑食，少吃或不吃不利于健康的食品。超轻黏土的泥塑活动因简便易玩、造型美观多样等优点而广泛地受到幼儿的喜爱，是幼儿园常见的活动。超轻黏土软糯的特性可以充分满足幼儿捏、揉、搓等动作和感官刺激的需要。幼儿可以从自己的日常经验出发，结合自己的想象力和创造力，塑造自己喜爱的物品。既可以促进幼儿手的动作灵活协调，也可以加深对健康食品的印象，培养对健康食品的喜爱之情，养成吃健康食品的饮食习惯。

二、活动过程

（一）幼儿自主操作的过程

幼儿观察日常生活中蔬菜、水果的外形和颜色特征，利用不同颜色的超轻黏土，按照喜好制作食物。

有的幼儿制作了包含木瓜、春菜、玉米和腊肠的蔬菜水果沙拉；有的幼儿制作了水果小蛋糕和寿司卷；有的幼儿制作了烧烤串串香；有的幼儿制作了包含金针菇、海鲜菇、胡萝卜片、木耳、笋片的蔬菜沙拉。在制作过程中，幼儿主要进行平行游戏，偶尔相互交流，以确保彼此的作品不重复。

幼儿基本不需要翻看相关实物或实物的图片，就可以利用黏土制作出蔬菜、水果的泥塑模型。这表明，幼儿在日常生活中已经积累了较多关于蔬菜、水果的颜色和形状的经验。

（二）幼儿互相观摩各自的作品

在制作活动的后续环节，幼儿们愉快地将各自创作完成的作品摆放在一起，兴致勃勃地欣赏彼此的劳动成果。

小明拿着他制作的水果小蛋糕，兴奋地走到小红旁边，说道：“小红，你看，我做了一个水果小蛋糕，上面有草莓和蓝莓。”小红看着小明的作品，竖起大拇指笑道：“真棒！看起来好美味！我也做了一个，是一份烧烤串串香，有肉和蔬菜，嘿嘿！”小明笑着说：“太好了，我们的作品好像可以一起吃了！”

三、活动结果和延伸

在幼儿互相观看和交流各自的作品之后，大家聚集在一起，教师引导幼儿上台分享自己的作品，并与他们进行简单的问答互动。教师询问作品的味道、形状及所用材料等，从而丰富幼儿的经验。最后，该活动也延伸到了其他区角，和其他区域的活动产生了联动。教师鼓励幼儿为自己的作品定价，并将其放入角色扮演区的“小超市”中，成为幼儿间可以买卖的“商品”。这种成为“商品”的超轻黏土作品为幼儿带来了新的学习和活动体验。

幼儿园区域课程实施过程分析表如表 14–1 所示。

表 14–1　幼儿园区域课程实施过程分析表

案例名称：　　　　　　　　　　　　　　　　　　分析人：

<table>
<tr><th>评析指标</th><th>分析内容</th><th>说明</th></tr>
<tr><td>指导原则</td><td></td><td rowspan="4">分析内容部分对应分析案例中教师实施幼儿园区域课程所体现的指导原则、指导方法、指导内容。
改进建议部分可以填写应当在案例中进一步体现的指导原则、方法、指导内容</td></tr>
<tr><td>指导方法</td><td></td></tr>
<tr><td>指导内容</td><td></td></tr>
<tr><td>改进建议</td><td></td></tr>
</table>

请以表 14–1 中的幼儿园区域课程方案为基础，以小组或集体形式开展幼儿园区域课程的“说课”或模拟教学活动，结合幼儿园区域课程实施整体分析评价表（表 14–2），开展自评与他评活动。分析与举例说明本活动的优点与不足，并提出调整建议。

表 14–2　幼儿园区域课程实施整体分析评价表

<table>
<tr><th>班级</th><th>课程名称</th><th colspan="2"></th><th rowspan="2">调整建议</th></tr>
<tr><th>项目</th><th>内容</th><th>是</th><th>否</th></tr>
<tr><td rowspan="4">课程特点</td><td>1. 是否符合幼儿的兴趣与需要</td><td></td><td></td><td></td></tr>
<tr><td>2. 是否便于和其他教学形式结合</td><td></td><td></td><td></td></tr>
<tr><td>3. 是否涉及各个学习领域</td><td></td><td></td><td></td></tr>
<tr><td>4. 是否具有学习情境性和问题导向性</td><td></td><td></td><td></td></tr>
</table>

续表

<table>
<tr><th>班级</th><th></th><th>课程名称</th><th colspan="2"></th><th rowspan="2">调整建议</th></tr>
<tr><th>项目</th><th colspan="2">内容</th><th>是</th><th>否</th></tr>
<tr><td rowspan="4">教育价值</td><td colspan="2">1. 是否符合幼儿教育目的和课程总目标</td><td></td><td></td><td></td></tr>
<tr><td colspan="2">2. 是否符合幼儿的发展水平</td><td></td><td></td><td></td></tr>
<tr><td colspan="2">3. 是否能促进认知、情感态度、动作技能的发展</td><td></td><td></td><td></td></tr>
<tr><td colspan="2">4. 幼儿是否愿意主动参与</td><td></td><td></td><td></td></tr>
<tr><td rowspan="4">材料投放</td><td colspan="2">1. 是否能保证投放材料的安全性</td><td></td><td></td><td></td></tr>
<tr><td colspan="2">2. 是否能体现材料投放的目的性</td><td></td><td></td><td></td></tr>
<tr><td colspan="2">3. 是否能体现材料投放的阶段性和动态调整性</td><td></td><td></td><td></td></tr>
<tr><td colspan="2">4. 是否能体现材料来源的多元性</td><td></td><td></td><td></td></tr>
<tr><td rowspan="4">规则制定</td><td colspan="2">1. 是否做到了活动开始前进行必要的规则介绍</td><td></td><td></td><td></td></tr>
<tr><td colspan="2">2. 是否能在活动中帮助幼儿感知和理解规则</td><td></td><td></td><td></td></tr>
<tr><td colspan="2">3. 是否能在活动后加强幼儿对规则的理解</td><td></td><td></td><td></td></tr>
<tr><td colspan="2">4. 是否能合理使用区域规则制定的方法，如图示法、暗示法等</td><td></td><td></td><td></td></tr>
<tr><td rowspan="4">活动过程</td><td colspan="2">1. 是否做到了活动前区域的熟悉和经验的铺垫</td><td></td><td></td><td></td></tr>
<tr><td colspan="2">2. 是否在活动中有意识地给予幼儿合理的支持与指导</td><td></td><td></td><td></td></tr>
<tr><td colspan="2">3. 是否有意识地引导幼儿在活动后进行整理和打扫</td><td></td><td></td><td></td></tr>
<tr><td colspan="2">4. 是否有意识地引导幼儿进行活动后的回顾与总结</td><td></td><td></td><td></td></tr>
</table>

任务评价

请你对本任务的完成情况进行自我评价。

学习任务	优	良	中	差
实施幼儿园区域课程	能明确、清晰地分析出案例中实施幼儿园区域课程的指导原则、指导方法、指导内容。表述逻辑性、条理性强。分析恰当	能较为明确、清晰地分析出案例中实施幼儿园区域课程的指导原则、指导方法、指导内容。表述逻辑性、条理性较强。分析较恰当	基本能分析出案例中实施幼儿园区域课程的指导原则、指导方法、指导内容。表述逻辑性、条理性一般	不能分析出案例中实施幼儿园区域课程的指导原则、指导方法、指导内容。表述逻辑性、条理性弱

赛证直通

（材料分析题）小二班有个叫涛涛的幼儿，因为有全家人的宠爱，所以他自己的东西从来不让别人碰，还很任性。一天，幼儿园开展区域游戏活动，涛涛想去搭积木，可是建构区里已经挤了很多幼儿，涛涛不管那么多，拼命往里挤，边挤边推正在堆积木的幼儿，嘴里还嚷嚷："你们让开，我先玩。"看见没有人让自己，他直接坐在地上大哭起来。这个过程被李老师看在眼里，李老师走过去将涛涛扶起来，说："涛涛，你继续哭的话，那么多好玩的玩具你都玩不到的，不如我们先到别的地方玩，等一会儿再回来搭积木。"涛涛止住了哭声，点了点头，跟李老师走到另一个活动区玩起了拼图，一会儿就拼出了小花，涛涛开心地笑了。李老师趁机说："我们能不能邀请其他小朋友一起来拼出更有趣的图案呢？"涛涛点点头，高兴地跑去找小朋友了。之后，李老师有意引导涛涛和其他小朋友玩游戏，慢慢地，涛涛不再只顾自己的感受，也能与同伴分享玩具。

问题：结合材料，参照《幼儿园教育指导纲要（试行）》《3—6岁儿童学习与发展指南》的要求评析李老师的教育行为。（2018年下半年中小学教师资格考试幼儿园"保教知识与能力"真题）

参考答案：

（1）两个文件指出，要引导幼儿与人交往，学习互助、合作和分享，并培养同情心。材料中李老师在区域活动中引导涛涛进行合作和分享的行为，符合文件精神。

（2）两个文件指出，要引导幼儿在共同的生活和活动中，以多种方式认识、体验并理解基本的社会行为规则，学习自律和尊重他人。材料中李老师引导涛涛理解并遵守区域活动的规则，符合文件精神。

（3）两个文件指出，幼儿同伴群体及幼儿园教师集体是宝贵的教育资源，应充分发挥这一资源的作用。材料中李老师在区域活动中引导涛涛和其他幼儿一起合作玩耍，利用了幼儿同伴群体这一宝贵的教育资源，符合文件精神。

（4）两个文件指出，教师应成为幼儿学习活动的支持者、合作者、引导者。材料中李老师在区域活动运用各种合理的教育方式支持并引导涛涛的社会化学习，符合文件精神。

项目六

6

幼儿园主题课程

岗位要求

最近，大班的王老师设计了一个主题课程“我们毕业了”，幼儿们表现得十分积极，每天都在讨论毕业后上小学的事情，家长们也参与了很多活动环节。在课程实施的过程中，王老师发现原计划去小学参观，因为各种原因一直未能成行；原准备开设的几节语言课和音乐课也因幼儿的探究和游戏而导致没有时间开展。王老师在思考：到底是继续跟随幼儿的兴趣开展活动，还是控制他们的时间把原计划的活动内容“上”完？她感到越来越困惑。

在当前幼儿园课程的建构和实施中，主题课程已成为幼儿园普遍的选择，也得到了学术界的广泛关注和认可。国家颁布的《幼儿园教育指导纲要（试行）》明确提出：“幼儿园的教育内容是全面的、启蒙性的，可以相对划分为健康、语言、社会、科学、艺术等五个领域，也可做其他不同的划分。各领域的内容相互渗透，从不同的角度促进幼儿情感、态度、能力、知识、技能等方面的发展。”《3—6 岁儿童学习与发展指南》提出：“关注幼儿学习与发展的整体性。儿童的发展是一个整体，要注重领域之间、目标之间的相互渗透和整合，促进幼儿身心全面协调发展，而不应片面追求某一方面或几方面的发展。”

这就要求教师不仅需要具备单个领域的活动组织能力，还需要借助多领域活动的有效融合实施丰富多样的教育活动。在具体呈现形式上，很多幼儿园每周设定一个小主题、每月设定一个大主题，涵盖与主题相关的生活活动、教学活动、区域活动、户外游戏等内容。

本项目的学习正是基于以上岗位要求，旨在学习搜集和识别幼儿园主题课程、评析和优化幼儿园主题课程，在此基础上设计幼儿园主题课程方案，模拟实施幼儿园主题课程（即解释说明幼儿园主题课程的组织和实施思路）

学习目标

一、知识目标

1. 理解幼儿园主题课程的内涵和设计基本步骤。
2. 掌握幼儿园主题课程组织和实施要点。

二、能力目标

1. 能对比不同形态的幼儿园主题课程，评价其优劣。
2. 能根据条件尝试设计幼儿园主题课程方案，并能在一定范围内模拟组织和实施，或说明幼儿园主题课程方案实施的途径和过程。
3. 能批判性反思或评析各种幼儿园主题课程方案。
4. 能借鉴和利用现有主题课程资源，优化小组课程设计。

三、素养目标

1. 热爱幼儿园教育工作，对不同的幼儿园主题课程形态充满好奇，并愿意探究。
2. 自主学习，能积极主动、认真地完成各项学习任务。
3. 能够梳理中国化幼儿园主题课程，树立文化自信。

项目导学

幼儿的生活是整体的，各方面的发展相互联系、相互促进，因此幼儿的学习不应仅以学科领域知识的方式来划分幼儿的经验，而应呈现综合性和完整性。幼儿园主题课程从幼儿的生活经验、兴趣需要和学习规律出发，为他们提供综合性的经验和丰富的学习环境，强调通过幼儿自主的操作和体验来获得经验。教师应为幼儿的课程实践创造条件和提供机会，通过观察、倾听、尊重、接纳、信任、回应等方式理解和支持幼儿的学习过程。

- 幼儿园主题课程
  - 认识幼儿园主题课程
    - 幼儿园主题课程的内涵
    - 幼儿园主题课程的特点
    - 幼儿园主题课程的价值
  - 设计幼儿园主题课程
    - 主题课程的内容
    - 主题课程的目标
    - 幼儿园主题课程网络图
    - 幼儿园主题课程方案
  - 实施幼儿园主题课程
    - 主题环境创设
    - 幼儿园主题课程的组织与开展
    - 幼儿园主题课程的观察、反思与调整
    - 幼儿园主题课程的评价

赛证要求

序号	文件	赛证要点	融合育人
1	《幼儿园教师专业标准（试行）》	制订阶段性的教育活动计划和具体活动方案。 在教育活动的设计和实施中体现趣味性、综合性和生活化，灵活运用各种组织形式和适宜的教育方式	岗课贯通
2	《学前教育专业师范生教师职业能力标准（试行）》	理解幼儿园各领域教育之间的联系，能在教育实践中综合运用各领域知识，实现各领域教育活动内容相互渗透	
3	《中小学和幼儿园教师资格考试标准（试行）》	理解各领域之间的联系和开展综合教育活动的意义与方法	课证融通
4	《福建省职业院校技能大赛（高职组）“学前教育专业教育技能”赛项规程》	幼儿园教育活动设计评分标准	赛课融合

任务 15 认识幼儿园主题课程

任务情境

幼儿园中班的王老师设计并组织了一个主题活动“美丽的秋天”。她把主题活动的时间设定为一个星期，围绕主题，王老师组织幼儿开展了五次集中教育活动，分别是：“美丽的秋天（文学活动）”“秋天水果营养多（健康活动）”“秋天是个好季节（科学活动）”“分享秋天的水果（社会活动）”“秋叶贴画（艺术活动）”。活动结束时，王老师进行了自我评价，表示本次主题活动围绕幼儿感兴趣的“秋天”展开，涉及一系列教育活动，涵盖了五个领域，活动形式丰富、生动活泼。通过本次主题活动，幼儿获得了关于秋天的全面知识和经验。

王老师开展的主题活动是幼儿园主题课程吗？你觉得存在哪些问题？通过查阅文献或者下园实习，搜集幼儿园主题课程案例，对其进行判断和识别。

任务描述

本任务将围绕认识幼儿园主题课程展开，你需要理解幼儿园主题课程的内涵，分析与识别幼儿园课程方案，理解幼儿园主题课程的特点及价值。

任务准备

一、幼儿园主题课程的内涵

幼儿园主题课程是指在一段时间内，围绕贴近幼儿生活的某一中心内容（即主题），以主题为主线组织幼儿的学习和探究活动的幼儿园课程形式。

幼儿园主题课程的中心内容一般是与幼儿日常生活联系的具体事物或现象，如“春节”“儿童节”“游乐园”“春天”“秋天”等；或者是比较抽象的内容，如“植物的生长”“事物的旅行”等。幼儿园主题课程的系列活动一般是相互联系的，其活动组织形式丰富多样，包括集体教学活动、区域活动、游戏活动、生活活动、自由活动、环境创设、家园合作等。

幼儿园主题课程基于幼儿真实的探究学习和社会行动，课程的组织与实施强调创设适宜的教育环境，打破学科领域的界限，将五个领域的目标和内容等进行整合，凸显知识的横向联系。课程围绕主题组织学习活动，以丰富、生动、有趣的活动形式，引导幼儿亲自操作、探索交流，扩展不同领域的直接经验，关注幼儿完整经验的建构，促进他们身心的和谐、健康与全面发展。

二、幼儿园主题课程的特点

1. 打破学科界限，强调知识的横向联系

幼儿园主题课程将五个领域的学习有机地联系起来，确保幼儿获得真实、直接、完整的经验。主题通常很自然地涵盖多个学科领域。从幼儿学习的角度来看，幼儿对一个问题有“刨根问底”的需求，而不是浅表、割裂的认识。例如，在主题课程“蜗牛”中，目标并非让幼儿简单学习蜗牛的外形特征和生活习性等学科性较强的知识，而是打破学科界限，引导幼儿通过寻找和养蜗牛的自然过程，获得真实、直接、完整的相关经验，这些经验是有机地渗透在五个领域的教育活动中的。

2. 整合各种生活化、游戏化的学习资源

幼儿园主题课程往往整合幼儿园内外与主题内容紧密相关的各种资源。幼儿园、家庭及社区中存在许多丰富的生活化、游戏化教育资源，需要充分融入幼儿园主题课程中。例如，在主题课程“筷子”中，通过“用筷子吃饭”“用筷子做乐器”“用筷子做游戏”等多样化、生活化、游戏化的活动，将各种学习资源整合到课程中，

幼儿在生活和游戏中将获得丰富的综合知识和经验。

3. 灵活执行课程计划，课程实施富有弹性

幼儿园主题课程应关注幼儿的学习，虽有计划，但在具体实施过程中不可死板和僵化。教师要充分预估各种可能性，及时捕捉幼儿活动的契机，并做出调整。因此，幼儿园主题课程的实施应富有弹性。例如，在主题课程“我毕业了”中，原定活动计划是参观学校、与小学生交流，但是教师在活动前发现班里有很多幼儿的家庭已有上小学的哥哥姐姐，于是教师调整计划：在正式参观小学之前，请这些哥哥姐姐来幼儿园分享他们的小学学习与生活经历，通过别具一格的混龄活动，丰富幼儿对小学学习与生活的认知。

三、幼儿园主题课程的价值

学前儿童的思维是直觉行动思维，具有具体性、形象性的特点，同时，他们对身边的事物充满好奇，渴望探索。幼儿园主题课程具有生成性、探究性、综合性等特点，其内容是相互联系、相互融合的，具有促进幼儿多方面发展的价值。幼儿园主题课程符合幼儿学习的需要，对于幼儿园教育具有重要的价值，主要体现在以下几个方面。

1. 帮助幼儿获得完整的知识经验

幼儿园主题课程打破学科界限，强调知识的横向联系，因此通过幼儿园主题课程的实施幼儿所获得的知识经验是比较完整的，而非割裂的。幼儿园主题课程在一段时间内围绕一个问题展开许多活动，引导幼儿学习、了解有关这个问题的方方面面，知识是完整的。例如，主题课程“人·车·生活”的活动内容涵盖科学、语言、健康、艺术、社会五个领域，这些活动都是围绕“汽车”展开的：通过“我们认识的汽车标志”“汽车的构造 ”“汽车的种类”等科学活动了解汽车的标志、构造、种类；通过“如何开车、买车”等语言活动丰富幼儿的汽车知识；通过“汽车的尾气污染”“生活中的其他交通工具”等社会活动引导幼儿关心生活环境；通过“我们设计的未来汽车”等艺术活动体验自我创造的快乐；还通过丰富的区域活动充实幼儿的经验。这些知识经验互相联系、全面完整，也是在直接经验中活动的，满足了幼儿的好奇心，同时实现了预设的教育目标。

2. 引导幼儿在生活中主动学习

主动学习的幼儿发展更全面、更和谐，幼儿园主题课程能够促进幼儿在生活中主动学习、主动探索。在幼儿园主题课程中，幼儿的许多活动是在生活中完成的，与他们的生活融为了一体。例如，在主题课程“新年”中，幼儿和教师一起布置活动室，在阅读区写出全班小朋友的名字，在自然区饲养动物和种植植物，测量身高、制作元宵灯，一起到社区观赏灯会等，这些活动增强了幼儿学习的主动性。

3. 有利于提高教师的专业化水平

教师的专业化体现在能从长远角度把握幼儿的发展，为幼儿设计具有持久价值且生动有趣的活动，使他们难以忘记。教师需整体协调幼儿园、家庭和社区的资源，为幼儿创设宽松、平等、鼓励的开放式教育环境。同时，教师要注意观察幼儿，并在一日生活中自然地利用各种契机开展教育。在幼儿园主题课程中，教师要能按照预设方案灵活实施。例如，在主题课程“正月”中，教师开展了“种植和饲养”“爱心义卖”“交流阅读”等活动，虽然这些活动并非直接针对“正月”这个特定的主题，但是教师却从“体验成长的快乐”“体验成功的喜悦”“培养助人的精神”“感受大家在一起的快乐”等目标出发安排了这些活动，着眼于幼儿的长远发展而不是眼前发展。又如，“社区赏灯”“小时候照片分享”“家长共同制作一盏灯”等活动，充分体现了教师的专业水平以及整合家庭、社区资源的能力。可见，开展幼儿园主题课程能够锻炼教师的能力，促进其专业成长。

任务实施

分析“任务情境”案例中王老师存在的问题，并搜集与分析幼儿园主题课程案例，理解并掌握幼儿园主题课程的内涵、特点及价值。完成表 15-1。

表 15-1　幼儿园主题课程识别分析表

<table>
<tr><td colspan="3">结合案例分析，王老师开展的幼儿园主题活动存在什么问题？
（1）
（2）
（3）
（4）</td></tr>
<tr><td colspan="3">请你通过下园等方式搜集幼儿园主题课程案例，并进行分析与判断。

案例名称：
（具体案例另行附页）</td></tr>
<tr><td>是否符合幼儿园主题课程的内涵</td><td>是否具备幼儿园主题课程的特点</td><td>说明理由</td></tr>
<tr><td></td><td></td><td></td></tr>
</table>

任务评价

1. 请你对本任务的完成情况进行自我评价。

学习任务	优	良	中	差
识别幼儿园主题课程	能依据幼儿园主题课程的内涵及特点准确分析课程方案，并能有条理描述	能依据幼儿园主题课程的内涵及特点较准确分析课程方案，并简要描述	能初步依据幼儿园主题课程的内涵及特点分析课程方案，分析不够完整，描述条理性不强	不能依据幼儿园主题课程的内涵及特点分析课程方案，描述无条理性，甚至有错误

2. 针对本任务，你觉得自己还有哪些需要改进的地方？

存在的问题：

产生原因：

解决办法：

任务 16　设计幼儿园主题课程

任务情境

王老师是一位刚毕业的幼儿园教师，她一毕业就回到家乡的一所乡村中心幼儿园任教。幼儿园地处农村，山上有着得天独厚的竹资源，它与人们的生活息息相关，各种各样的竹竿、竹扁担、竹筐、竹席子等为人们生活带来了许多方便，竹笛、竹制品、竹玩具等为人们的生活带来了不少乐趣。

一天，班级里有个孩子带来了一根用竹子自制的长笛，没想到孩子们在自由活动的时候都抢着玩。他们追着问王老师："老师，这笛子是怎么做出来的？""老师，它的声音真好听，我们来做竹乐器好不好？"孩子们对竹子、竹制品产生了浓厚的兴趣。于是王老师打算充分利用当地自然资源，开展主题教育活动。

王老师没有开展主题课程活动的经验，请你为王老师设计一个主题课程方案。

任务描述

本任务将围绕幼儿园主题课程设计来开展，涉及主题课程的内容、目标、主题网络设计、情境脉络设计、主题课程实施途径，以及具体的主题课程方案的撰写等。本任务包括以下步骤：

步骤一：分析优化幼儿园主题课程方案。

步骤二：设计幼儿园主题课程方案。

（1）确定主题课程名称、内容。

（2）确定主题课程目标。

（3）绘制主题课程网络图。

（4）绘制主题课程情境脉络图。

（5）确定主题课程实施的途径，制定主题课程实施的时长，制定主题实施的周日计划，以及具体的主题课程活动方案。

任务准备

一、主题课程的内容

幼儿园课程具有基础性、启蒙性与全面性，这决定了幼儿园课程内容的广泛性。教师要选择适宜的主题课程内容，就必须了解主题课程内容产生的途径。

（一）主题课程内容的来源

1. 来源于幼儿的日常生活与经验

陶行知指出，“生活就是教育的内容，为生活而教育，在生活中找教育”。幼儿园课程是在幼儿的生活中开展的，因而课程的主题也往往来源于幼儿生活，幼儿生活中的衣食住行都可能成为主题课程内容的来源。这些主题往往题材广泛，包括自然物类、文化类、生产与生活类。例如，教师为丰富角色游戏中商店里的材料，发动幼儿和家长收集各种各样的废旧物品，于是造型各异、颜色丰富、材料不同的瓶子就出现在活动室里。每到自由活动时间，总会有许多孩子围绕在放瓶子的柜子前，他们有的被各种造型独特的香水瓶吸引，爱不释手地观赏、抚摸；有的对各种瓶盖情有独钟，摸索着寻找开启的方法；有的则喜欢敲打、捏弄或摇晃瓶子，弄出各种声音。孩子们一个个兴趣盎然，玩得不亦乐乎。教师围绕瓶子构建的“有趣的瓶子”主题课程就此产生了。

2. 来源于幼儿感兴趣的话题

幼儿生活中的有趣话题也是主题课程内容的重要来源。要捕捉来自幼儿生活的有价值的话题，关键在于教师对幼儿生活世界的了解与关注。在日常生活中，教师要积极与幼儿交流，主动倾听幼儿间的交谈，细心地分析幼儿的绘画作品，敏感地捕捉幼儿在游戏中既不经意又不寻常的行为表现。例如，入秋以后天气渐凉，幼儿的衣服由较薄的单衣渐渐变成了毛衣，裤子也由短的换成长的……这样微妙的变化引起了幼儿的兴趣，他们相互欣赏、比较自己每天穿着的服装，有的说“今天比较凉，妈妈给我穿了比较厚的夹克衫”；有的说“我比你不怕冷，只穿一件毛背心”“我的衣服上有蓝猫的图案”“你的衣服颜色比较深，我的比较亮”……听到幼儿对服装的谈论，发现幼儿对自己的着装如此关注，教师通过积极倾听幼儿的谈话，及时捕捉到孩子对于服装的兴趣及需要，以认识各式各样的服装为切入点，开展了主题活动“多彩的服装”。

3. 来源于幼儿生活中的节庆活动

幼儿在生活中会遇到各种各样的节庆活动，如中华传统节日春节、清明节、端午节、中秋节等；具有重大意义的纪念日，如国庆节、六一节、劳动节、元旦。这些节庆活动来源于生活，是中华民族价值观的体现，积淀了深厚的文化底蕴，承载了源远的民族文化，是情感的凝聚，蕴含着多元的教育价值。每个节庆活动都有它独特的教育价值，因此我们要精心挖掘其内涵，筛选出符合幼儿身心发展的具有趣味性及有教育意义的节庆活动作为课程主题，同时要结合不同年龄幼儿的发展特点，开展生活化的主题活动。例如，新学期开学时，幼儿们刚刚过完元宵节，还沉浸在新年的喜悦中，教师们应使这份喜悦延续在幼儿园生活中，于是开展了主题课程“欢欢喜喜闹元宵”。幼儿们参与领新年红包、赏花灯、猜灯谜等活动，欢乐地开启了新学期，并且通过各种各样的活动分享关于春节、元宵节的习俗、特色饮食等。

4. 来源于幼儿生活中的科学现象

幼儿在生活中会遇到一些常见的自然现象和社会现象，如风雨雷电、四季变化、生老病死、成长历程等。幼儿对生活中有趣的科学技术充满好奇，他们不满足于观察表面现象，更喜欢动手去玩一玩、试一试。对于生活中生老病死、成长发育这些现象，幼儿需要形成科学的认知等。例如，广州市第二幼儿园以“二十四节气”为时间线索，立足于幼儿园自然生态环境下的主题式整合课程，将“二十四节气”变成可直接感知、亲身体验和实际操作的活动。以节气联系生活，让幼儿在生活中感受节气的存在，了解与生活的关系；结合广州气候、物候特征及民俗文化开展节气教育，每个主题包含自然探索、节气体验、文化艺术和饮食保健四大板块。这里以“清明”为例，教师结合广州的地域特色，开展了科学活动“观察禾雀花”“种植碗莲”、亲子活动“华南植物园亲子定向越野”、社会活动“清明插秧”、艺术活动“编织柳树花环”、歌唱活动“柳树姑娘”、古诗欣赏“清明”，并且将“清明”时节的饮食与保健融入幼儿的日常生活中。

5. 来源于社会生活中的重大事件

社会生活中发生的重大事件，往往是人们生活中关注与谈论的话题，这些重大事件往往渗透于人们的交谈、广播电视节目、图书画报，甚至是人们的日常生活中。幼儿作为社会生活的成员，自然也会感受到这些重大事件对人们生活的影响。作为主题来源的社会生活事件，不只是社会生活中的重大事件，更是与幼儿有关的或幼儿可能感兴趣的事件。无法引发幼儿兴趣的内容不能成为幼儿园课程的主题。在幼儿园教育活动中，教师时常会在考虑幼儿年龄特点与兴趣的基础上，以大事件为主题来开展主题课程，如围绕“北京奥运会”“神舟飞船”“中国共产党成立100周年”“中国空间站”等开展主题课程。例如，针对2022年北京冬奥会，教师开展了主题课程“阳光园里的冬奥会”，在活动中，幼儿们有太多“稀奇古怪”的问题，如“什么是冬奥会？”“冬奥会有什么项目？”“冰墩墩为什么长得像熊猫？”“雪容融为什么要戴黄色的围巾？”幼儿带着大大小小的疑问展开探究学习。教师通过语言、音乐、手工、绘画、观看赛事等丰富多彩的活动，引导幼儿探究奥运火炬的来历，了解北京冬奥会的会徽、吉祥物、赛事，让幼儿感受冬奥的每个精彩瞬间。幼儿们用小巧的手将超轻黏土捏成一个个可爱萌呆的冰墩墩、雪容融；用稚嫩的歌声唱着“墩墩和容融”；用手中的画笔为雪容融涂上新衣；在建构区用木质积木模仿冰壶运动；在滑梯上上演“高山滑雪”。

（二）不同年龄段常见的主题课程内容

不同年龄段常见的主题课程内容如表16–1和表16–2所示。

表16–1 各年龄班常见主题课程内容一览表1

年龄班	主题一	主题二	主题三	主题四	主题五	主题六
小班	去幼儿园	小蜗牛去哪里了	猪宝宝的花手套	好吃的蔬菜	我们的节日	好玩的玩具
中班	种子的世界	中秋节	幼儿园的树朋友	金色的秋天	好玩的水	我们一起游戏吧
大班	我爱我的家乡	我要上学啦	有趣的测量	幼儿园里为我们服务的人	牙齿白花花	丰收的萝卜

表16–2 各年龄班常见主题课程内容一览表2

<table>
<tr><th colspan="2">年龄班</th><th>主题一</th><th>主题二</th><th>主题三</th><th>主题四</th><th>主题五</th><th>主题六</th></tr>
<tr><td rowspan="2">小班</td><td>上</td><td>幼儿园真好玩（社会）</td><td>小手真能干（健康）</td><td>秋天来了（科学）</td><td>熊的故事（语言）</td><td>缤纷糖果（科学）</td><td>各种各样的星星（艺术）</td></tr>
<tr><td>下</td><td>从小爱运动（健康）</td><td>亲亲一家人（社会）</td><td>三只小猪（语言）</td><td>瓶罐乐园（科学）</td><td>石头大变身（艺术）</td><td>戏水乐（科学）</td></tr>
<tr><td rowspan="2">中班</td><td>上</td><td>身体探秘（科学）</td><td>我是猫（艺术）</td><td>牙齿小卫士（健康）</td><td>纸张变变变（科学）</td><td>小松树和大葵花（语言）</td><td>我的家乡（健康）</td></tr>
<tr><td>下</td><td>朋友，你好（社会）</td><td>美丽的自然风光（艺术）</td><td>好吃的食物（健康）</td><td>会动的房子（语言）</td><td>水真有用（科学）</td><td>我爱劳动（社会）</td></tr>
</table>

续表

年龄班		主题一	主题二	主题三	主题四	主题五	主题六
大班	上	长大真好（社会）	我爱踢足球（健康）	我爱剪纸（艺术）	动物大世界（科学）	玩转绘本（语言）	我是中国人（社会）
	下	聆听大自然的声音	管子总动员（科学）	好听的故事（语言）	保护自己办法多（健康）	各种各样的桥（科学）	上小学喽（社会）

（三）主题课程内容的确定

1. 主题价值

我们在确定主题课程内容时，首先要考虑选择的主题是否具有价值，即对幼儿的发展是否具有积极向上的意义。例如，主题课程“梅花三弄”，选择梅花作为主题课程内容，是因为梅花蕴含较高的审美、文化、实用价值。梅花作为一种气节的象征，“雪虐风饕愈凛然，花中气节最高坚”。在我国传统文化中，梅花在“四君子”中处于首位，其剪雪裁冰、一身傲骨为诗人们所喜爱。对于处在各类能力发展敏感期、关键期的幼儿而言，通过知梅、赏梅、画梅、养梅等活动，接触中国传统文化之精华，具有重要的价值与意义。

2. 课程资源

主题课程内容的确定要考虑课程资源，课程资源可分为直接资源与间接资源。直接资源是指幼儿可以直接接触到的，可对其进行参观、观察或访问的人、事、物等。间接资源是指幼儿通过书籍、字典、录像、网络等获得的第二手资源。主课课程的内容既可以来源于幼儿身边的直接资源，也可以取材于间接资源。例如，主题课程“梅花三弄”，教师在选择该主题内容时，着眼于南京国际梅花节。五湖四海的游客们络绎不绝地来到梅花山，各种和梅花相关的资料随处可见。梅花节的气氛非常浓厚，幼儿可以看到前来观赏的旅游团、梅花山附近的各种宣传资料、超市里有关梅花的物品、幼儿园特意为幼儿准备的梅子果脯……这些生活中经常出现的景象都可以作为开展主题活动的资源。

3. 课程目标

主题课程内容的确定还要考虑该主题“是否能实现多领域课程的多个目标”“是否对班级幼儿能力构成适度挑战”。在开展主题课程“梅花三弄”时，教师基于《3—6 岁儿童学习与发展指南》中对 5—6 岁幼儿各领域的发展目标要求确定主题课程内容，结合主题课程的具体内容，提出了发展目标。在健康领域，通过梅花桩练习锻炼幼儿的反应能力；在语言领域，通过儿歌、诗歌的学习发展幼儿语言表达能力；在科学领域，通过梅花山观察活动，幼儿能初步感受梅花的花瓣、花期、生长习性；在艺术领域，通过欣赏与创作，幼儿能初步感受生活中的艺术美，并通过绘画进行初步表达，从而形成初步的艺术表现力及创新力；在社会领域，通过同伴之间的感受交流、活动合作等方式，初步发展幼儿的社会交往能力及集体合作能力。

二、主题课程的目标

幼儿园主题课程目标的确定，反映了教师的教育教学理念，从主题活动的总目标到子主题的次级目标、再到具体活动目标，是主题课程班本化的缩影，也是反映某个主题课程预计发展的重点方向。

（一）主题课程目标的制定

幼儿园主题课程目标的制定要有科学性、连续性、合理性，有计划地引导幼儿生动活泼、主动发展。幼儿园主题课程目标的整合是教育整合的基础，主题课程目标的制定应该是一个整合—分解—整合的过程。我们在制定主题课程目标时，可能将其划分为不同方面，但是不管采用哪种归类划分方式，都是对整体发展的相对划分，这种划分只是为了使我们在考虑教育目标时不致笼统、无序。主题课程目标的制定应在分析主题课程潜在价值、潜在资源的基础上，根据幼儿园培养目标，幼儿基本经验、兴趣需要、年龄特点等规划主题方案，按“课程总目标—阶段目标—主题活动目标—周活动目标—具体活动目标”制定主题课程目标体系（图 16–1）。

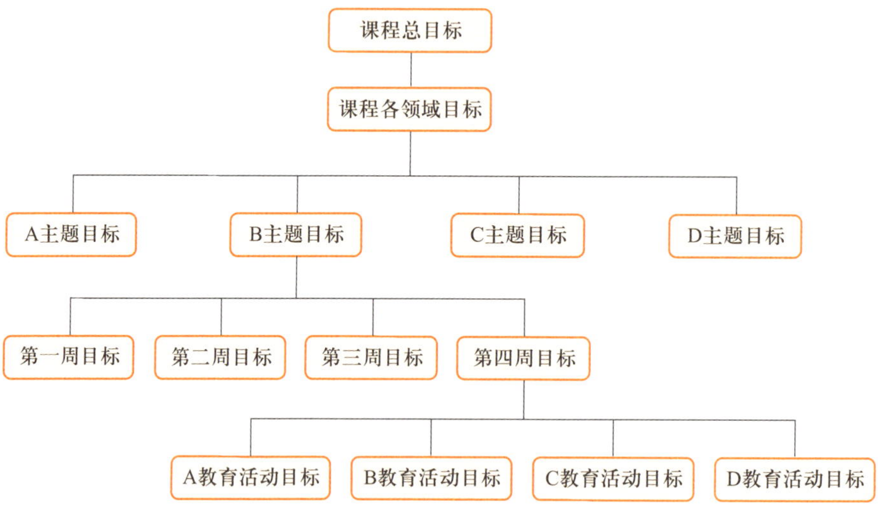

图 16–1　主题课程目标体系图

（二）主题课程目标的表述

主题课程目标的表述与具体活动目标一样，都强调目标的行为主体要一致，因而要从幼儿的角度来表述主题课程目标。两者的不同点有两个：一是主题课程目标表述相对比较笼统，一般采用简单复合句的形式；具体活动目标表述则要求具体明确，且具有可操作性。二是具体活动目标的数量一般是 2 ～ 3 条，而主题课程目标的条目数量一般在五条左右。对于主题课程目标，从心理发展维度来讲，要求尽量涵盖认知、动作技能和情感态度类；从领域覆盖维度来讲，则要求涉及尽可能多的领域。如果某主题课程偏向于某一领域，则在五条左右的目标表述上，往往会有两条左右的目标涉及主题课程偏向的领域。例如，主题课程如果偏向于科学领域，则五条目标中通常会有两条直接涉及科学领域。

三、幼儿园主题课程网络图

（一）主题课程网络图的含义

主题课程网络图是指通过一定方法对与主题相关的一系列概念进行归纳整理，并以一定的逻辑层次和“网状”的形式加以呈现，因而也称为主题网、主题纲、主题树、主题概念网等。编制主题课程网络图，往往是开展主题课程前的一项重要工作，其目的是厘清主题课程开展的头绪，展示主题课程各活动内容及其相互之间的层次和关系。

主题课程网络图的作用如下：一是能够让教师充分调动与主题相关的知识经验，并通过对这些相关信息的条缕分析，增强对主题理解的深度与广度，避免停留在局部或表层，从而更有效地选择与整合课程内容。二是能够让教师逐步明确主题课程学习的内核，确定相应的主题课程目标，并由此做好主题课程具体的实施方案，避免天马行空，防止课程活动走向无序与随意。三是能够增进教师与幼儿之间、幼儿与课程之间的互动。幼儿参与编制主题课程网络图的过程，有利于教师了解幼儿关于主题的原有经验和认识，并在此基础上寻求和发现可以并值得延伸、扩展及深入讨论的课程内容，随机生成新的主题，综合提高教育效果。

（二）主题课程网络图的类型

主题课程网络图体现了具体课程内容之间的逻辑关系，这与教师对幼儿园课程概念的理解密切相关。不同教师编制主题课程网络图的依据不同，有的教师以幼儿教育目标或者发展需求为依据；有的教师以领域相关知识为依据；有的教师以幼儿的兴趣、经验与关注点为依据，因此会形成不同类型的主题课程网络图。

1. 网状主题课程网络图

网状主题课程网络图是以网状形态呈现的，网络图中心位置一般是主题名称，主题课程实施过程中所预设的各个活动按照一定的逻辑关系逐级展开，形成以主题名称为中心的包围状或半包围状的网络。网络主题课程网络图除了经典的网状主题课程网络图，还包括分支状主题课程网络图（图 16–2）和伞状主题课程网络图。

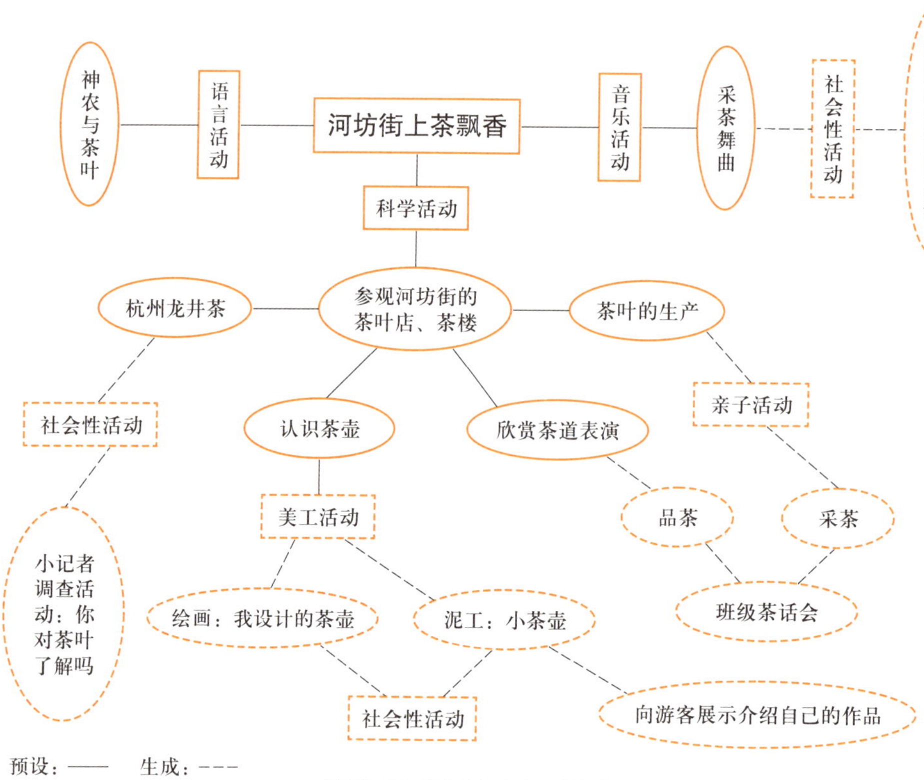

“河坊街上茶飘香”主题网络图①

图 16–2　分支状主题课程网络图

2. 树状主题课程网络图

树状主题课程网络图也称主题树，主题课程名称置于树干部分，主题课程实施的活动脉络则呈现在树枝部分，还预留了空白的地方放置幼儿生成的活动（图 16–3）。

3. 饼状主题课程网络图

在饼状主题课程网络图中，居于图中心的依然是主题课程名称，以圆心分割的五个扇形分别表示了五大领域的名称及各领域相应的目标，饼状外分别标识出主题

① 孔英萍．“吴山文化”童心体验课程的建构与实践［J］．幼儿教育，2017（Z1）：58–61．

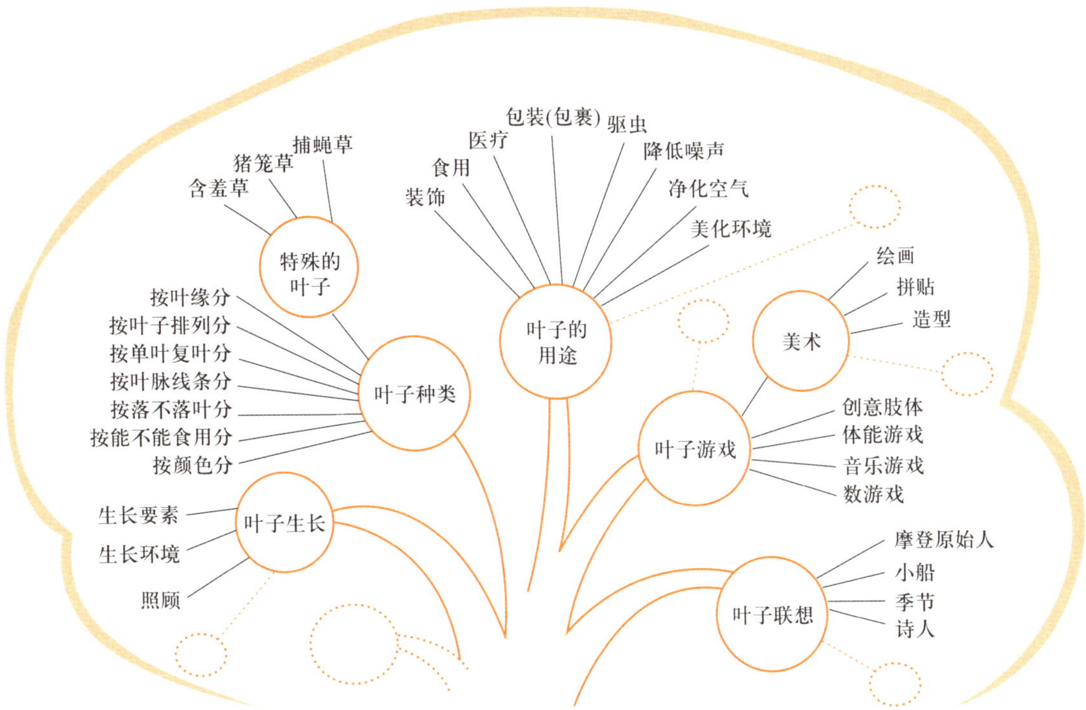

图 16-3　树状主题课程网络图

实施的各具体活动内容、实施途径及所属领域（图 16-4）。与前面的网络图相比，饼状主题课程网络图增加了各领域目标，即该主题目标分解到各领域的子目标，有助于增强目标意识。其明显的不足在于：一是过分强调对五大领域的覆盖，即领域的均衡性，易出现拼凑现象，且带有较强的“学科取向”。二是无法呈现主题课程的各个具体活动间应有的逻辑关系。

4. 左右分支状主题课程网络图

左右分支状主题课程网络图以思维导图为模板来制作，主题名称居于图中间，整个网络图的内容分布于左右。左右分支状主题课程网络图，制图便捷，主题课程推进顺序清晰，可随时加入生成内容，能够完整地呈现整个主题课程的实施情况（图 16-5）。

5. 鱼骨状主题课程网络图

鱼骨状主题课程网络图的主题名称居于鱼头位置，从鱼尾到鱼头这条鱼骨表示主题实施的几个主要阶段或几个子主题。每个阶段或子主题的具体活动则分布于鱼刺之中。采用这种网络图可以一目了然地呈现出主题课程推进各阶段的顺序，以及各阶段所包含的具体活动内容。受鱼骨形状的制约，这种形式的网络图比较适合于小主题课程，即容量比较小的、实施时间比较短的主题课程，不大适合用来呈现生成的子主题活动。“食”主题课程网络图如图 16-6 所示。

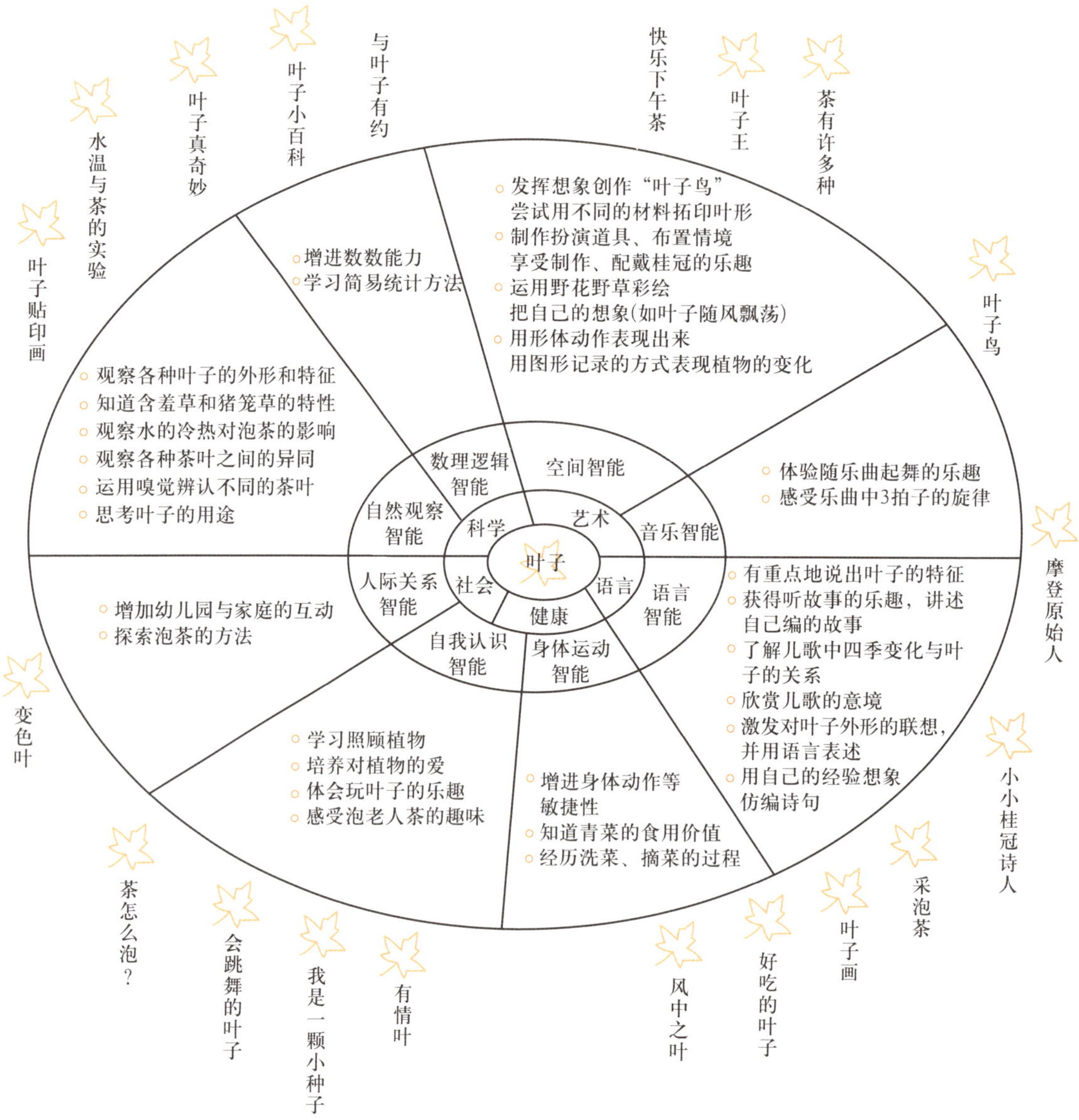

图 16-4　饼状主题课程网络图

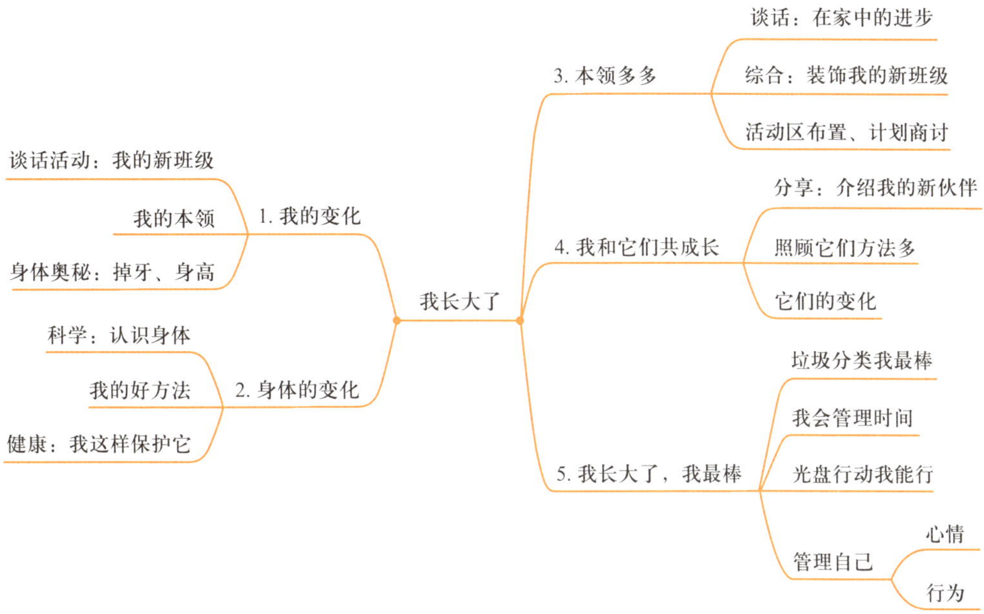

图 16-5　左右分支状主题课程网络图

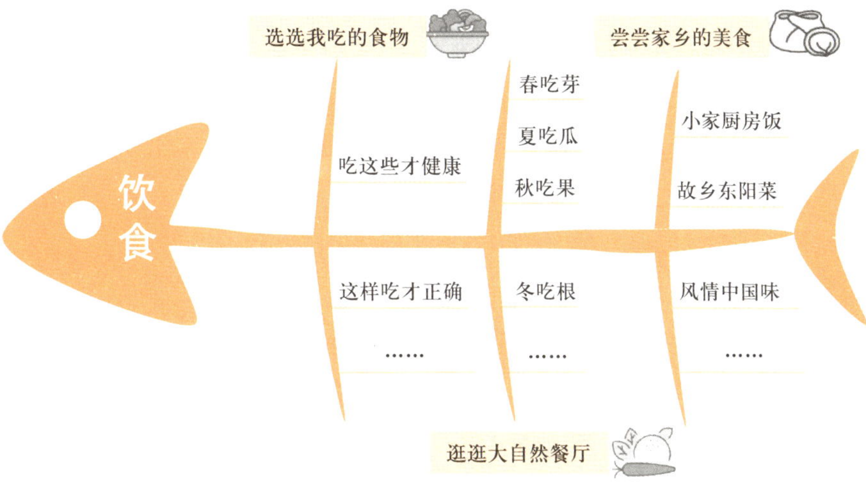

图 16-6　“食”主题课程网络图[①]

（三）主题课程网络图的设计程序

1. 通过联想、归类、联网等流程，初步构建主题网络图

主题确定以后，教师将进行主题课程网络的编制。首先，教师通过头脑风暴，可以不受任何限制地自由联想，并写出自己想到的任何与主题有关的字词，这些字

① 许丽芬，张晓晓，李天元. 食知·食操·食礼——园本生活经验课程之“食”主题课程开发与实施案例［J］. 基础教育课程，2022，（24）：71–80.

词应尽可能具体；然后将不同字词按照一定的标准归类，如果不能归类，则教师可在后期通过查阅资料来补充；最后，教师为每组字词选择一个最合适的概括性词语，对其进行命名，并使用网状形式将一组组的字词联系起来，绘制成主题网络图。

下面以“地铁”为例，进行主题课程网络的编制。第一步，教师通过头脑风暴，会联想到很多字词，如驾驶员、调度员、乘客、售票员、服务人员、保安、驾驶室、车厢、站台、座椅、服务站、卫生间、自动售票机、先下后上、给老弱病残孕让位、站在安全线内候车等；第二步，进行归类与命名，如人员（驾驶员、调度员、乘客、售票员、服务人员、保安）、设施（驾驶室、车厢、站台、座椅、服务站、卫生间、自动售票机）、规则（先下后上、给老弱病残孕让座、站在安全线内候车）等；第三步，根据一定的逻辑将其绘制成主题网络。

2. 通过调查、讨论、交流等多种方法，了解幼儿兴趣，修改主题网络图

教师在进行头脑风暴时，应尽可能多地联想到与主题有关的字词，并进行主题网络图的绘制。主题网络图中的相关内容需要进行调查，并与幼儿讨论交流。例如，教师在“好玩的砖”主题课程构建过程中，在初步编制主题课程网络后，与幼儿进行了讨论：为什么喜欢去砖区玩？你最喜欢在砖区玩什么？然后教师下发了调查问卷，让家长和幼儿一起讨论，如幼儿对砖的哪些内容比较感兴趣、家长希望孩子能进行哪些关于砖的活动、是否有家装建筑工人或者从事与砖相关职业的人员。同时，结合幼儿区域活动的情况，了解幼儿对砖区哪些活动内容比较感兴趣、活动中存在哪些问题、他们的哪些能力得到发展……通过多方讨论与交流，发现幼儿对建构房子比较感兴趣，于是教师对初步主题课程网络图进行了修改。

3. 结合理论依据，将预设与生成相融合，不断完善主题网络图

在主题课程中，幼儿自发生成的活动与教师的预设活动是不可分割的，两者是相互交融、相互渗透的。幼儿生成的主题经过教师的支持、提升，可以以教师预设的活动形式进行展开；教师精心预设的活动中，幼儿受材料、形式等因素的影响，又会时时拓展生成出属于他们的新的主题。将预设活动转化为生成活动，关键在于教师要善于调动幼儿的兴趣，让“生成中有预设，预设中有生成”。在主题课程“好玩的砖”中，幼儿在户外砖区中活动，因为砖区中有许多碎砖，看着很凌乱，所以幼儿们讨论着要给碎砖搭一个家，这样碎砖全都住在家里，就不会很乱了。但是搭建的过程中出现了拼接不成功、墙面不牢固等多种情况，还有部分幼儿的合作意识不强，一个幼儿刚搭上去，另一个幼儿却把搭的那块砖拿走，搭在别的地方。在这个过程中，教师发现幼儿建构经验的积累水平和分工合作的能力有待提高。于是根据幼儿活动中采集到的信息，教师对网络图进行了修改与补充，并对网络图中的内容进行审议，判断哪些适合集体教学活动、哪些适合户外活动、哪些适合区域活动，从而进一步完善主题课程网络图。

4. 分析幼儿行为，满足幼儿的需求，形成主题网络情境脉络图

主题课程网络编制后，教师需考虑主题活动开展的顺序，即设计主题活动情境脉络图。原则上，如果一个主题内所有活动的顺序都可以前后颠倒，那么这个主题活动大多是拼凑的主题。因此我们在开展主题活动时，需要根据一定的逻辑顺序，将主题中的活动内容编制成情境脉络图。一般来说，情境脉络图可以按照“感知感受—操作探索—表现表达”“基于经验—丰富拓展经验—巩固提升经验”“事件发生—事件发展—事件结束”等逻辑进行编制。例如，在主题课程“梅花三弄”中，教师在主题网络图中按照“感知感受—操作探索—表现表达”的逻辑顺序，编制了“梅花一弄—梅花二弄—梅花三弄”的活动情境脉络图，引导幼儿运用多感官通道获得关于梅花的经验，再通过观察与探究，学习梅花的相关认知与常识，最后用自己的方式表达对梅花的认识与情感。

四、幼儿园主题课程方案

（一）主题名称

主题课程命名的基本要求如下：主题名字应好记好听、浅显易懂，对幼儿有吸引力，能够激发幼儿强烈的参与欲望及丰富的想象力，如“好玩的绳子”“好吃的蔬菜”“有趣的测量”“春天来了”“小蜗牛去哪儿”“种子的世界”“亲亲泥土”等。“动物”“植物”等名称就过于平淡，对幼儿缺乏吸引力。如果稍微变换一下，改为“我最喜欢的一种小动物”“我饲养的小宠物”等，就相对好些，容易让幼儿感到这个主题课程是和自己有关系的，是自己的事情，而非教师布置的任务。

（二）主题来源

主题的确定需要根据一定标准来考量。例如：这个主题幼儿会喜欢吗？符合他们的兴趣和需要吗？适合幼儿的发展水平吗？能够涵盖哪些领域的学习内容吗？能促进幼儿哪些方面的发展？可行性如何？主题所需的材料容易获得吗？是否容易转化成让幼儿直接参与的具体活动？与近期实施过的主题课程之间的关系如何？有无相关的经验进行衔接与连贯？能否较好地规避或补救前一主题课程在领域均衡上存在的问题？这些问题都是确定主题时需要考虑的问题。

（三）主题资源

主题资源是形成课程的因素与实施课程的必要而直接的条件，主题资源的优良与否将直接影响课程的教育价值及目标的实现。开发主题资源应“因地制宜、宁缺

毋滥”的原则，从幼儿园、社区、家庭三个方面，对可利用的主题课程资源进行了多次审议与筛选，择优选出适宜课程开发和幼儿发展的相关资源，并进行整合，最终形成围绕主题的课程资源群，如“食”主题课程资源（图 16–7）。

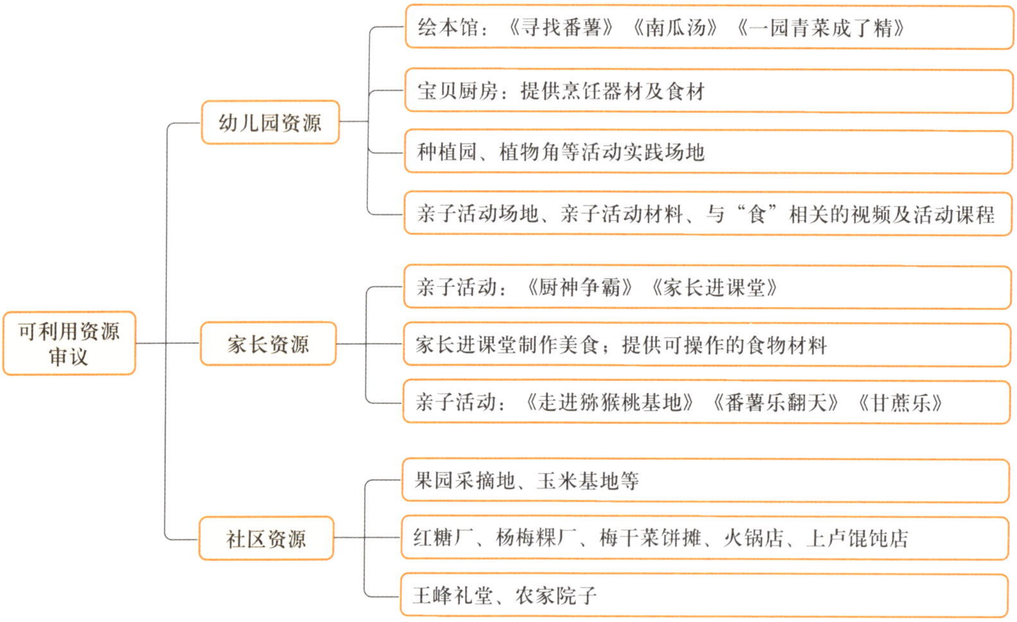

图 16–7　“食”主题课程资源

（四）主题课程目标及关键经验

幼儿园主题课程目标是指在主题开展的时间内所要实现的幼儿发展目标，需依据幼儿园课程总体目标及年龄阶段目标来制定。主题课程目标制定的基本流程分为“预设—分解—生成—汇总”四个环节。

1. 预设主题课程目标

主题课程的发展需要追随幼儿的发展，只有教师心中有目标，活动才能高效开展。教师需要结合主题，从各领域的年龄阶段目标逐层分解到主题课程目标，并对其进行分解、细化，使之成为主题课程的预设目标。同时，对主题课程的预设目标所涉及的领域及为实现目标幼儿所需的关键经验进行分析（表 16–3）。

表 16–3　主题课程目标及关键经验

主题目标	涉及领域	关键经验
运用多感官通道获得关于梅花的经验	科学	通过看梅花、闻梅花、摸梅花、品梅花等方式，调动关于梅花的已有经验，丰富关于梅花的相关认识

续表

主题目标	涉及领域	关键经验
运用多感官通道获得关于梅花的经验	语言	听与梅花相关的传说、童话故事、古诗词等，初步领略梅花在文字中的韵味
	音乐	欣赏与梅花有关的歌曲、乐曲、戏剧作品，感受梅花在音乐作品中的形象
	艺术	欣赏与梅花相关的绘画、雕塑、剪纸、创意造型等，接触多样的艺术表现形式中的梅花
通过进一步观察与探究，丰富关于梅花的认知与常识	科学	通过进一步观察，了解梅花花朵、叶子、枝干、果实等的主要特征，能够识别梅花
	语言	能够用语言描述梅花的外形特征，尝试用自己的“符号”记录对梅花的相关发现
	空间认知	从不同的空间观点认识梅花，对不同地区的梅花在外形、习性等方面的异同有浅层次的了解
	健康	尝试在梅花桩上移动，敢于在一定高度上跨越
乐于用自己的方式表达对梅花的认知与情感	科学	在水养梅花的过程中，尝试连续记录梅花的生长过程
	语言	尝试口头创编关于梅花的小诗
	创造性表征（音乐 & 艺术）	通过绘画、歌唱、舞蹈等形式，表达对梅花的认知与情感
其他	自主与社会关系	能够积极参与主题活动，在小组活动、亲子活动中积极构建与同伴和成人的关系

2. 分解预设主题目标

完成主题计划的预设后，需要将预设目标分解到周日计划中实施，分解到具体的活动目标中实现。例如，中班主题课程“探寻闽南红烟炙砖”主题目标预设如下：

（1）了解烟炙砖的由来、制作技术、传统纹案的不同寓意及其实用价值，对生活中常见的符号、标志感兴趣，知道它们表达的意义。

（2）感受红砖文化独特的美感，在参与红砖墙体创作中能够调整红砖数量、方位，进行创意组合。

（3）能有序取放操作材料，活动后能主动整理并物归原处，遇到困难能主动想办法解决或寻求帮助。

（4）能认真倾听他人想法，愿意将自己所了解的有关烟炙砖的趣闻与体验和同伴交流分享，讲述比较连贯。

在实施的过程中将预设的主题课程目标分解到具体的活动中，如表 16-4 所示。

表 16-4　“探寻闽南红烟炙砖”具体活动目标

领域	活动名称	活动目标
科学活动	家乡古厝建材——红料	知道古厝建筑材料中的红砖、红瓦有个共同的名称——红料； 了解红料的常见种类与用途，知道不同的红料有不同的用途； 体验参与探索古厝建筑材料的乐趣
讲述活动	我的古厝红墙	能运用简单的语言，比较完整地讲述自己找到的古厝红墙纹样； 能够在集体面前大胆表达自己的见解； 感受古厝红墙的纹样美，喜爱古建筑独特的美
艺术活动	美丽的古厝红墙	进一步感受古厝烟炙砖红墙砌筑墙体上的造型美、色彩美与纹样美； 尝试设计并搭建古厝烟炙砖红墙，感受闽南古厝的建筑美

3. 生成活动目标

在主题课程实施中，教师要有发展意识，在预设目标的基础上对主题课程目标进行适当的整合，注意根据幼儿在活动中的兴趣和状态，生成新的活动目标，以满足幼儿的发展需求。

4. 汇总主题课程目标

主题课程结束后，教师需要针对主题课程计划完成的情况，审阅预设目标和生成目标，增加生成的活动目标，剔除未完成的预设目标，形成最终的主题目标。对于未完成的预设目标，教师可以放在下一阶段去落实。

（五）主题内容（主题网络图）

主题内容（主题网络图）就是将通过头脑风暴调动起来的与主题有关的知识经验或概念，经过归纳整理，建立某种联系，并以网状的形式将这种联系直观形象地呈现出来，形成主题网络图（图 16-8）。

（六）主题实施思路

主题实施思路是指考虑主题活动开展的顺序。在主题课程开展过程中，应该注重课程内容的有机整合。因此，我们在设计主题课程方案设计时，应先对主题课程内容本身所蕴含的内在价值、内在联系（逻辑）进行分析，并在此基础上按照一定的情境将主题课程内容有机整合起来，形成主题课程情境脉络图，作为主题课程实施的思路。主题课程情境脉络图设计的思路如下：

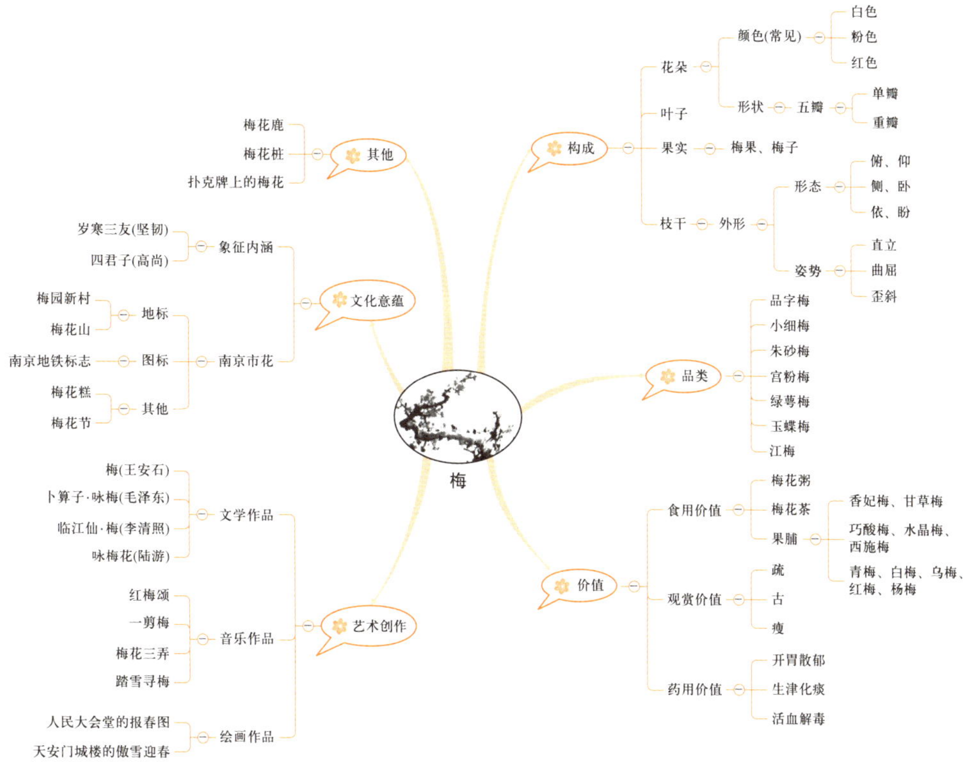

图 16-8　“梅花”主题网络图

1. 感知 · 探索 · 表达

感知是指通过运用感官直接感知事物或现象而获得知识经验的方法。在主题课程实施过程中，强调幼儿感官的参与，使其形成对主题课程相关知识与经验的初步认识与感受。探索是指在活动实施过程中，教师为幼儿创设自主探究的机会，引导幼儿通过自选材料、自取工具、自己设计、自由探索，以饱满的兴趣和活跃的思维投入到主题活动中，从而获得对主题课程内容的进一步认识，丰富经验。表达即在设计主题课程活动时，注重引导幼儿大胆发挥自己想象力、创造力等，运用自己独特的笔触、动作和语言表现自己的观点、想法与感受。例如，在主题课程“梅花三弄”中，在感知阶段，教师通过寻梅、看梅、知梅等活动，引导幼儿通过看梅花、闻梅花、摸梅花、品梅花等方式，调动关于梅花的已有经验，丰富关于梅花的相关认识；在探索阶段，教师通过知梅、用梅、说梅等，让幼儿进一步观察与探究，丰富关于梅花的认知与常识；在表达阶段，教师开展养梅、说梅、梅花交响曲等，引导幼儿用自己的方式表达对梅花的认知与情感（图 16-9）。

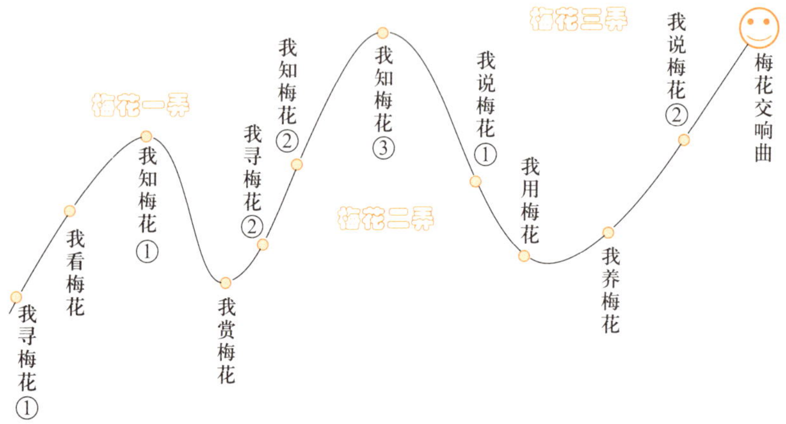

图 16-9 “梅花三弄”主题课程情境脉络图

2. 基于经验 · 拓展经验 · 提升经验

幼儿主题课程往往是生成与预设相结合的，因此我们在设计主题课程活动方案时可围绕“尊重儿童兴趣—基于已有经验—丰富拓展经验—巩固提升经验—收获新的经验”的规律，支持幼儿经验的连续增长，梳理主题发展线索，根据幼儿经验成长的连续性，及时调整主题活动内容，最终达到课程育人的目标。例如，在主题课程“多彩的金属”中，教师基于幼儿经验开展“金属回收站”系列活动，引导幼儿掌握哪些是金属、哪些不是金属；再通过“幼儿园里的金属”活动，丰富拓展幼儿关于金属的经验与认知——了解金属有什么用；最后通过“金属探究室”活动，探究金属的磁性、轻重、颜色、长短、工艺制作等，不断拓展和提升幼儿关于金属的相关经验（图 16-10）。

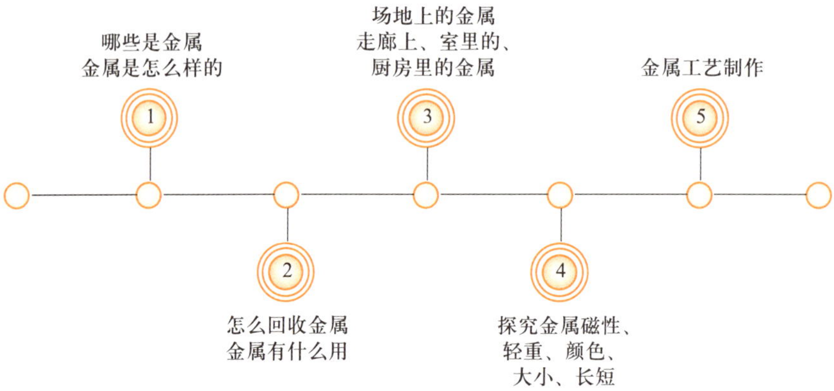

图 16-10 “多彩的金属”主题情境脉络图

3. 发生 · 发展 · 结束

幼儿园主题课程的实施根据课程主题的特点采用“事件发生—事件发展—事件结束”的思路设计主题课程情境脉络图。例如，主题活动“柿子红了”中，教师在设计主题课程情境脉络图时按照“发现幼儿园柿子树—收柿子—焐柿子—柿子分享会”事件发生发展的过程设计了一系列相关活动（图 16-11）。

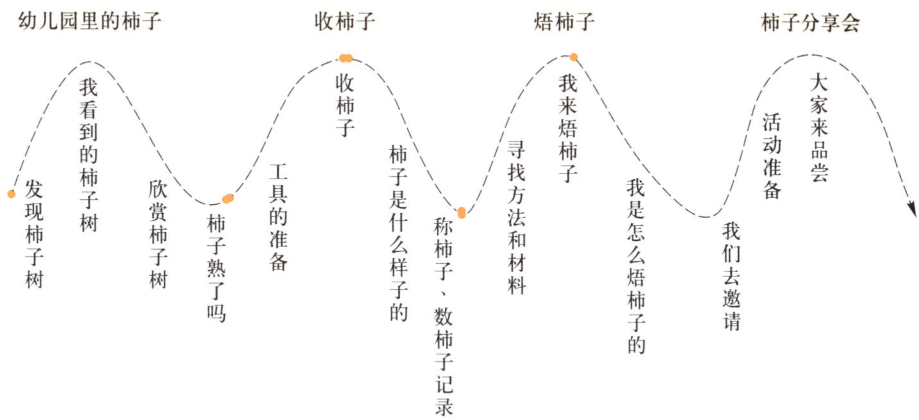

图 16-11 “柿子红了”主题情境脉络图

（七）主题课程实施路径

主题课程的实施路径包括教学活动、区域活动、生活活动、环境创设及家园共育等。整体考虑各类活动对主题的贡献，优先考虑区域活动、游戏活动、生活活动的价值。必要的活动可通过教学活动来进行。就目前幼儿园主题课程实践而言，除了环境创设的熏陶、生活活动的渗透、家长的参与及周边资源的利用，主题课程实施的途径主要有三种：教学活动为主，区域活动为辅；教学活动与区域活动并行；区域活动为主，教学活动为辅。幼儿园课程实施不断向低结构化、开放性发展，即逐渐增加区域活动（游戏活动）的成分。“淮滨泥叫吹”主题课程网络图及实施路径如图 16-12 和表 16-5 所示。

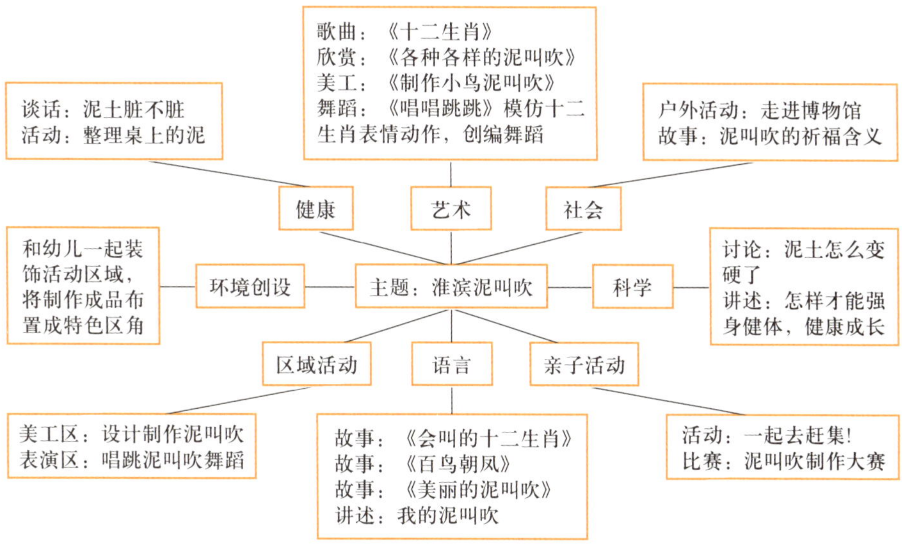

图 16-12 “淮滨泥叫吹”主题课程网络图[1]

① 郭一丁. 幼儿园泥塑类主题活动课程的开发与实施［D］. 信阳：信阳师范学院，2021.

表 16-5　“淮滨泥叫吹”主题课程实施路径[①]

集体活动		日常活动	区域活动	环境创设	家园联系
基本活动	其他活动				
“新店”开张啦！ 1. 设想开设的角色游戏； 2. 筹备小组的选择、讨论、成立； 3. 参观周围机构； 4. 音乐活动：理发店； 5. 数学儿歌：小兔子，开铺子	1. 学习新操：蔬菜沙拉； 2. 准备国庆巡演	日常渗透 1. 将幼儿的计划和收获本装订在一起，引导幼儿翻阅和相互交流自己调查到的内容； 2. 对植物角新种上的植物进行观察与记录； 3. 点名，让幼儿说说自己父母的职业； 4. 户外活动：“蔬菜沙拉”和“我们都是好朋友”早操的学习和巩固；户外自主活动； 5. 餐前，让幼儿结合和父母参观机构时拍摄的照片谈谈自己的新发现；散步	益智区 1. 点子接龙（主题目标中数学目标的体现）； 2. 小兔子，开铺子配套磁力贴（集体活动的延伸）； 3. 看卡片，钓小鱼（主题目标的需要）。 科学区： 种植区的观察和记录（参观菜市场活动的经验延伸）； 美工区： 1. 饼干和棒棒糖的制作（主题目标4 的体现）； 2. 购物袋大变身； 3. 泥工“做月饼”（幼儿兴趣与需要）。 角色区： 1. 各种店铺的开张营业（主题目标一的体现）； 2. 职业小舞台（主题目标 2 和 5 的体现）。 语言区： 进行照片墙展示与讨论	1. 展览“新店铺开张”筹办过程的照片； 2. 展览幼儿在参观时的所见所感； 3. 种植区的观察记录； 4. 设计各种各样的饼干墙饰	1. 请家长带领幼儿去参观自己所选择的机构，说说自己想要了解什么、收获了什么； 2. 请家长帮助幼儿一起准备国庆巡演时所要穿的特定职业的服装

① 李昀轩．基于儿童经验的幼儿园主题课程开发研究［J］．河南广播电视大学学报，2021，34（3）：107-112．

（八）具体活动方案

确定主题课程实施途径之后，教师需要根据活动形式基本要素来设计具体的活动方案。其中，集体教学活动设计应包括设计意图、活动目标、活动准备、活动过程和活动延伸；区域活动设计应该包括各区域名称、区域内容及材料、区域功能与指导要点。除此之外，教师还应考虑主题课程实施环境的创设，整合各方面资源，体现课程实施的具体安排与时间。

“梅花三弄”主题课程活动方案如表 16–6，表 16–7。

表 16–6　集体教学活动

<table>
<tr><td colspan="2">第一周　我与梅花・遇见
周目标：通过多感官通道获得关于梅花的经验。
1. 设计调查表，让幼儿寻找身边的梅花，请家长帮着记录幼儿关于梅花的问题与发现；
2. 集体参观梅花山，参与梅花节系列活动，捡拾梅花花瓣，让幼儿感受自然状态下梅花的美</td></tr>
<tr><th>活动名称</th><th>活动简介</th></tr>
<tr><td>我寻梅花（1）</td><td>找一找身边的梅花，记下发现，提出问题</td></tr>
<tr><td>我看梅花</td><td>参观梅花山，搜集梅花花瓣</td></tr>
<tr><td>我知梅花（1）（科学）</td><td>通过看梅花、闻梅花、摸梅花、品梅花等方式，调动幼儿关于梅花的已有经验，丰富其关于梅花的相关认知</td></tr>
<tr><td colspan="2">第二周　我与梅花・相知相识
周目标：通过进一步观察与探究，丰富幼儿对梅花的相关认知与常识。
1. 欣赏音乐、绘画、文学作品中的梅花形象，感受不同艺术表现形式中梅花的美；
2. 对梅花元素的运用有所了解，感知梅花与南京的关系</td></tr>
<tr><th>活动名称</th><th>活动简介</th></tr>
<tr><td rowspan="3">我赏梅花</td><td>梅花诗</td></tr>
<tr><td>梅花画</td></tr>
<tr><td>1. 踏雪寻梅（儿歌）；
2. 梅花三弄（古筝曲）</td></tr>
<tr><td>我寻梅花（2）</td><td>1. 梅花在哪儿（梅花造型运用）；
2. 认识南京地铁图标</td></tr>
<tr><td>我知梅花（2）（科学）</td><td>通过进一步观察，了解梅花花朵、叶子、枝干、果实等的主要特征，能够识别梅花</td></tr>
<tr><td>我用梅花</td><td>制作梅花花瓣的标本、书签（用自己采集的梅花花瓣）</td></tr>
<tr><td>我知梅花（3）（科学）</td><td>1. 对梅花的种类有初步的感知；
2. 对不同地区的梅花在外形、习性等方面的异同有浅层次的了解</td></tr>
</table>

续表

活动名称	活动简介
我说梅花（1）	能够用语言描述梅花的外形特征，尝试用自己的“符号”记录关于梅花的发现
第三周　我与梅花·联欢 周目标：让幼儿乐于用自己的方式表达对梅花的认知与情感	
活动名称	活动简介
我养梅花	尝试水养梅花，坚持记录梅花的生长（该活动可以在主题活动之后继续延伸进行）
我说梅花（2）	尝试口头创编关于梅花的小诗
梅花交响曲	1. 演出活动：幼儿舞蹈、歌曲、诗歌； 2. 作品汇编：幼儿美术作品、科学记录； 3. 照片墙：三周活动的照片记录

表 16-7　区域活动

活动区	可进行的活动	提供的材料
美工区	1. 制作梅花枝干	报纸、纸浆、胶水、KT 板
	2. 画梅花	铅笔、橡皮、彩色水笔、蜡笔、水粉水彩
	3. 装饰梅花枝干	安全剪刀、胶水、白纸
	4. 运用梅花元素进行环保袋的设计	南京地铁图标，梅花图案
阅读区	读绘本	投放相关的绘本，如《花园里有什么》
	听相关古诗词的录音	提供有关的录音，如《梅》《咏梅花》《雪梅》
	幼儿自己创作梅花小诗	笔、纸、录音笔
建构区	1. 搭建梅花谷	各种积木、大型纸箱
	2. 和小伙伴一起完成梅花桩的设计	圆形木头、固定架
科学区	1. 观察梅花的生长状态	前往梅花山观看
	2. 了解各个地方不同的梅花	观看旅游纪录片，如《风雅钱塘》
	3. 制作、观察梅花花瓣切片	儿童用显微镜
种植区	1. 两人一组，选取喜欢的梅花并取名	笔、纸、安全剪刀、双面胶、水瓶、梅花
	2. 一起观察记录折枝水养梅花	笔、记录表格

亲子活动

1. 全家一起去梅花山，仔细观察梅花的枝干、花朵形状，回来之后让幼儿以“梅花朵朵开”为主题进行创作；

2. 幼儿和父母一起搜集有关梅花的传说、故事、古诗词等，以家庭为单位进行梅花小诗创作比赛；

3. 梅花交响曲：邀请父母来观看“梅花”主题成果展示。

任务实施

任务分析：学会设计幼儿园主题课程是一个循序渐进、不断提升的过程。本任务首先通过一个较为成熟的幼儿园主题课程方案，帮助学生快速掌握幼儿园主题课程方案的基本内容，并取其精华去其糟粕，提升学生设计与组织主题课程的能力；其次，根据案例情境中的要求，以“竹子”为主题分模块设计主题课程方案。

文档：中班主题活动方案：纸的秘密多

子任务 16–1：请结合幼儿园主题课程的相关知识（主题课程内容、主题课程目标、主题课程网络等），认真分析幼儿园中标班主题课程方案“纸的秘密多”，分析与举例说明本活动的优点与不足，并提出调整建议，完成表 16–8。

表 16–8　幼儿园主题课程方案评析表

方案名称：　　　　　　　　　　　　　　　　评分人：

评价内容	评析指标	分析与举例说明
主题产生		
课程目标		

续表

评价内容	评析指标	分析与举例说明
主题网络编制		
主题课程设计		
主题环境创设		

子任务 16-2：结合案例情境，请以“竹子”为主题，为王老师设计一个幼儿园主题课程方案。

步骤一：确定幼儿园主题课程名称，并分析主题来源，以及幼儿园开展主题课程的资源，完成表 16-9。

表 16-9　确定并分析主题

主题名称	
主题来源	
主题资源分析	

步骤二：根据主题课程目标的制定、表述等相关知识，在小、中、大班中选择一个年龄段，根据幼儿经验与发展水平，制定主题目标，完成表16–10。

表16–10　主题目标、领域和经验

主题目标	涉及领域	关键经验

步骤三：请根据主题课程网络编制的相关知识，结合确定的课程主题，绘制主题课程网络图，完成表16–11。

表16–11　主题课程网络图

步骤四：运用幼儿园主题课程情境脉络图设计思路等相关知识，对设计的主题课程网络图进行进一步梳理，绘制主题课程情境脉络图，完成表16–12。

表 16-12　主题课程情境脉络图

步骤五：请结合幼儿园主题课程实施路径相关知识，确定主题课程实施的途径，明确主题课程实施的时长，制订主题课程实施的周计划，以及具体的主题课程活动方案，完成表 16-13。

表 16-13　主题课程实施周日计划

课程时间	第　　周	
课程目标		
活动模块	活动内容	指导（观察）要点
集体教学活动		
区域活动		
游戏活动		
环境创设		
家园合作		

其中区域活动方案中需要写出地区、活动内容、活动材料等。

步骤六：设计一个主题课程具体活动方案。

请结合主题课程活动目标、内容与组织实施方案，依据集体活动设计要点，自选领域，设计集中教学活动方案，完成表 16–14。

表 16–14　幼儿园主题课程具体活动设计表

设计步骤	设计内容	反思改进
活动名称		
设计意图		
活动目标		
活动准备		
活动过程		
活动延伸		

具体要求如下：

（1）设计应符合主题课程目标和不同年龄幼儿发展特点；

（2）方案结构完整，包含设计意图、活动目标、活动准备、活动过程、活动延伸等内容；

（3）按照活动设计与实施的步骤列出活动过程中每个环节的要点，写清楚每个环节的引导语、关键提问及观察与指导要点。

任务评价

1. 请你对子任务 16–1 的完成情况进行自我评价。

学习任务	优	良	中	差
评析与优化幼儿园主题课程	能够准确地说出幼儿园主题课程方案的优点与缺点，并能够提出适宜的活动调整、改进建议	能够较为准确地说出幼儿园主题课程的优点与不足，并说明理由	能说出幼儿园主题课程方案的优点与缺点，分析不够完整、准确	不能说出幼儿园主题课程方案的优点和缺点

2. 请你对子任务 16–2 的完成情况进行自我评价。

学习任务	优	良	中	差
确定主题课程名称，分析主题内容与资源	能够准确地说出幼儿园主题课程方案的优点与缺点，并能够提出适宜的活动调整、改进建议	能够较为准确地说出幼儿园主题课程的优点与缺点，并说明理由	能说出幼儿园主题课程方案的优点与缺点，分析不够完整、准确	不能说出幼儿园主题课程方案的优点和缺点
制定主题课程目标	能够整合各领域核心经验，科学、合理地制定主题课程目标，目标具体、清晰、可操作	能够较为科学合理制定主题课程目标，目标包含不同领域和核心经验，具体、可操作	能够制定主题课程目标，包括不同领域目标，目标较为具体	制定的主题课程目标整合性不够，目标制定较为笼统，操作性不强
绘制主题课程网络	绘制主题课程网络，内容丰富，逻辑清晰、明了，画面美观	绘制主题网络图内容较为丰富，逻辑比较清楚，画面较为美观	绘制主题网络图内容较为简单，逻辑比较清楚，画面比较清晰	绘制主题网络图内容比较简单，逻辑不清楚，画面比较凌乱

续表

学习任务	优	良	中	差
设计主题课程情境脉络图	能够按一定思路设计情境脉络图，逻辑清晰合理，符合幼儿发展的经验水平与规律	能够设计情境脉络图，逻辑比较合理，符合幼儿发展的经验水平与规律	能够设计情境脉络图，具有一定的逻辑性，基本符合幼儿发展的经验水平与规律	设计的情境脉络图，思路比较混乱，脱离幼儿发展的经验水平与规律
制订主题课程活动方案	能够根据各要素制订主题课程活动方案，内容丰富；选择不同的主题实施途径，且科学合理，实施时长合理，制定的周日计划安排科学	能够制定主题课程活动方案，内容较为丰富；选择不同的主题实施途径，且较为合理，实施时长安排合理、制定的周日计划安排较为合理	能够制定主题课程活动方案，能够选择主题实施途径，安排主题实施时长，制定的周日计划安排一般	制定的主题课程活动活动方案内容较为单薄，主题实施的途径较为单一，时长过长或者过短，周日计划安排不合理
设计具体活动方案	设计富有创意，方法多元有效	设计合理规范，重难点突出，方法得当	能够根据不同领域、不同类型活动设计步骤，完成设计方案	设计不完整，目标制定不合理、缺乏关键步骤等

3. 针对本任务，你觉得自己还有哪些需要改进的地方？

问题：

产生的原因：

解决的办法：

任务 17　实施幼儿园主题课程

任务情境

在幼儿园大班的“去秋游”主题活动中，李老师在活动开始前围绕“秋游”这一主题与幼儿展开讨论，并对幼儿感兴趣的话题进行了收集和分类。李老师将主题分为三个主要部分：“秋游去哪里”“准备什么”“秋游做什么”。一开始，幼儿对组织秋游感到非常兴奋，积极准备各种活动，如制作服装、准备食物和策划节目。然而，在主题活动中后期，活动变得十分零散，各个阶段之间缺乏联系。李老师组织了“学习收搭帐篷”“地图的秘密”“初绘手绘地图”“认识整点”“认识钱币”“自建小超市”“小超市购物”等一系列活动，理应是逐步深入的过程，却变成了互不关联的平行活动。个别活动显得仓促而肤浅，整体计划也没有得到深入执行。此外，主题环境以文字为主，零散地展示了幼儿的部分作品。

针对李老师开展主题活动遇到的问题，我们该怎么办？

任务描述

本任务将围绕实施幼儿园主题课程展开。在本任务中，你需要理解主题环境的分类、主题环境创设的要求，幼儿园主题课程的组织、开展、观察、反思、调整、评价等。

任务准备

一、主题环境创设

环境是重要的教育资源，也是幼儿发展必不可少的重要条件，它在教师与幼儿之间、幼儿与幼儿之间、幼儿与物体之间的互动中起着关键作用。《幼儿园教育指导纲要（试行）》明确指出，“应通过环境的创设和利用，有效地促进幼儿的发展”。学前儿童认知、情感和社会化的发展始终源于与环境的相互作用，幼儿与环境的相处方式直接影响教育质量。各类主题活动的目标都应以幼儿为核心，而环境是实现这些目标的具体措施和手段。因此，在活动主题的设计到具体实施中，我们必须考虑环境这一要素。教师应积极创造条件，注重创设与主题活动相适应的环境，挖掘和发挥其所蕴含的教育功能，让幼儿在与环境的互动中，通过自己的发现进行探索，在探索中不断表现，在表现中不断发展。

（一）主题环境的分类

主题环境主要是指以主题教育活动开展为线索，根据主题开展需要，由教师引导幼儿积极参与构思、创作、安排，共同赋予主题的教育环境。它包括主题墙和区域活动环境。

1. 主题墙

主题墙是幼儿园主题环境创设中不可或缺的重要阵地，它围绕主题教育活动的内容进行设计和布置，是主题环境的重要组成部分。大多数幼儿园的活动室中有一面较大的墙壁（主题墙），它通常是人们进门后视线的焦点，是幼儿视线经常经过的地方，是活动室的视觉中心。一面好的主题墙应具有参与性（课程的参与、教师的参与、幼儿的参与、家长的参与）、互动性（与课程的互动、与教学的互动、与幼儿的互动、与家长的互动），启发性和创造性。

通过主题墙，教师能够有效地倾听幼儿的想法，为幼儿提供有针对性的引导和帮助，及时调整活动计划；通过主题墙，幼儿可以与环境、材料有效互动，大胆地探索、充分地表达，获得各种有益的经验；通过主题墙，还可以让家长了解幼儿在园的情况，包括学习成果、学习过程及整体发展水平。

青花瓷主题墙分别从“美丽的青花瓷”“青花的制作过程”“我收集的青花纹样”“我设计的青花纹样”“我的青花作品”等展示了幼儿园主题课程开展的情况，

也充分展示了幼儿知识与经验积累的情况，还可以向家长展示幼儿在园学习与活动的情况。

2. 区域活动环境

区域活动是主题活动实施的重要途径，教师需要根据主题内容设置活动区，有机整合区域活动内容，充分挖掘活动区潜在的教育因素。

主题背景下的活动区创设指教师根据主题活动的目标和幼儿的发展水平，投放适当的材料，开辟独立的区域，组织与主题相关的活动，让幼儿通过感知感受、动手操作、探索及讨论活动，并在教师的指导下加深对主题学习内容的理解，增进和丰富与主题相关的经验。

例如，教师可以利用班级走廊、教室、盥洗室空间合理划分各区域，进行环境的创设；师幼共同设计作品，布置相关的版面；投放半成品材料供幼儿使用；利用废旧物品进行立体墙面布置；发动家长收集各种资料以供幼儿查阅等。在主题活动"海底生物"中，教师通过各领域活动的开展，引导幼儿主动了解家乡大海的优美景色和丰富的物产资源。本着"教师为辅，幼儿为主"的宗旨，教师精心为幼儿设置了多个区域，让幼儿们发挥想象，用他们智慧的双手创设班级的每个角落。在美工区，教师投放了陶泥，幼儿大胆进行创作，用颜料表现美丽的霞浦滩涂，并自主制作海底世界的图书。在生活区，教师组织了打海带结的活动，让幼儿体验海带加工厂工人的辛苦。在益智区，幼儿进行了打海带绳、织渔网、钓鱼、晒鱼干、运海鲜等活动。在阅读区，教师投放了有关大海的绘本，如《海底的秘密》和《海底大联盟》系列。在建构区，教师投放了各种材料，让幼儿建构渔港。同时，教师还引导幼儿在沙池中进行建构，通过区域活动、集中活动、日常生活活动和周围环境，引导幼儿发现家乡海的秘密，鼓励他们大胆表达自己的感受。

（二）主题环境创设的要求

1. 与课程结合，突出主题性和层次性

环境是幼儿园的隐性课程，主题环境创设的目的是为课程服务、为幼儿服务，是课程实施过程的再现。主题环境中的主题墙和活动区是记录幼儿活动过程和结果的载体，是幼儿与同伴、幼儿与教师之间近距离接触和交流的平台，是主题课程得以顺利开展的媒介。它承载着我们的教育意图，并能引发幼儿获得经验上的提升、能力水平上的提高。

一般来说，走进一个班级的活动室，醒目的主题墙就会出现在眼前，从中可以清楚地了解最近班级正在进行的主题活动，并能"阅读"到其中蕴含的各种教育信息。通过一次次主题活动的细化和拓展，教师将各个领域的内容加以整合，主题墙的内容和目标也得到层层推进。需要强调的是，主题墙的内容不是一成不变的，可以随着主题目标和实际需要进行调整，教师心中要有目标，要考虑如何与主题教育动态结合。例如，在“我是中国人”的主题课程中，可以延伸出“古韵青瓷”“京剧脸谱”“美丽的服装”“中国之最”几个平行单元。主题墙内容层层递进，形象地记录了课程的进展，使得主题内容不断丰富、深入和完善。幼儿的发展水平存在差异，他们的想法和创意不一样，获得知识的过程和方法不一样，获得的感受和体验也不一样。主题墙允许有不同的表现形式和表现层次，让每位幼儿的主体性都能得到充分的发挥。

2. 与活动衔接，注重互动性和参与性

主题环境创设的过程是一个师幼互动、家园互动的过程，应向幼儿、教师和家长开放，让他们都参与其中。

要重视幼儿对环境创设的参与，把幼儿当成环境的真正主人。环境创设的目的应该是引发和支持幼儿与周围环境的积极作用，幼儿是环境创设中不可缺少的参与者，幼儿参与主题环境的布置对其发展具有重要作用。怎样才能让主题环境与幼儿真正有效地互动和对话呢?

首先，让幼儿参与材料的收集。幼儿参与材料的收集有助于培养他们作为教育共同体的意识和责任感。请幼儿帮助收集相应的材料，带到幼儿园来布置主题环境；让幼儿自己思考、设计、布置，能用实物创设的就以实物创设，不能用实物创设的就启发他们用绘画形式展现。在收集材料的过程中，幼儿的动手操作能力、审美能力及合作学习能力均能得到发展，同时幼儿还能体验到参与的乐趣。

其次，让幼儿参与主题环境的构思与设计。把环境创设的主动权交给幼儿，让他们按自己的意愿和想法去设计活动室的环境，这样的环境对幼儿来说更具有教育意义。教师要激发幼儿创设主题环境的积极性，倾听他们创设主题环境的所思、所想，为他们留出参与的空间。

要正确发挥教师的作用。教师是幼儿活动的支持者、合作者、引导者，为他们提供适度的支持和引导。在主题课程环境创设中，教师发挥着准备环境、控制环境、调整环境的重要作用。

3. 与经验联系，体现开放性和生成性

主题环境是随着主题的不断深入而逐渐丰富的，每一步都是幼儿经验提升的体现，每一件作品都是幼儿学习、参与的写照。因此，主题的内容要与幼儿的经验和需要相联系，主题环境要以动态的形式展示活动内容的连续性，以及活动过程的开放性和生成性。

在主题环境创设的最初阶段，主题墙面允许留白。教师先将大框架搭好，在主题活动的开展过程中，不断地将幼儿的作品、幼儿收集的资料、幼儿的活动剪影融入主题墙中。主题墙的内容和活动室各区域的材料应随主题活动的不断展开而深化、丰富和调整，永远向幼儿开放。主题内容应能引发幼儿充分调动自己的经验去表征、迁移和创造。在此过程中，各领域的教育目标和内容相互渗透，各种学习资源综合利用，可能会生发出新的课题。例如，在“好喝的牛奶”的主题基础上，幼儿引发“各种各样的奶制品”和“牛奶的营养”等主题，主题墙上的板块越来越丰富，区域环境也越来越有趣。

4. 与资源整合，倡导实用性和发展性

环境不仅是物质的、精神的，还是活动的，各种各样的资源构成了幼儿丰富多彩的学习和成长世界。

在实践中，教师要改变过去只把操作材料放在桌上、地上或玩具箱里的做法，要将平面与立体、地面（桌面）与墙面结合起来，强调主题环境的发展价值，采用多元表现手法，利用各种各样的自然物品和废旧物品来构建立体化的学习环境。例如，在“汽车”主题中，幼儿将带来的各种各样的汽车图片贴在墙上、地面上；在桌面上将玩具汽车布置成展览区；将绘画作品布置成设计区；用牙膏盒、易拉罐、硬纸板等制成各式小汽车或汽车生产区；再设计“热闹的马路”，形成丰富的主题环境。

二、幼儿园主题课程的组织与开展

主题活动要以幼儿自主探究学习为主要方式，通过幼儿对周围世界的深入观察、主动探索、尝试、体验、大胆创造等实践活动，促进自身的全面发展。幼儿园主题课程的组织与开展大致可以分为三个阶段。

1. 主题的发起及准备阶段

在主题的发起及准备阶段，教师一方面的任务是根据幼儿的兴趣、经验水平，制定主题课程目标，并梳理幼儿园、家庭、社区的主题课程资源，制作“主题网”；另一方面的任务也是核心任务，即充分了解、调动幼儿与主题相关的原有经验。对于幼儿而言，这一阶段的任务是充分地回忆、展现其关于主题的原有经验。教师要引导幼儿运用绘画、象征性游戏、语言讨论等方式表达自己对主题的理解。教师可以借此全面了解幼儿的经验基础，并由此设计出下一步的活动计划。

2. 主题的开展与发展阶段

在了解幼儿的原有经验，并完成主题课程活动规划后，具体的活动就可以正式开始了。教师通过开展丰富多彩的活动，引导幼儿通过游戏与活动等方式获得关于该主题的新的直接经验，在游戏与活动中一步一步进行主题开展与深入。幼儿在这个过程不断进行探索，在提出问题与解决问题的过程中，获得经验的发展。在这一阶段，幼儿的主要活动是实际操作和探索，全面了解主题本身或发现其背后的规律，然后，根据观察或活动结果进行各种形式的再表达。在这些活动中，幼儿为获得第

一手的新经验而进行的考察和调查研究是很重要的一步。当然，幼儿也可以通过查阅资料、拜访专家、开展亲子活动等途径，收集信息，获得经验。对教师而言，这一阶段的任务是提供丰富而适宜的资源，如提供材料、暗示和建议等，同时，要让幼儿感受到自己是他们随时可以提供帮助的资源，在需要时可以求助。

3. 活动的高潮与总结阶段

主题活动最后还需要一个全程的、系统的反思和总结的过程，这往往也是主题活动的高潮。活动反思和总结的方式是多种多样的。教师可以让个别幼儿讲述自己整个活动的历程；也可以由幼儿在教师及同伴的帮助下整理自己在这项活动过程中的材料、画作、照片和建构的作品，将发现介绍给家长、客人、本班或别班的幼儿；还可以由全班幼儿合作办一个面向全园的作品展示会、表演等。反思和总结的过程实质上是给幼儿以各种方式展现他所获得的新知识和能力的机会。这种展现为幼儿的交流、相互学习提供了可能，因而，在这一阶段强调的是学习上的沟通和互动。

从总体上讲，这三个阶段只是反映了主题活动的一般走势，它们并不是固定不变的，教师要依据主题的性质、幼儿的反应灵活地加以运用。

三、幼儿园主题课程的观察、反思与调整

在主题活动的展开过程中，教师要加强对幼儿学习的观察、记录与分析。观察的目的是了解幼儿的活动情况和发展水平，并在此基础上及时调整幼儿的活动。因为主题活动不是死板的，主题活动的计划应该是弹性的。教师要做一个有心人，留心观察幼儿，善于倾听他们的声音，能读懂幼儿，挖掘、拓展主题活动。

1. 做好活动中的观察、记录

观察、记录是反思、调整的基础。教师应该根据主题活动的目标有计划地观察幼儿的活动。在观察过程中，我们应该重点关注幼儿活动兴趣、幼儿活动水平、团体合作情况、材料使用情况、幼儿创造水平等。

记录可以通过文字或表格的形式进行。针对主题课程，一般应该记录有价值的事件，这类事件要么展现幼儿的学习与发展或幼儿的兴趣与经验，要么反映教师现场指导策略的实际成效。前者提供了幼儿的信息，是课程有效跟进的重要依据；后者则指向教师的信息，是教师教学反思的载体。因此，课程记录是为分析与推进而服务的，只有分析准确，所推进的策略才能有效。

2. 适时适当调整方案

主题活动最有生命力的地方在于“生成与发展”。我们要坚持“在预成的基础上生成、在儿童的兴趣点上生成”的理念，在幼儿和教师共同感兴趣的随机拓展中，自然生成新的学习经验和内容。例如，在主题活动“可爱的动物”中，幼儿关注到幼儿

园花坛中翩翩飞舞的蝴蝶，于是生成了“蝴蝶”系列活动：“语言活动：小毛虫，大蝴蝶”“音乐律动：可爱的毛毛虫”“手指点画：蝴蝶”等。这些活动的生成和调整推动了主题活动的深入发展，保证了主题活动的有效实施，展现了主题活动的生命动力。

案例

中班主题活动：快乐“柿”界

在9—10月份，瓜果成熟，户外游戏时幼儿经常会注意到幼儿园树上的果实，常常询问老师“这是什么果子？”根据幼儿对水果的兴趣，我们开展了“水果娃娃长大了”主题活动。幼儿通过这一活动了解了幼儿园中有哪些果树，并在大人的帮助下认识、采摘、品尝了各种果实。随着活动的不断深入，幼儿对水果的探索兴趣愈发高涨，他们持续关注着幼儿园果树的变化。到了11月，幼儿园的柿子在幼儿的期盼下成熟了，与柿子有关的故事也开始引起幼儿的关注。

活动的总目标为：1. 能初步设计、制作简单的采摘工具辅助采摘；2. 愿意持续关注柿子的变化（颜色、软硬、形态），初步了解柿子的食用方式；3. 能主动进行柿子相关的美食制作，并在制作过程中观察相关的科学现象，体验制作美食的乐趣；4. 能在成人的帮助下自主解决游戏中的简单问题，并愿意主动为活动出谋划策。此处主要介绍“活动一：采摘柿子”，具体内容如下。

幼儿尝遍了幼儿园成熟的果实后，树上的柿子已变得黄澄澄了，这让一直关注着水果的他们十分感兴趣。前期幼儿已经有了采摘的经验和初步使用采摘工具的意识，在这一环节中，我决定不再告诉幼儿采摘方法，而是鼓励幼儿自主探索如何摘到柿子。

一、活动目标

1. 能够大胆设计并制作简单的采摘工具。
2. 能积极探索，解决活动中遇到的问题。
3. 能运用多种方式分享探索与发现的过程和方法。

二、第一阶段

活动观察	“老师，咱们能吃柿子吗？”“当然可以，可是怎么摘呢？”我和幼儿来到柿子树下，班中高个子的小源踮起脚伸着手才能够到最低处的柿子。健健和嘉嘉搬来了户外游戏的桌子，这个办法虽然好，但仍然够不到高处的柿子。怎么办呢？有过采摘经验的幼儿已经有了使用采摘工具的意识，但我们并没有现成的采摘工具。扬扬说：“能自己做，我见过爷爷有个大长棍子，上面绕着钩，用那个一拧就行。”听了扬扬的提议，我们回班上上网查了很多采摘工具的照片，激发幼儿自制工具的兴趣。幼儿选定了自制工具的样式，要有一定长度，一端要能够“揪住”果实

续表

活动分析	幼儿主动提出需求时，就是最好的教育时机。当幼儿提出想要摘柿子后，我没有直接帮助他们采摘，而是在支持幼儿的同时，又将问题抛给了幼儿，“要怎么摘呢？”幼儿现有的发展水平与已有的经验足以支撑他们对问题的思考和探究，因此我通过问题引导幼儿积极思考，大胆尝试解决问题，尽可能帮助他们获得更多新经验。幼儿没有被问题难住，积极想出各种办法进行尝试，并调动已有经验，找出“制作采摘工具”这一新方法
调整与推进	恰逢周末，我们提供了“我设计的采摘工具表”，请幼儿用绘画的方式完成表格中的内容记录，并和爸爸妈妈共同设计、制作自己的采摘工具

三、第二阶段

活动观察	周一一来园，有人就兴高采烈地展示着自己的采摘工具，介绍所有的材料，有用木棍和钩子的，有用晾衣竿和购物袋的，有用废旧伸缩杆和小钩子的……展示完自制“神器”，大家迫不及待地来到柿子树下使用工具大胆尝试。我们在一旁观望了两分钟，不见一人成功。昭昭有点着急了，向我们求助：“老师，能不能来帮帮我呀！”我过去握住他的手，边操作边说：“先套住柿子，再使劲向下拽！”说完，柿子就摘下来了。昭昭看着成功摘下的柿子，开心地欢呼起来。这时，源源也成功地摘下了柿子。周围的幼儿羡慕不已：“怎么摘的呀？”“我怎么摘不下来？”昭昭自豪地向大家介绍：“刚才我请老师帮忙，先套住一个柿子，老师和我一块拽就拽下来了，要使很大的力气！”源源也在一旁说道：“对，要使劲儿。” 听了两个同伴的经验分享，大家继续尝试。一个人拽不动就请同伴帮忙；站在地上够不着，就搬来桌子；自己的工具不好用，就和同伴借来好用的工具摘……经过努力和不断尝试，我们终于收获了满满的一筐柿子。回班的路上，幼儿仍然激烈地讨论着：“我的工具特别好用，好多人向我借。”“我的袋子太大了，套不住柿子！换个小一点的就好了。”“我的网子和棍粘得不结实，断开了。”
活动分析	幼儿在积极与父母、教师、同伴互动的过程中，收获了满满的探究经验。经过和家长共同设计、制作采摘工具，幼儿对制作材料的多样性和制作方法有了很多了解，从自己尝试采摘转变为主动向教师和同伴寻求帮助。幼儿对不同的采摘工具进行对比，对“什么样的采摘工具最好用”有了一定的认识。在整改过程中，幼儿充分动手动脑，探究能力、动手能力、沟通能力都得到了发展
调整与推进	请幼儿相互分享自己工具的优点和缺点。 设置“最棒的工具是什么”投票墙，请幼儿选出自己成功采摘的工具，获得票数最多的就是好用又结实的工具。 鼓励幼儿在科学区继续调整、改良自己的采摘工具

四、第三阶段

活动观察	基于幼儿讨论的关于采摘工具的问题，我们设计了工具改造表，并将其投入科学区，主要分为改造位置和改造材料两个部分。幼儿在尝试改造工具前先绘制计划，然后根据计划进行操作。欣欣的工具问题是棍子和网兜用胶带粘不牢，她注意到大家评选出最棒的工具是用铁丝连接的，很结实。因此她完成工具改造表后，就向我寻求帮助："老师，我想用铁丝把他们都缠起来，可我没在班上见过铁丝。"于是我带她到门卫爷爷那里，请她向门卫爷爷借来铁丝和钳子。回到班上后，我们一边观察最棒的工具，一边尝试用铁丝连接欣欣的工具。她先用手固定住棍子和网兜，我用钳子钳住铁丝的一端缠了几圈。我们又交换工作，我固定工具，欣欣缠铁丝。经过共同的努力，终于改造完成
活动分析	根据中班幼儿记忆快但是容易遗忘的特点，我们提供了工具改造表，帮助幼儿在操作中明确自己的目的和任务。在改良采摘工具的过程中，让中班幼儿凭空想象、随意进行调整对他们来说是有难度的。因此我们请幼儿共同选择出最棒的工具，为大家后期改良自己的工具提供了一个"样本"，起到了示范和间接的同伴学习的作用
调整与推进	请幼儿用改良后的工具再次进行采摘，验证工具的实用性。 为幼儿提供持续探究、改造工具的空间

四、幼儿园主题课程的评价

（一）幼儿园主题课程设计的整体评价

幼儿园主题课程设计的整体评价是对教师设计的幼儿园主题课程方案的评估。在幼儿园主题课程实施之前，应分析、评价幼儿园主题课程设计方案的适宜性，并根据分析的结果进行及时修改，从而提高幼儿园主题课程实施的成效。幼儿园主题课程设计整体评价表如表 17–1 所示。

表 17–1　幼儿园主题课程设计整体评价表

<table>
<tr><td>班级</td><td></td><td>主题名称</td><td colspan="2"></td><td rowspan="2">调整
建议</td></tr>
<tr><td>项目</td><td colspan="2">内容</td><td>是</td><td>否</td></tr>
<tr><td rowspan="2">主题</td><td colspan="2">1. 是否符合幼儿的兴趣与需要</td><td></td><td></td><td></td></tr>
<tr><td colspan="2">2. 是否包含多方面的教育价值、有助于达成多项教育目标</td><td></td><td></td><td></td></tr>
</table>

续表

<table>
<tr><th>班级</th><th></th><th>主题名称</th><th></th><th rowspan="2">调整建议</th></tr>
<tr><th>项目</th><th>内容</th><th>是</th><th>否</th></tr>
<tr><td rowspan="2">主题</td><td>3. 是否涉及各个学习领域</td><td></td><td></td><td></td></tr>
<tr><td>4. 是否具有可行性</td><td></td><td></td><td></td></tr>
<tr><td rowspan="5">目标</td><td>1. 单元目标是否符合幼儿教育目的和课程总目标</td><td></td><td></td><td></td></tr>
<tr><td>2. 目标是否符合幼儿的发展水平</td><td></td><td></td><td></td></tr>
<tr><td>3. 目标是否包含认知、情感态度、动作技能三个维度的目标</td><td></td><td></td><td></td></tr>
<tr><td>4. 单元目标与具体活动的目标是否吻合</td><td></td><td></td><td></td></tr>
<tr><td>5. 本单元目标是否是上一单元目标的延续与发展</td><td></td><td></td><td></td></tr>
<tr><td rowspan="8">内容</td><td>1. 内容与目标之间是否对应</td><td></td><td></td><td></td></tr>
<tr><td>2. 内容是否符合幼儿的发展程度(难易度)</td><td></td><td></td><td></td></tr>
<tr><td>3. 内容是否符合幼儿的兴趣与需求</td><td></td><td></td><td></td></tr>
<tr><td>4. 内容是否涉及主要课程领域内容</td><td></td><td></td><td></td></tr>
<tr><td>5. 内容是否动静态的活动均涉及</td><td></td><td></td><td></td></tr>
<tr><td>6. 内容是否注意到季节性</td><td></td><td></td><td></td></tr>
<tr><td>7. 内容是否突显地方性</td><td></td><td></td><td></td></tr>
<tr><td>8. 内容是否注意到文化的传承与介绍</td><td></td><td></td><td></td></tr>
<tr><td rowspan="4">活动准备</td><td>1. 知识经验的准备是否充分</td><td></td><td></td><td></td></tr>
<tr><td>2. 教具、学具或操作材料是否合适、充分</td><td></td><td></td><td></td></tr>
<tr><td>3. 活动空间或地点是否合理</td><td></td><td></td><td></td></tr>
<tr><td>4. 环境的创设是否丰富、与主题相符</td><td></td><td></td><td></td></tr>
<tr><td rowspan="5">方法</td><td>1. 采用的教学方法是否能充分反映内容的特质</td><td></td><td></td><td></td></tr>
<tr><td>2. 教学方法是否符合幼儿的学习方式的特点</td><td></td><td></td><td></td></tr>
<tr><td>3. 活动流程的转换是否合宜</td><td></td><td></td><td></td></tr>
<tr><td>4. 教具或资源的使用是否合宜</td><td></td><td></td><td></td></tr>
<tr><td>5. 对活动过程中可能出现的问题是否有所准备</td><td></td><td></td><td></td></tr>
</table>

（二）具体活动评价

具体活动评价是指对区域活动和集体教学活动的实施效果的评价，评价的方式可以为表格式。区域活动评价表如表 17–2 所示。

表 17–2 区域活动评价表

评价内容	评价标准	调整建议
区域创设	1. 充分利用班级现有条件，为幼儿提供最大限度的自主活动的空间，场地划分合理。 2. 区域活动体现计划性，班级设有数量合适、符合本班幼儿特点及教育目标要求的活动区。 3. 各活动区的空间安排便于幼儿各类自主活动的开展，有明显标志；便于教师对全体幼儿的观察。 4. 区域活动的创设有利于引发、支持幼儿的游戏和各种探索活动，有利于引发、支持幼儿与周围环境的相互作用	
区域材料	1. 区域活动材料符合本班幼儿发展水平，具有较强的操作性、可变性、层次性。 2. 种类丰富、数量充分、安全卫生；摆放位置方便幼儿取用。 3. 各活动区操作材料利用率高；能根据幼儿的发展状况及时地调整	
教师组织指导	1. 活动组织有序，时间合理，过渡自然。 2. 教师能随时、全方位地观察、了解幼儿在活动中的表现，掌握动态，捕捉指导机会，选用适宜的指导方法策略，形成合作探究式的师生互动。 3. 尊重幼儿在发展水平、能力、经验、学习方式等方面的个体差异，因材施教，努力使每个幼儿都获得满足和成功。 4. 有重点指导内容。 5. 评价既能调动幼儿的积极性，又具有指导性和针对性。 6. 班级内教师配合默契、融洽	
幼儿表现	1. 幼儿自主选择参与自己感兴趣的活动，情绪愉快。 2. 熟悉活动规则，遵守活动常规。 3. 正确使用各种材料，积极参与游戏活动。 4. 班级氛围宽松、和谐，师生之间、幼儿之间相互交往的频率较高，以积极交往为主，有效沟通频率高。 5. 幼儿能参与评价	
综合评价		

（三）幼儿园主题课程效果评价

教师在完成幼儿园主题课程实施记录之后，往往需要对幼儿园主题课程实施情况进行小结。幼儿园主题课程实施的小结一般指比较全面地回顾与评估该主题课程所带给幼儿的实际经验，比照原拟订的主题课程目标，对主题课程目标的达成情况进行评估，以作为下次开展另一个主题课程的参考。

关于幼儿园主题课程效果评价，有学者建议从以下几个方面进行：（1）主题内容的趣味性、适切性、教育性；（2）主题活动过程中幼儿的探究性、体验性、主动参与性；（3）主题活动是否能有效利用环境资源；（4）主题活动是否有明确的目标指向，幼儿相关的核心能力是否得到培养；（5）能否实现主题背景下各领域的有机渗透和自然整合；（6）是否有显性的主题化环境和幼儿整体感知的学习历程，教学和游戏是否相辅相成。

任务实施

1. 以“去秋游”为主题，结合主题环境创设的相关知识，为李老师设计一个主题墙。

2. 实施与评价幼儿园主题课程。结合视频案例，观察、分析该班带班教师幼儿园主题课程开展的情况，并为其制定下一阶段的推进策略，填写表 17–3。

表 17-3　幼儿园主题课程观察推进表

活动观察	
活动分析	
调整与推进	

3. 以小组或集体的形式开展幼儿园主题课程方案“说课”，并结合幼儿园主题课程设计整体评价表，开展自评与他评活动，分析并举例说明本课程的优点与缺点，并提出调整建议。

任务评价

1. 请你对本任务的完成情况进行自我评价。

学习任务	优	良	中	差
幼儿园主题墙设计	凸显主题背景及幼儿发展为本的理念；充分体现主题创设的目标；能以主题开展为线索进行设计与创设，板块清晰；符合幼儿发展的年龄特点及水平，体现幼儿的主体性	符合主题背景；符合主题创设的目标，板块设计清晰，符合幼儿发展的年龄特点及水平	基本符合主题背景；基本符合主题创设的目标，能够体现主题板块，基本符合幼儿发展的年龄特点及水平	不符合主题背景，违背以幼儿发展为本的理念；脱离主题创设的目标，偏离主题开展的线索，板块模糊，忽略幼儿的主体性
主题活动实施推进策略	能够通过仔细观察，制定推进策略，科学合理	能够在观察的基础上，制定推进策略，较为合理	能够在观察的基础上，制定推进策略，基本合理	制定的推进策略不符合主题活动开展的要求，不科学合理

2. 针对本任务，你觉得自己还有哪些需要改进的地方？

存在的问题：

产生原因：

解决办法：

赛证直通

（活动设计题）大班下学期，李老师发现幼儿普遍对小学的学习生活不够了解，一些幼儿对上小学有些担心。于是，教师准备开展“我要上小学”主题活动，希望通过多种形式的活动，增进幼儿对小学生活的了解，帮助幼儿进一步做好入小学的心理准备。请根据李老师班级的情况，设计“我要上小学”主题活动。

要求：（1）写出主题活动总目标。

（2）围绕主题设计三个子活动，写出其中一个子活动的具体活动方案，包括名称、目标、准备、过程和延伸。

（3）写出另外两个子活动的名称、目标。

（2018 年下半年中小学教师资格考试幼儿园“保教知识与能力”真题）

参考答案：

大班主题活动：我要上小学

主题活动总目标

1. 能以感恩的心态关心、留恋身边的朋友、老师，以积极、愉快的情绪迎接小学生活，萌发争做小学生的强烈愿望。

2. 初步了解小学的基本情况，知道入小学的准备工作。

3. 珍惜自己的幼儿园生活经历，通过谈话回忆、学唱毕业歌、参观小学、制作纪念册等形式，表达自己对幼儿园和老师的谢意。

4. 养成良好的学习习惯和学习品质。

5. 能够自己整理物品，知道爱惜图书和文具。

子活动一 大班语言活动：毕业诗

一、活动目标

1. 情感目标：萌发对幼儿园生活依依不舍的情感，并产生对小学生活的向往憧憬之情。

2. 认知目标：理解诗歌内容，了解自己从进入幼儿园到毕业的成长过程。

3. 技能目标：能够带着不舍的情感朗诵《毕业诗》，并根据诗歌中“再见”“汇报”等词做出动作。

二、活动准备

1. 物质准备：《毕业歌》音乐、图片、《毕业诗》音乐。

2. 经验准备：幼儿有过参观小学的生活经验。

三、活动过程

（一）导入部分

音乐导入：教师播放旋律，带领幼儿一起歌唱《毕业歌》，激发幼儿参与活动的兴趣，引出活动主题。

（二）展开部分

1. 教师完整朗诵，幼儿认真聆听

教师声情并茂地完整朗诵诗歌《毕业诗》，并提出问题，引导幼儿初步感知《毕业诗》的内容及韵律。

师：诗歌当中的“我”在做什么？“我”说了什么？

幼儿认真倾听，并感受诗歌内容，大胆表达对诗歌内容的理解。

2. 教师出示图片，幼儿观察

（1）教师根据诗歌内容，依次出示图片，对比初入园与即将离园时的差别，感受自己的成长。

（2）教师引导幼儿根据图片提醒，有感情地朗诵诗歌内容，并与同伴大胆分享自己的感受。

3. 教师播放音乐，幼儿创编动作

引导幼儿表演诗歌，教师播放《毕业诗》的音乐旋律，鼓励幼儿在音乐当中用自己的动作表演出“再见”“汇报”等词。

（三）结束部分

教师总结本次活动主题，进行情感升华，萌发幼儿对小学的向往之情。

师：在幼儿园中，每个小朋友都取得了进步和成长，变成了幼儿园中的“大哥哥”“大姐姐”，现在我们即将毕业，就要成为一名光荣的小学生，我相信小朋友们在小学生活中，也能不断进步和成长。

四、活动延伸

区域活动：在美工区投放画笔、纸张，鼓励幼儿画出心目中向往的小学生活的场景，并大胆和同伴分享。

子活动二　大班社会活动：感谢您

活动目标

1．感受他人对自己的关爱和帮助，萌发热爱、感激之情。

2．懂得老师对自己的关爱，知道要向老师表达感谢。

3．愿意在同伴和老师面前，用语言、动作或其他方式表达自己的情感。

子活动三　大班美术活动：我上小学了

活动目标

1．激发上小学的愿望和兴趣。

2．能画出人物的主要特征，及走、坐、跑等基本动态。

3．能够用自己喜欢的方式大胆表达对小学生活的向往。

参考文献

［1］侯莉敏．幼儿园课程与教学理论［M］．北京：高等教育出版社，2016.

［2］王春燕，秦元东．幼儿园课程概论［M］.3 版．北京：高等教育出版社，2019.

［3］朱家雄．幼儿园课程［M］.3 版．上海：华东师范大学出版社，2022.

［4］郑健成．学前教育学［M］.3 版．上海：复旦大学出版社，2014.

［5］吕炳君．学前儿童社会教育［M］．武汉：华中师范大学出版社，2013.

［6］王先达，肖英娥．学前儿童科学教育［M］．武汉：华中科技大学出版社，2022.

［7］刘红．学前儿童数学教育与活动指导［M］．南京：南京大学出版社，2018.

［8］霍力岩，孙蔷蔷．西方经典学前教育课程模式及运用［M］．北京：北京师范大学出版社，2016.

［9］李季湄，冯晓霞.3—6 岁儿童学习与发展解读［M］．北京：人民教育出版社，2013.

［10］简楚瑛．学前教育课程模式［M］．上海：华东师范大学出版社，2005.

［11］泰勒．课程研究导论［M］．王伟廉，等译．北京：春秋出版社，1989.

［12］施良方．课程理论：课程的基础、原理与问题［M］．北京：教育科学出版社，1996.

［13］杨洁．关于幼儿园生活化课程实施的研究［D］．上海：华东师范大学，2006.

［14］吴振东．幼儿园主题课程实务指导［M］．福州：福建人民出版社，2021.

［15］赵旭莹，周立莉．幼儿园综合主题活动——设计技巧与优秀案例［M］．北京：中国轻工业出版社，2014.

［16］黄人颂．学前教育学［M］.3 版．北京：人民教育出版社，2015.

［17］冯晓霞．幼儿园课程［M］．北京：北京师范大学出版社，2000.

［18］张晗．走向共同生活的幼儿园课程研究［D］．南京：南京师范大学，2016.

［19］刘炎．儿童游戏通论［M］．北京：北京师范大学出版社，2008.

［20］丁海东．学前游戏论［M］．济南：山东人民出版社，2008.

［21］邱学青 . 幼儿园游戏指导［M］. 北京：人民教育出版社，2015.

［22］许丽芬，张晓晓，李天元 . 食知 · 食操 · 食礼——园本生活经验课程之“食”主题课程开发与实施案例［J］. 基础教育课程，2022，(24)：71–80.

［23］靳玉乐 . 课程定义的批判分析［J］. 焦作教育学院学报（综合版），2001，(1)：4–9.

［24］苏刚，庄云旭 . 陈鹤琴活教育理论及其现代价值［J］. 现代教育科学，2008，(6)：98.

读者意见反馈

为收集对教材的意见建议，进一步完善教材编写并做好服务工作，读者可将对本教材的意见建议通过如下渠道反馈至我社。

咨询电话　400-810-0598

反馈邮箱　gjdzfwb@pub.hep.cn

通信地址　北京市朝阳区惠新东街 4 号富盛大厦 1 座

高等教育出版社总编辑办公室

邮政编码　100029

学前教师课程交流 QQ 群：69466119

责任编辑邮箱：zhangqb@hep.com.cn